交通风险语境下
间接危害行为犯罪化研究

姜 敏◎著

JIAOTONG FENGXIAN YUJING XIA

JIANJIE WEIHAI XINGWEI
FANZUIHUA YANJIU

中国法制出版社
CHINA LEGAL PUBLISHING HOUSE

目 录

第二章 “危害原则”及刑法立法确定罪质的根据

第三章 间接危害行为：概念和犯罪化依据

第四章 间接危害行为犯罪化的法治危机和公平归责路径

第五章 交通犯罪领域的间接危害行为及其犯罪化思考

第六章 规制交通犯罪领域间接危害行为的刑法立法完善

第七章 交通犯罪领域间接危害行为犯罪化后的配刑

余 论

导　论

《刑法修正案（十一）》设置妨害安全驾驶罪以及实践中出现的诸多交通犯罪，引起了理论界和实务界对交通领域犯罪的热议。同时，自2011年2月25日通过的《刑法修正案（八）》设置危险驾驶罪以来，该罪已实施十年有余。危险驾驶罪的设立也是呼应社会需要和民众的呼吁，在当时深得民心。但从现在的实践反馈情况看，危险驾驶罪因发案量大也受到了一些质疑。妨害安全驾驶罪也是顺应民意的立法，且也是危险犯。这意味着将有不少人会因前科的存在导致一些负面效果。但是，交通安全极为重要，刑法应担当起防化交通安全风险的责任。尤其是在风险社会和依法治理风险的语境下，刑法尽管不是防化风险的唯一法律手段，但对于重大风险还是应有所作为。因此，有必要研究刑法应如何防止交通犯罪，尤其是如何设置交通风险管控法网，从而守护交通安全。

交通犯罪概念不同，交通犯罪刑事立法涉及的时空范畴就不同。交通犯罪的定义有广义、狭义和最广义之分。日本学者大谷实曾对交通犯罪的广义、狭义和最广义定义进行过阐述："所谓狭义的交通犯罪，是以交通工具为手段或对象的刑法上的犯罪，即业务上过失致死致伤罪、遗弃罪、妨害交通往来罪等。所谓广义的交通犯罪，除狭义的交通犯罪之外，还包括各种违反交通取缔法规的犯罪。所谓最广义的交通犯罪泛指违反交通法则的犯罪。"① 虽然大谷实的定义值得商榷，但也反映出交通犯罪定义不同，有不同范畴。我国台湾地区学者林东茂对交通犯罪进行了界定："交通犯罪，是指交通领域的犯罪行为，属于公共危险罪的一种。"林东茂的概念实际上是广义的概念，根据该概念，交通领域发生的犯罪行为，均属于交通犯罪的范畴，既包括违反交通规则的行为，也包括破坏交通工具、交通设施的行为，即一切破坏公共交通安全的行为。比如，破坏交通工具罪和破坏交通设施罪，就属于交通犯罪的范畴。而狭义的交通犯罪，除了大谷实的这种界定外，还有学者将其界定为："以交通工具作为手段或者对象，实施的违反刑法典的相关犯罪。"② 该狭义的概念是以刑法规定的犯罪为范畴，比如我国的危险驾驶罪和交通肇事罪，就属于该范畴。但还有学者认为，狭义的交通犯罪是指"驾驶交通工具肇事的行为以及其他危及驾驶安全的行为"③。根据该狭义定义，破坏交通设施和破坏交通工具的犯罪，就被排除在交通犯罪之外。最广义的交通犯罪，包括了狭义的交通犯罪和广义的

---

① ［日］大谷实：《刑事政策学》，黎宏译，法律出版社2000年版，第366页。

② 周舟：《中日道路交通犯罪比较研究》，华东政法大学2015年博士学位论文，第12页。

③ 何珍：《交通安全犯罪的罪名体系研究》，中国政法大学2012年硕士学位论文，第4页。

交通犯罪，甚至被大谷实视为所有违反交通法则的犯罪。因此，一般而言，最广义的交通犯罪范畴，比广义的交通犯罪范畴大，其至少包括破坏交通设施犯罪和破坏交通工具犯罪。

交通风险语境下的间接危害行为犯罪化研究聚焦于交通犯罪，其研究核心是刑法规制没有造成实害结果行为的立法及其完善。换言之，该研究采狭义交通犯罪定义，且把研究范畴和语境限于狭义交通犯罪领域内。对于前述两个狭义概念，大谷实之狭义概念包括“以交通工具为手段或对象的刑法上的犯罪”有欠妥当，以交通工具为手段或对象的犯罪，并不一定就是交通犯罪，比如前述提及的破坏交通工具罪，就不应涵盖在交通犯罪中。“以交通工具作为手段或者对象，实施的违反刑法典的相关犯罪”之狭义界定，也存在同样的问题。前述提及的第三种狭义交通犯罪定义，能把破坏交通设施罪等排除在外，但根据我国既有的立法现状看，该概念也有不足。从我国现行立法体系看，交通安全犯罪包括了道路、铁路、水上、空中四个领域，且这四个领域都属于公共交通的范围。因此，如果采用第三种狭义交通犯罪定义，则会涵盖该四类交通领域的犯罪。但一般而言，交通犯罪是指道路上驾驶交通工具肇事的行为，以及其他危及驾驶安全的行为。因此，本书中的交通犯罪是指狭义的交通犯罪，且该交通犯罪是指违反交通管理法规，在道路上驾驶交通工具肇事的行为以及其他危及驾驶安全的应受刑罚惩罚行为。

罗纳德·德沃金在《法律帝国》中指出：“我们至少可以期望在一个民主的、多元化的以及科技进步的社会中，根据政治、宗教、科学的一些义务对法律进行有规律的调整。”① 随着时间的推移，理解世界的方式会发生变化，科技进步、社会发展和变迁等也不断改变着我们的看法和行为方式。新观念亦可能改变世界对特定行为的态度等。不仅如此，各种新信息不可避免地改变着社会上的各种价值和理念，并重新评估行为的影响和意义，促使法律关系和法律规范的更新。因此，对于作为法律体系一部分的刑法，社会亦应定期根据新信息对其进行重新审视，不断进行调整：把新危害行为纳入刑法规制，同时也要把已不具有危害性的行为从刑法中剔除，保持刑事法律的道德判断与当前社会道德判断相一致。

中国刑法应顺应此道，且已在顺应此道。随着社会经济、科技和文化等的发展和法制建设的日益完善，我国已通过单行刑法、附属刑法及刑法修正案，甚至包括刑法立法解释和刑法司法解释对刑法进行了大幅度调整和修改。从 1999 年《刑法修正案》开始，刑法修正案成了刑法唯一的立法修正方式。从 1999 年到 2017 年，我国共通过了十个刑法修正案，对刑法进行了较大规模的调整和修改。其中，最引人注目的就是犯罪化趋势：通过对某具体犯罪之犯罪构成进行调整，抑或通过把某种新危害行为纳入刑法视野，从而扩大犯罪圈范畴。就立法实践看，犯罪化的立法趋势非常明显。而在公共交通安全领域，也明显地体现出这种活跃的犯罪化趋势。《刑法修正案（八）》第 22 条新设置了危险驾驶罪，把“道路上驾驶机动车追逐竞驶，情节恶劣的，或者在道路上醉酒驾驶机动车的”行为予以犯罪化。这是增设新罪，

① Ronald Dworkin, Law's Empire, Harvard University Press, 1986, p. 188.

即把一种新危害行为纳入刑法规制范畴。而《刑法修正案（九）》第8条扩大了该罪的惩罚范围，即进一步把“从事校车业务或者旅客运输，严重超过额定乘员载客，或者严重超过规定时速行驶的行为，以及违反危险化学品安全管理规定运输危险化学品，危及公共安全”的行为，进行了犯罪化。《刑法修正案（九）》对《刑法修正案（八）》设置的“危险驾驶罪”之犯罪构成进行了调整，以扩大客观行为范畴的方式，对刑法治理危险驾驶行为犯罪进行了完善。而在2021年开始实施的《刑法修正案（十一）》又再次新设“妨害安全驾驶罪”，把“对行驶中的公共交通工具的驾驶人员使用暴力或者抢控驾驶操纵装置，干扰公共交通工具正常行驶，危及公共安全的”行为予以犯罪化。该罪的设立使交通犯罪的范畴进一步扩大，交通犯罪的刑事法网进一步严密。

刑法规制交通犯罪的犯罪圈的扩大或进一步扩大，有其现实基础和社会变迁根据。进入19世纪后叶，以汽油为动力的汽车发明问世，其机动性在第一次世界大战的战场上发挥了重要作用。之后，人类社会便进入所谓的汽车时代。我国也受其影响，随着经济社会的发展，人民生活水平的提高，车辆的保有量和使用量也越来越多。于是，汽车在人类工作、社交、娱乐中扮演着不可或缺的角色，给我国公民的生活和工作带来了方便与舒适。但与之相应，汽车数量的剧增，导致交通事故和交通风险增加。为了避免交通事故的发生，很多学者要求进行预防性立法，对可能造成严重交通事故的高风险驾驶行为进行惩罚。如赵秉志认为：“在杭州胡某飙车案、成都孙某铭醉酒肇事案、南京张某宝醉驾肇事案等恶性案件发生后，人们在要求对此类行为严惩的同时，也有学者提出了要将没有造成严重后果的醉酒驾驶、无证驾驶、严重违章驾驶等危险驾驶行为入罪，防患于未然。”① 特别是醉酒后驾车和飙车行为具有高度危险性，引发人员伤亡和财产损失的概率高，其危害性远远大于其他道路交通违法行为：“在醉驾和飙车的社会危险不断加大，对危险控制的难度不断加大的情况下，立法思想也应当变结果本位为行为本位，将醉酒驾车、飙车增加规定为犯罪，符合对危险控制的需要。”② 在本书课题申报的时候，基于学界主张应犯罪化的危险驾驶行为的呼声较高，因此，《刑法修正案（八）》设置“危险驾驶罪”，顺应了社会的发展，也回应了民意和理论界的主张。在《刑法修正案（九）》中，又把更多的新交通危害行为纳入该罪的规制范畴。

《刑法修正案（十一）》新设的“妨害安全驾驶罪”，也是对犯罪趋势和民意的回应。一般而言，危险驾驶罪和交通肇事罪主要是从“驾驶方”规制交通犯罪。但是，对于交通安全，不仅“驾驶方”会引起严重事故，乘客等因素也会对公共道路交通安全产生不确定性风险。2018 年 10 月 28 日重庆市万州区发生的公交车坠江事件，就是典型的主要由乘客的人为因素产生的公共道路交通安全事故。重庆市公安机关调查查明，该起事故起因就是乘客刘某因为自己错过下车地点要求停车，但实际上被要求停车的地方并没有公交车站，于是被驾驶员冉某拒绝，乘客刘某

---

① 赵秉志、张磊：《“醉驾”危害行为的刑法立法对策》，载《法学杂志》2009 年第 12 期，第 58 页。

② 黄太云：《刑法修正案（八）解读（二）》，载《人民检察》2011 年第 7 期，第 101 页。

指责驾驶员冉某并与其发生争吵。驾驶员冉某多次转头向刘某解释、争吵，双方的争执一直持续并且逐渐升级。当公交车行驶到长江二桥的时候，刘某用手机攻击驾驶员冉某的头部，冉某右手放开方向盘进行还击，导致公交车失控向左偏离越过中心线，与对向正常行驶的小轿车撞击之后冲上路沿，撞断护栏坠入江中，导致公交车上十几人无一生还。公安机关认为，乘客刘某和驾驶员冉某之间的互殴行为，造成车辆失控，致使车辆与对向正常行驶的小轿车撞击后坠江，造成重大人身伤亡。一般认为，乘客等个人因素最大的特点就是难以预测、难以确定、难以控制，并不像车辆和道路、环境等因素那样可以做到及时、有效地预测或者监控。梳理近年来一些突发的公共道路交通安全事故案例，可以发现这些道路交通事故发生的主要原因就是对司机、乘客等个人因素还缺少科学有效的监管举措。类似的安全事故频繁发生，隐忧不断，隐藏着很多不确定性风险。因此，《刑法修正案（十一）》把威胁驾驶安全的行为予以犯罪化。

迄今为止，在我国交通犯罪立法中，只有交通肇事罪、危险驾驶罪和妨害安全驾驶罪。交通肇事罪惩罚的实害行为较为广泛。对于没有实害结果的交通犯罪行为的惩罚，虽然有危险驾驶罪、妨害安全驾驶罪，但二者的范畴狭窄，且其本身还需要进一步完善。基于这种现状，我国的交通犯罪刑事法网还应进一步完善。交通犯罪的高发引发公众对交通安全的担忧，无论是国外还是国内刑法学界，均十分关注。不仅如此，各国政府也很重视交通犯罪领域中的立法问题。与我国的交通犯罪刑事法网相比，不少国家和地区已构建较为严密的法律制度，特别是对交通领域危害行为采取零容忍措施，直接危害行为和诸多间接危害行为已经予以犯罪化，从而有效地规制了交通风险。从国内立法实践情况看，我国对交通领域中的危险行为的规制，不仅远没有达至零容忍的程度，而且对很多本应规制的行为也没有予以刑法规制。

当然，要完善我国的交通犯罪立法，还需要在理论上进一步进行探讨。学界诸多学者也一直关注这一问题，并产生了丰硕的研究成果。从理论研究现状看，国内学界集中于对交通肇事罪、危险驾驶罪的构成和司法认定问题的研究，以及对某些还没有被规制的行为，或某些可独立成罪但没有独立规定为罪等行为的研究，比如对交通肇事逃逸、毒驾等行为是否应单独成罪等问题的研究。概言之，国内学者的研究现状大致分为两个维度：第一，既有规范（交通肇事罪和危险驾驶罪）解读。这包括对其含义、构成要件、缺陷、适用、完善等的实然和应然分析，该种研究成果对我国刑事司法理论和实践具有指导性意义。第二，严密交通刑事法网的应然分析。这包括对没有纳入刑法规制范畴的交通危害行为是否犯罪化、如何犯罪化等的研究，包括如何借鉴其他国家的经验等，对将来交通风险的刑事立法具有重要指导作用。由此观之，我国的现有研究侧重于规范分析、宏观对策分析和司法认定。而在现有研究中，研究焦点之一是：没有实害结果的危险驾驶行为应否犯罪化、如何犯罪化和其理论根据问题。就犯罪化的根据分析上，我国的理论研究侧重于以风险社会作为根据，很少落实到对危险驾驶行为本身的分析上。还存在的一个问题是，我国的现有研究较少体系化地分析如何完善我国惩罚没有实害结果犯罪的立法，学者的研究较多的是对单个行为，比如对毒驾行为予以分析。因此，研究还是比较零星的。基于这些原因，理论上进行较为系统的分析显得尤为必要。

本书借助于危害原则及其衍生的间接危害行为，对我国刑法规制没有实害结果犯罪立法的完善予以分析。英美刑法学者提出了间接危害行为的概念，且该概念衍生于危害原则。该概念与风险行为或危险行为有关联，但还是有差别。在交通犯罪领域，用间接危害行为分析交通领域的危险驾驶行为是否应予犯罪化，比采用风险行为来阐述犯罪化的根据更为合理和妥当。从交通犯罪法网的现状看，我国刑事法治应对交通风险最大的立法困境和司法困境，也在于对交通犯罪领域的间接危害行为的规制。基于此，有必要借助间接危害行为概念和相关理论，对刑法应对交通风险的立法进行深入研究。但囿于国内学界鲜有涉猎危害原则和间接危害行为的研究，且要引入间接危害行为，首先要确定立法确定罪责的原则为危害原则。因此，要用间接危害行为分析没有实害结果行为的犯罪化，还必须全面了解危害原则及间接危害行为，在此基础上，再根据交通犯罪领域的间接危害行为的种类、特征，为完善我国交通犯罪惩罚没有实害结果的立法寻找路径。

第一章　中国刑法规制交通犯罪的立法现状及困境

按照商务印书馆出版的《新华字典》中的解释，交通是各种运输和邮电事业的总称。邮电是指邮政和电信，发展至今已演化为一般的交通运输和通信网络。人们日常所指的交通，一般就是指各种交通运输，即人和物借助一定的交通工具，产生空间上的位移。基于此原因和中国刑法立法的实践，对交通犯罪的研究，也就限于日常的交通，且不包括铁路、航空等交通运输。这也符合前面的语境限定。从中国现行刑法针对交通犯罪的立法看，交通领域的犯罪分为两类：一是造成实害结果才能构成的犯罪。在中国现行刑法中，这类罪有且只有交通肇事罪。二是没有实害结果出现即可构成的犯罪。同样，在中国现行刑法中，这类罪只有危险驾驶罪和妨害安全驾驶罪。但两类罪规制的行为并不只有一个，相反，均有一定的行为范畴。而二者的行为范畴也反映了我国交通犯罪的立法现状，下面分别进行分析。

第一节　我国刑法对造成实害结果的交通犯罪行为的规制现状

如前述论及，就现行立法看，我国刑法对造成实害结果的交通犯罪行为的规制主要是通过交通肇事罪完成。根据我国《刑法》第133条的规定，交通肇事罪是指在交通运输活动中违反交通运输管理法规，因而发生重大事故，致人重伤、死亡或者使公私财产遭受重大损失的行为。该罪规定了三个刑罚幅度，即只具有一般犯罪情节的，处3年以下有期徒刑或者拘役；交通肇事后逃逸或者有其他特别恶劣情节的，处3年以上7年以下有期徒刑；因逃逸致人死亡的，处7年以上有期徒刑。由此，交通肇事罪可以分为三种类型：交通肇事罪的基本犯（犯罪情节一般的交通肇事）、交通肇事逃逸和交通肇事逃逸致人死亡。下面分别就这三种情况予以分析。

一、交通肇事罪基本犯的要素及其决定的惩罚范畴

交通肇事罪的基本犯也就是《刑法》第133条第一个配刑幅度所对应的犯罪。根据该条的规定，构成交通肇事罪基本犯需要具备以下条件：

首先，行为人必须有违反交通运输管理法规的行为。这是交通肇事行为发生的原因，也是承担刑事责任的法律基础。交通运输法规，是指国家交通运输部门为了保障交通运输正常进行，从

而作出的各种行政规定，包括交通规则、操作规程、劳动纪律等，[①] 例如，《道路交通安全法》、《公路法》和《海上交通安全法》等。[②] 行为人只有先违反了交通运输管理法规的禁止性规定或者义务性规定，才有可能构成交通肇事罪。从对行为的描述看，立法只是根据对交通管理法律、法规的违反对行为进行描述，并没有对具体行为进行分类。根据该要件，醉酒行为和超速驾驶行为是符合这个要件的，因为其属于违反交通管理法规的行为。当然，无论是醉酒行为还是超速驾驶行为，仅仅违反交通管理法律法规，只是满足了交通肇事罪的一个要件，要构成犯罪，还必须符合本罪的其他三个要件。

其次，违反交通管理法规的行为，必须造成了实害结果的发生，即必须发生了重大事故，致人重伤、死亡或者使公私财产遭受重大损失。这是构成交通肇事罪的结果要件，也是构成本罪的必要要件之一。当然，《刑法》第 133 条本身没有对此作出具体的规定，此任务是由司法解释完成的。根据《最高人民法院关于审理交通肇事刑事案件具体应用法律若干问题的解释》（以下简称《解释》）第 2 条的规定，构成交通肇事罪的“实害结果”是指：（1）死亡一人或者重伤三人以上，负事故全部或者主要责任的；（2）死亡三人以上，负事故同等责任的；（3）造成公共财产或者他人财产直接损失，负事故全部或者主要责任，无能力赔偿数额在三十万元以上的。交通肇事致一人以上重伤，负事

① 高铭暄、马克昌：《刑法学（第 8 版）》，北京大学出版社、高等教育出版社 2017 年版，第 356 页。

② 注：这些法律法规以下简称交通管理法规。

故全部或者主要责任，并具有下列情形之一的，以交通肇事罪定罪处罚：(1) 酒后、吸食毒品后驾驶机动车辆的；(2) 无驾驶资格驾驶机动车辆的；(3) 明知是安全装置不全或者安全机件失灵的机动车辆而驾驶的；(4) 明知是无牌证或者已报废的机动车辆而驾驶的；(5) 严重超载驾驶的；(6) 为逃避法律追究逃离事故现场的。这意味着并不是所有的严重结果都是交通肇事罪的惩罚结果，只有符合《解释》明确规定的严重结果，才是施加刑事责任的结果。

再次，犯罪主体是一般主体，既包括从事交通运输的人员，也包括非交通运输人员。现行的交通肇事罪的主体较少引起争议，但交通肇事罪主体的规定也经历过一个不断完善和发展的过程。虽然交通肇事罪主体的发展变化，并不是研究的主题和核心，但为了全面展现我国交通犯罪立法对有实害结果交通犯罪的规制现状，还是有必要进行简单的梳理。

1. 在 1979 年《刑法》中，交通肇事罪的主体是自然人特殊主体。我国 1979 年《刑法》第 113 条第 1 款规定：“从事交通运输的人员违反规章制度，因而发生重大事故，致人重伤、死亡或者使公私财产遭受重大损失的，处三年以下有期徒刑或者拘役；情节特别恶劣的，处三年以上七年以下有期徒刑。”从该款规定看，本罪的主体是从事交通运输的人员。但该条第 2 款又规定：“非交通运输人员犯前款罪的，依照前款规定处罚。”也即非交通运输人员也可能构成本罪。所以从 1979 年《刑法》的法条规定来看，交通肇事罪的主体分为两大类，即从事交通运输的人员和非交通运输人员。由于本罪的犯罪主体主要是从事交通运输的人员，所以通说认为交通肇事罪的主体是特殊主体。但在司法实践中，存在很多非交通运输人员违反上述规定构成本罪之情形。

2. 在 1997 年《刑法》中，交通肇事罪的主体是自然人一般主体。1997 年《刑法》修改时，根据理论研究和司法实践经验，将 1979 年《刑法》第 113 条的“从事交通运输的人员违反规章制度”修改为“违反交通运输管理法规”。从该修改来看，交通肇事罪的主体有了变化：1997 年《刑法》第 133 条的主体没有仅仅限于从事交通运输的人员，而是只要“违反交通运输管理法规”就属于本罪的主体。立法的变化是顺应社会发展的要求，所以有学者评价：“司法实践表明，任何人在交通干线上的违章行为，都可以作用于交通工具，从而造成重大事故，1997 年刑法第 133 条在规定交通肇事罪时，在犯罪主体上删去了‘从事交通运输的人员’的限定，使交通肇事罪由原来的特殊主体变为现在的一般主体，可以说是交通肇事罪立法的一大进步。”①

3.《解释》对交通肇事罪主体的解释。《解释》第 1 条规定：“从事交通运输人员或者非交通运输人员，违反交通运输管理法规发生重大交通事故，在分清事故责任的基础上，对于构成犯罪的，按照刑法第一百三十三条的规定定罪处罚。”这一条把本罪主体规定为从事交通运输的人员和非交通运输人员，只要其违反交通运输管理法规，就构成交通肇事罪。《解释》第 5 条第 2 款还规定：交通肇事后，单位主管人员、机动车辆所有人、承包人或者乘车人指使肇事人逃逸，致使被害人因得不到救助而死

---

① 侯国云、白岫云：《新刑法疑难问题解析与适用》，中国检察出版社 1998 年版，第 347 页。

亡的，以交通肇事罪的共犯论处。该款规定了交通肇事罪的共犯，但也涉及交通肇事罪的主体范畴。同时《解释》第 7 条规定，单位主管人员、机动车辆所有人或者机动车辆承包人指使、强令他人违章驾驶造成重大交通事故的，也可以按交通肇事罪处理。对照内容看，《解释》虽然违背我国关于共同犯罪的规定，但对主体而言，似乎并没有产生实质影响。因为根据 1997 年《刑法》，交通肇事罪的主体是一般主体，这意味着其他人，包括单位主管人员、机动车辆所有人、机动车辆承包人或乘车人等，只要违反交通管理法规，就可能成为本罪的主体。《解释》对于主体的意义在于，进一步明确了前述提及的“人”或“单位”也可构成本罪。

最后，交通肇事罪的主观方面是过失。本罪的过失，既可以是疏忽大意的过失，也可以是过于自信的过失。过失是行为人对所造成的重大事故，无论是人员伤亡还是公私财产的损害，都是持排斥的主观心理态度——不是放任更不是希望的主观心态。但是，行为人对违反交通运输管理法规的心态，却不一定是过失。概言之，行为人“违规是故意，但对于结果却是过失”。当然，根据现行规定，故意肯定不构成本罪。

二、交通肇事罪中的“交通肇事逃逸行为”的构成

根据中国现行刑法对交通肇事罪的规定，“交通肇事逃逸”行为并不单独成罪，而是属于交通肇事罪，并且只有符合相应的规定才有可能构成。从现行规定看，“交通肇事逃逸行为”是作为加重惩罚的条件，在量刑上配置了高一个档次的刑罚。根据

《解释》第3条之规定，交通肇事逃逸是指行为人具有《解释》第2条第1款规定和第2款第1至第5项规定情形之一，在发生交通肇事事故后，为逃避法律的追究而逃跑的行为。因此，依附于交通肇事罪被惩罚的“交通肇事逃逸行为”必须符合以下条件：

首先，符合交通肇事罪的基本犯罪构成。因此，构成基本的交通肇事罪是交通肇事逃逸成立的前提。

其次，在主观上，行为人必须知道自己是实施了违反交通管理法规的行为，导致了交通事故的发生。这里所说的“明知”，是指行为人“已经知道”或者“应当知道”。《刑法》对“交通肇事后逃逸”的处罚之所以重于基本的交通肇事罪，原因之一在于：行为人在有过错造成损害的基础上，没有及时地纠正错误，而是采用逃避的方法回避错误，在主观态度上，很明显就是错上加错。这体现了立法者的美好愿望：希望通过刑罚的区别，鼓励交通肇事者及时地挽救被害者，及时防止更严重的后果发生。

再次，主观方面，交通肇事逃逸之目的是逃避法律追究。在司法实务中，一般认为肇事人逃跑的动机、目的虽各不相同，但大多是心怀侥幸，希望逃避责任，不敢正视自己造成的事故。因此，其最终之目的是逃避法律追究。然而，逃避责任追究是所有违法犯罪者在实施违法犯罪之后的典型反应，我国的刑法并不都对此加大处罚力度。在这里之所以要加重对“逃逸”的惩罚，是因为交通肇事罪属于过失犯，行为人虽有违反交通管理法规的行为，但是危害结果却是与其本人的意愿相违背的，反映在后续中就应该是行为人对被害人会积极地履行救助义务，防止损害的扩大。因此，“逃避法律追究”的立法原意应是督促行为人对被害人、对被损害的公私财产履行相关的救助义务。“逃避法律追究”的体现，应当是行为人不履行救助义务。因此，只要行为人履行了救助职责，就应当视为不是逃避法律追究。

最后，客观方面，行为人有“逃逸”的行为。要判断是否是“逃逸”行为，则需要对逃逸的时间和空间作出解释。从《解释》看，没有对逃逸的时空进行限定。但公安部2018年颁布的《道路交通事故处理程序规定》第112条第1项规定，“交通肇事逃逸”是指发生道路交通事故后，当事人为逃避法律责任，驾驶或者遗弃车辆逃离道路交通事故现场以及潜逃藏匿的行为。该规定把“逃逸”限定为“逃离道路交通事故现场”以及“潜逃藏匿”。

三、交通肇事罪中的“逃逸致人死亡”的构成

《解释》第5条规定，交通肇事逃逸致人死亡，是指行为人在交通肇事后为逃避法律追究而逃跑，致使被害人因得不到救助而死亡的情形。在适用该条规定的时候，有不同的理解。但一般而言，“交通肇事逃逸致人死亡”中的“交通肇事”，是指发生的交通事故，“致人死亡”是指交通肇事后，行为人的逃逸行为致交通肇事被害人死亡的情形。换言之，死亡是行为人逃逸所造成的结果，且“致死的人”是第一次交通肇事行为伤害的人。如果行为人在发生交通肇事（基本行为）后的逃逸过程中，再次违反交通规则而致人死亡，则是行为人实施了新的、独立于先前交通肇事罪的犯罪。当然，还需要注意的是，逃逸行为与死亡

结果之间具有因果关系，这是判断“因逃逸致人死亡”的关键所在。即行为人的逃逸行为与致人死亡结果之间存在引起与被引起的关系，逃逸行为在先而死亡结果在后。如果在行为人逃逸之前，被害人已经死亡，死亡结果与逃逸行为无关，则不能认定为交通肇事逃逸致人死亡。在判断二者的因果关系时，还需要注意因果关系的排他性，即在行为人的逃逸行为与致人死亡的结果之间，不能介入其他因果关系。如果由于其他人的行为或者其他事件的介入，而产生被害人死亡结果的，则逃逸与死亡的因果关系由于其他因素的介入而发生中断。如行为人逃逸后，被害人被其他经过公路的车辆轧死，该死亡结果不能定为“因逃逸而致人死亡”。另外，如果行为人出于杀人灭口等目的，将被害人带离现场隐藏或者遗弃的，则因果关系由于介入了行为人自身的行为而失去排他性，对行为人可以以交通肇事罪与故意杀人罪等数罪并罚。最后，《解释》第5条第2款规定了交通肇事逃逸致人死亡的共犯问题，即单位主管人员、机动车辆所有人、承包人或者乘车人指使交通肇事人逃逸，致使被害人因得不到救助而死亡的，构成交通肇事罪的共犯。这一规定超越了我们现有的共同犯罪的理论，受到非常多的质疑，但是对于司法实践而言，确实为防范“教唆他人逃逸”的行为提供了一个解决的方法。

第二节　我国刑法对没有造成实害结果的交通犯罪行为的规制现状

没有实害结果的交通犯罪行为给交通安全带来了很大危险，

各个国家的刑法均对没有实害结果的交通犯罪行为予以了规制。我国也不例外，但相比较而言，我国对没有实害结果的交通犯罪行为的规制起步还是较晚，始于2011年的《刑法修正案（八）》。《刑法修正案（八）》增设危险驾驶罪，把情节恶劣的追逐竞驶和醉驾两种行为纳入规制范畴。到2015年，《刑法修正案（九）》又扩大了危险驾驶罪的范畴，把“从事校车业务或者旅客运输，严重超过额定乘员载客，或者严重超过规定时速行驶”以及“违反危险化学品安全管理规定运输危险化学品，危及公共安全”的行为，纳入了该罪的规制范畴。

因此，从现有刑法的规定看，只有上述四种危险驾驶行为才能构成危险驾驶罪。就目前的危险驾驶罪规制的范畴而言，还需要进一步完善。但应如何完善，就需要对该罪产生的背景以及其规制的行为等进行简要的梳理。在此基础上，才能真正理解为什么要进一步完善规制没有实害结果的交通犯罪的立法，以及如何寻找完善路径。

一、危险驾驶罪立法分析

（一）危险驾驶罪设置背景和原因简述

现代社会是一个充满风险的社会，所以我们常说我们所生活的社会是一个“风险社会”。在风险社会中，人类面临各类风险。从风险的本质看，“风险”是指“损失和不确定性”。[①]“损失”是事件发生的不利状态，但风险所指的损失，只是可能的损

① 尹建军：《社会风险及治理研究》，中央党校2008年博士学位论文，第11页。

失或不利状态，并不等于损失本身。因此，风险所指的“损失”本身是“不确定的”不利状态。从风险的产生看，我们面临的风险可分为两种：自然风险和人造风险。自然风险是非人为因素导致的风险，如大自然的灾难等；人造风险是指人类行为引发或造成的风险。人造风险的“损失和不确定性”，是社会发展过程中产生的，即“社会定义和建构的”，“其本质上必然是通过社会过程形成的，它总是社会的产物，是集体建构物①”。因此，人造风险是来自社会且影响社会的“不确定的不利状态”。甚至有的人造风险，是人通过自己的行为在主观支配下形成的，带有侵害性。交通领域的各种危险驾驶行为，就是人为的风险行为，也是交通运输领域各参与方之间以互动方式为桥梁而产生的。比如，酗酒驾驶和飙车行为就属于该类行为，且给交通安全带来了巨大的隐患和侵害。交通领域的危险驾驶行为，是客观存在和主观认知结合的产物，建立在人类行为和决策意义之上。甚至可以认为，目前交通肇事行为带来的风险，大多是理性可以控制的，也是人们认知框架和模式所能掌控的。我国之所以设置危险驾驶罪，就是对该类人为的、可控的风险行为进行规制，以避免其诱发严重的交通犯罪。

危险驾驶罪的设置，也以我国汽车工业的发展和由此而产生的我国交通犯罪领域的犯罪态势作为依据和背景。我国的汽车工业，在近10年内取得了迅猛发展，并已经将我国推入“汽车社会”。汽车社会的到来使交通运输更为便利，但车辆数量急剧增

---

① 戚建刚：《风险认知模式及其行政法制之意蕴》，载《法学研究》2009年第5期，第112页。

加、道路设施建设滞后、车辆与道路比例严重失调、交通管理不善、法律措施滞后等原因，导致交通事故频发，伤亡人数增多，经济损失惨重。在由人、车、道路及环境组成的交通动态系统中，人这一要素都因各自利益诉求而通过自己的行为给交通安全带来了巨大风险。有数据显示，在发生的交通运输事故中，人的作用是主要的。根据公安部的统计数据可知："近几年我国交通事故的主要原因80%以上归咎于机动车驾驶人，道路原因不足1%，车辆原因不足5%。"[①] 机动车驾驶人员的不良驾驶行为和不良思想，给交通运输造成了巨大风险。机动车驾驶人员驾车时，情绪不好、睡眠不足、精神不集中、强行超车、开车闲谈、开车饮食或吸烟、开赌气车、开快车、开车打电话、酒后开车、驾驶技术不佳、无证驾驶、超重超载、带病行驶、逆向行驶、假牌假证、疲劳驾驶、判断错误等，均是不良的、高风险的甚至遭人唾弃的驾驶行为，造成了人与交通运输之间的紧张对立关系。加之道路交通设施跟不上人流、物流和车流的需要，道路交通运输矛盾更为突出和尖锐。

中国汽车拥有量占全世界的2%左右，而交通事故的死亡人数则占全世界的20%。公安部的统计数据也显示，近年交通事故数字惊人且呈逐年上升趋势：2008年1月至9月，全国营运车辆肇事共导致1.9万余人死亡，而2009年8月15日至9月15日，全国共查处酒后驾驶违法行为65397起，其中醉酒驾驶10711起，分别比2008年同期上升了86%和91%。公安部网站的信息还显示，仅2010年上半年全国一共发生道路交通事故99282起，

① 刘运通：《道路交通安全指南》，人民交通出版社2004年版，第56页。

造成27270人死亡，116982人受伤。其中，酒后驾驶发生的交通事故3262起，造成重大的人身与财产损失。① 全国各地陆续发生多起恶性的、影响严重的交通事故：2008年12月14日，四川成都孙某铭无证醉驾造成4死1伤；2009年5月7日，杭州胡某超速行驶将正在通过斑马线的谭某撞死；2009年5月22日，广西黄某海醉驾连撞8车致11人受伤；2009年6月30日，南京张某宝严重醉驾，连撞9人撞坏6车，致3人当场死亡，后2人经抢救无效死亡，另有4人轻伤；2009年8月6日，上海高某酒后驾驶，将一4岁男童撞飞50米，男童当场死亡，后又撞上一轿车致3人骨折等。② 这些恶性交通事件频发，严重影响到交通运输安全。

但中国早期规制交通犯罪的就只有交通肇事罪，其不能从根本上抑制交通运输领域惨案的发生。以四川发生的孙某铭事件为例，孙某铭受到了严厉惩罚，但四川类似的重大恶性事件仍很突出："四川省2010年1月1日至2月17日，短短一个半月时间就发生了17起一次死亡3人以上的交通事故，共计死亡81人……"③ 一次又一次的重大交通事故，使中国交通运输领域的犯罪情势高度尖锐紧张。因此，在交通风险与日俱增、交通犯罪情势严峻的背景下，中国迫切需要完善交通犯罪立法。正是在这种背景下，中国刑法设置了危险驾驶罪，期冀通过对没有造成实

① 张兵：《风险时代的风险刑法——以〈刑法修正案（八）草案〉增设"危险驾驶罪为视角"》，载《甘肃政法学院学报》2011年第1期。

② 陈英凤：《飙车醉驾入罪值得期待》，载《检察风云》2010年第18期，第23页。

③ 李福芹：《我国交通犯罪的现状及刑事对策探讨》，载《河南省政法管理干部学院学报》2010年第4期。

害结果的危险驾驶行为的犯罪化，严密交通犯罪刑事法网，从而遏制交通犯罪。

（二）现行危险驾驶罪规制的危险驾驶行为范畴

1. 追逐竞驶型的危险驾驶行为

追逐竞驶是《刑法修正案（八）》在危险驾驶罪中使用的一个新概念，其含义是行为人在道路上高速、超速行驶，随意追逐、超越其他车辆，频繁、突然并线，近距离驶入其他车辆之前的行为。[①] 通常认为追逐竞驶就是“飙车”行为。从文义解释上看，“追逐竞驶”是两辆或两辆以上的机动车之间，互相追赶的行为。根据扩张解释的观点，追逐竞驶也应包括主体为一辆机动车在道路上恶意超车或单方追逐的行为。[②] 从目前司法实践看，显然扩张解释更符合司法实务的需要，理论界也基本上认可扩张解释的含义。由此，追逐竞驶大致可分为两类：一是两车或者两车以上的飙车行为，包括竞技型飙车、斗气型飙车等；二是单车的随意并线、超车、超速行驶等行为。这些行为都把公共安全置于高度危险之中，都属于危险驾驶罪调整的内容。但在实践中，“追逐竞驶”究竟包括哪些行为方式？深圳市交警部门2012年对危险驾驶罪中的“追逐竞驶”行为进行了首次具体化，其包括：人在道路上驾驶机动车高速行驶、反复并线、频繁穿插的行为；为寻求刺激、赌博竞技等驾车相互追赶、相互竞速的行为；在高

---

① 张明楷：《刑法学（第4版）》，法律出版社2011年版，第637页。

② 周光权：《刑法历次修正案权威解读》，中国人民大学出版社2011年版，第351页。

速公路上时速超过180公里、城市快速路上时速超过160公里、其他城市道路上时速超过100公里的行为；在道路上驾车炫耀特技（如漂移等）的行为。[①] 虽然这一界定是由深圳市交警部门作出的一种解读，但是这一解读对解决“追逐竞驶”的具体化问题提供了可参考的标准。

在“追逐竞驶”行为中，还有一个条件，即“情节恶劣”。根据危险驾驶罪的规定，“情节恶劣”是追逐竞驶型危险驾驶行为成立犯罪的限制性条件。但“情节恶劣”的性质到底该如何界定，在学界是有分歧的。对此，学界有“危险状况”论和“结果状况”论两种立场。对追逐竞驶型危险驾驶而言，“情节恶劣”的性质界定问题，是关系到其是抽象危险犯还是具体危险犯的问题。就学界的理解而言，也有这两种分歧。特别是当《刑法修正案（九）》扩大该罪的范畴后，该罪到底是抽象危险犯还是具体危险犯的争论更为激烈。但现行的该罪到底是抽象危险犯还是具体危险犯，对于重新构建刑法规制没有实害结果犯罪的立法而言，意义不大。因为根据下文各个章节的论述，该罪在对我国针对交通犯罪领域的没有实害结果的行为的立法予以完善后，其已被消解，重新融入不同类型的犯罪中。但该罪的设立目的还是有必要重申的，即该行为和该罪规制的其他危险行为之所以被视为犯罪，是为了减少危险，以免造成不能挽回的结果。因此，从本质上看，该行为和其他危险行为开始入罪，实际上是预防性立法的体现。

---

① 李荣华、刘明：《深圳交警首次界定飙车概念——6种行为可入罪》，载《南方日报》，2012年6月5日。

2. 醉酒驾驶型危险驾驶行为

根据危险驾驶罪的规定，“醉驾”是指行为人在醉酒状态下，在道路上驾驶机动车的行为。从立法的表述看，只要在道路上醉酒驾车，不论情节如何，一律追究刑事责任，是典型的抽象危险犯。但是，2013 年最高人民法院、最高人民检察院、公安部联合出台了《关于办理醉酒驾驶机动车刑事案件适用法律若干问题的意见》，使该行为对应的部分罪的性质发生了改变。根据《关于办理醉酒驾驶机动车刑事案件适用法律若干问题的意见》第 1 条第 1 款的规定，并不是所有的醉酒驾驶行为都应受到惩罚，只有“血液酒精含量达到 80 毫克/100 毫升以上的”行为，才能入罪。换言之，根据该规定，醉酒驾车行为是指车辆驾驶人员血液中的酒精含量，大于或者等于 80mg/100ml 的驾驶行为，否则不能构成本罪。2018 年 5 月，司法部司法鉴定管理局发布《关于车辆驾驶人员血液中酒精含量测定的适用标准有关意见的函》，对车辆驾驶人员血液中酒精含量测定的适用标准进行了统一规定。司法鉴定机构对车辆驾驶人员血液中酒精含量进行检测时，应当按照国家标准 GB19522 的要求，采用 GA/T1073（《生物样品血液、尿液中乙醇、甲醇、正丙醇、乙醛、丙酮、异丙醇和正丁醇的顶空—气相色谱检验方法》，司法部发布）或者 GA/T842—2009（《血液酒精含量的检验方法》，公安部发布）的规定强制执行。因此，对于此类行为，实践中也不是采取零容忍的态度。

3. “双超”型危险驾驶行为

根据我国现行立法，这种类型危险驾驶行为是指从事校车业务或者旅客运输，违反运输安全管理规定，严重超过额定乘员载客，或者严重超过规定时速行驶的行为。无论是校车还是旅客运输业务，都关系到乘客的生命健康安全，且极易危及乘客的安全，造成非常严重的后果。关于校车、旅客运输车辆的定义，刑法法条与相关的司法解释都没有作出明确的规定。根据《校车安全管理条例》第 2 条的规定，校车指用于接送接受义务教育的学生上下学的 7 座以上的载客汽车，即校车的范畴仅限于小学和初中学校的校车；根据第 60 条第 2 款[①]的规定，幼儿园的校车也可以纳入规制范畴。根据《道路运输条例》第 2 条第 2 款[②]的规定，道路运输经营包括道路旅客运输经营和道路货物运输经营。根据《道路旅客运输及客运站管理规定》第 3 条[③]的规定，道路客运经营是指用客车运送旅客、为社会公众提供服务、具有商业性质的道路客运活动，包括班车（加班车）客运、包车客运、旅游客运。又根据《道路运输条例》第 82 条的规定[④]，旅客运输的车辆不包括出租车客运和城市公共汽车客运。从事校车或旅客运输的车辆，并不是只要违反了运输安全管理规定的行为，都

① 《校车安全管理条例》第 60 条第 2 款规定："入园幼儿应当由监护人或者其委托的成年人接送。对确因特殊情况不能由监护人或者其委托的成年人接送，需要使用车辆集中接送的，应当使用按照专用校车国家标准设计和制造的幼儿专用校车，遵守本条例校车安全管理的规定。"

② 《道路运输条例》第 2 条第 2 款规定："前款所称道路运输经营包括道路旅客运输经营（以下简称客运经营）和道路货物运输经营（以下简称货运经营）；道路运输相关业务包括站（场）经营、机动车维修经营、机动车驾驶员培训。"

③ 《道路旅客运输及客运站管理规定》第 3 条第 1 款规定："本规定所称道路客运经营，是指用客车运送旅客、为社会公众提供服务、具有商业性质的道路客运活动，包括班车（加班车）客运、包车客运、旅游客运。"

④ 《道路运输条例》第 82 条规定："出租车客运和城市公共汽车客运的管理办法由国务院另行规定。"

构成犯罪。根据刑法的规定，只有“严重超载”和“严重超速”两种“双超”行为方式构成危险驾驶罪，其他情况不构成本罪。

4. 运输危险化学品型危险驾驶行为

这类情况是指违反运输化学品安全管理规定，在道路上运输危险化学品，危及交通安全的行为。根据《危险化学品安全管理条例》第 3 条的规定，危险化学品是指“具有毒害、腐蚀、爆炸、燃烧、助燃等性质，对人体、设施、环境具有危害的剧毒化学品和其他化学品”。危险化学品目录，可参照国家安全生产监督管理总局《危险化学品目录》（2015 版），公安部《易制爆危险化学品名录》（2017 年版），生态环境部、商务部和海关总署《中国严格限制的有毒化学品名录》（2020 年）等。运输化学品安全管理规定，主要包括《危险化学品安全管理条例》（第五章运输安全）《道路危险货物运输管理规定》《安全生产法》《道路交通安全法》《道路交通安全法实施条例》等法律法规。“运输安全”包括应当按照运输车辆的核定装载危险化学品，不得超载；危险化学品运输车辆应当符合国家标准要求的安全技术条件，并按照国家有关规定定期进行安全技术检验；危险化学品运输车辆应当悬挂或者喷涂符合国家标准要求的警示标等。如果违反这些规定，会危及交通运输安全，根据现行刑法的规定，就会受到刑法惩罚。

（三）危险驾驶罪引起的理论争鸣及设置该罪的积极意义

在我国刑法中，对交通犯罪的规制是以实害结果为基础。但危险驾驶罪的设置，打破了这一传统。很明显，危险驾驶罪的设置是基于预防，具有鲜明的预防色彩而非报应色彩。此预防主义立法观，以安全为首要的优先价值选择，不仅打破了我国交通犯罪立法的传统，而且突破了传统刑法的诸多理念，引起了理论争鸣。但无论理论争鸣如何，在交通风险语境下，设置危险驾驶罪具有重要意义："从刑事立法学上来讲，危险驾驶罪的设立，是中国刑法上的一个重大突破，对于日后刑事立法乃至司法均将产生重大影响。"① 因此，危险驾驶罪的设置，是对规制交通犯罪刑事立法的完善，也进一步严密了规制交通犯罪的刑事法网，具有极强的积极意义。

1. 设置危险驾驶罪引起的理论争鸣

交通犯罪领域刑事立法预防功能的强化，表达了刑法对交通风险扰乱下的交通秩序进行维护的决心："在风险无处不在的当代社会中，刑法的秩序保护功能注定成为主导。"② 但危险驾驶罪的设置，毕竟是对传统刑法理论的突破，尤其是在刚设置该罪时，学界对这种预防性立法趋势并没有达成共识，因此，针对这种新鲜事物，形成了热烈的理论争鸣。在争鸣的舆论场中，形成了两种鲜明的博弈立场：积极的支持论和消极的反对论。支持者认为在风险社会语境下，应将危险驾驶行为入罪。比如，储槐植教授主张在风险社会就应"突出刑法的预防犯罪功能"，③ 在"面对汽车增多所带来的风险，传统的刑法理论已经显得苍白无力"时，"如果非要等到结果发生之后才去追究行为人的刑事责

---

① 曲新久：《危险驾驶罪的行为构成及其问题》，载《河北法学》2012 年第 1 期，第 49 页。

② 陈晓明：《风险社会之刑法应对》，载《法学研究》2009 年第 6 期，第 54 页。

③ 储槐植：《美国刑法（第 3 版）》，北京大学出版社 2005 年版，第 13 页。

任，为时已晚，不能有效地防范危害的发生”。[①] 风险刑法观对刑事立法的影响是通过前瞻性的犯罪标准设置，从而扩大刑法边界或严密刑事法网，通过控制风险从而达到预防最终危害之目的。因此，储槐植教授认为危险驾驶罪的诞生就是刑法预防犯罪的“典型体现”。[②] 似乎风险刑法或风险社会为交通风险中危险驾驶等行为的入罪找到了注解。而风险给社会民众带来心理上的恐惧，又诱发社会民众期望风险得到控制的心理，亦导致社会民众期望“将危险驾驶等行为入罪”，从而“控制和减少风险”[③]。因此，有学者认为危险驾驶罪是“顺应民意的”[④]。张明楷教授亦认为危险驾驶罪是对汽车数量增加诱发风险的反应。[⑤] 肖中华教授甚至提出：“在今天这样一个风险社会里……我国在将来有必要将危险驾驶规定为一种危害公共安全的公共危险犯。”[⑥] 叶良方教授亦认为：“醉驾、飙车等危险驾驶行为的潜在风险超出了社会容忍的边界……增设新罪就有其必要性。”[⑦] 因此，危险驾驶罪被视为对“造成交通事故的危险驾驶行为进行防患于未然

① 储槐植、闫雨：《危险驾驶行为入刑：原因、问题与对策》，载《中南民族大学学报》2012 年第 2 期，第 108 页。

② 邓定远：《危险驾驶罪比较研究及其对中国的启示》，载《刑法论丛》2010 年第 4 期，第 57 页。

③ 邓定远：《危险驾驶罪比较研究及其对中国的启示》，载《刑法论丛》2010 年第 4 期，第 34 页。

④ 赵栩：《论危险驾驶罪》，载《法制与社会》2011 年第 9 期，第 136 页。

⑤ 张明楷：《“风险社会”若干刑法问题反思》，载《法商研究》2011 年第 5 期，第 90 页。

⑥ 肖中华、王海桥：《危险驾驶犯罪行为的刑法界定》，载《法学论坛》2009 年第 6 期，第 38 页。

⑦ 叶良方：《危险驾驶罪的立法证成和规范构造》，载《法学》2011 年第 2 期，第 13 页。

的事前威慑和打击，从治本的意义上大大减少交通事故发生的可能性”①。甚至有学者认为这是一种超前考虑的立法，在当代社会语境下，此种超前考虑的立法值得赞赏：“考虑到社会现实发展的需要和刑法立法应具有一定的超前性，我国有必要将危险驾驶规定为一种危险犯。”② 支持论学者甚至认为我国危险驾驶罪的范畴和其他国家类似罪名的范畴相比，涵涉过窄，苏彩霞教授就持这样的观点，并把我国的危险驾驶罪和德国的相关规定进行了比较，认为我国对危险驾驶行为的规制远远落后于德国。③ 言外之意应进一步犯罪化危险驾驶行为。

上述学者以风险社会行为和风险刑法理论为根据，企图证成危险驾驶罪的正当性，但反对论对此表示怀疑。现代社会与传统工业社会的明显区别之一就是高风险，德国学者乌尔里希·贝克基于这种鲜明的时代特点提出了风险社会理论，亦不断侵染传统刑法学理论。如学者劳东燕认为：“无论人们对刑法的权利保障功能寄予多大期望，在风险无所不在的社会中，刑法的秩序保护功能注定成为主导。”④ 但该论点在中国刑法学界的出场，引起了诸多学者的质疑。比如，陈兴良教授指出：“如果刑法为化解风险社会的风险而过于扩张甚至突破罪刑法定主义、责任主义等

---

① 李川、夏伟：《我国危险驾驶罪立法的比较与思考》，载《法制与社会》2013 年第 1 期，第 142 页。

② 肖中华：《危险驾驶犯罪行为的刑法界定》，载《法学论坛》2009 年第 6 期，第 76 页。

③ 周详：《民生法治观下“危险驾驶”刑事立法的风险评估》，载《法学》2011 年第 2 期，第 26 页。

④ 劳东燕：《公共政策与风险社会的刑法》，载《中国社会科学》2007 年第 3 期，第 129 页。

法治刑法的底线……也不可取。”① 张明楷教授也认为不应把风险社会理论作为刑法作出反应的根据。② 因此，陈兴良教授与张明楷教授对把风险社会作为风险行为入刑根据的风险刑法理论进行了否定。③ 不仅以西方风险社会背景为根据的风险刑法理论受到质疑，危险驾驶罪作为预防风险工具的有效性也受到质疑。如张明楷教授认为通过增加危险驾驶罪预防交通事故，还不如通过完善交通工具的效果好。④ 刘明祥教授明确指出：“治理酒后驾车的关键并不在于立法而在于司法。”⑤ 亦有学者认为行政惩罚的效果比刑法的效果好。⑥ 另外，中国社会面临的风险是否和西方工业发展带来的全球性风险属于同一语境，本身也是值得商榷的。根据贝克对西方风险社会的阐述，风险社会的风险是指核泄漏和生态危机等对人类社会造成重大危害的风险，是指“全球性风险”而非“个体性风险”，而交通风险是否属于此类风险，本就存疑。如王政勋教授就质疑认为：“西方学者提出的风险社会概念不适用于现在的中国社会……危险驾驶罪的立法会存在理论错位与现实危险。”⑦ 因此，王政勋教授认为：“以风险社会作为

---

① 陈兴良：《“风险社会”与刑法风险：双重视角的考察》，载《法商研究》2011 年第 4 期，第 13 页。

② 赵栩：《论危险驾驶罪》，载《法制与社会》2011 年第 9 期，第 85 页。

③ 陈兴良：《风险刑法的法教义学批判》，载《中外法学》2014 年第 1 期，第 103-127 页。

④ 赵栩：《论危险驾驶罪》，载《法制与社会》2011 年第 9 期，第 88 页。

⑤ 刘明祥：《“风险刑法”的风险及其控制》，载《法商研究》2011 年第 4 期，第 18 页。

⑥ 周详：《民生法治观下“危险驾驶”刑事立法的风险评估》，载《法学》2011 年第 2 期，第 138 页。

⑦ 王政勋：《危险驾驶罪的理论错位与现实危险》，载《法学论坛》2011 年第 3 期，第 28 页。

论证危险驾驶行为应予入罪的理论根据，既属张冠李戴，又属于文不对题。”[①] 因此,“刑法中根本就没有必要设置危险驾驶罪。”[②] 甚至还有学者诘问“醉驾入罪，就能管得住醉驾吗”[③]，由此评价该罪的设置意义不大，缺乏应有的理性根基，甚至是迁就民意的结果，没有摆脱传统的刑法工具主义和刑法万能主义的思维和窠臼，是一种非理性的权宜之计。当代的刑法，还是一个以实质社会危害为基础的刑法体系。因此，在面临惩罚“风险行为”时，必然会遇到阻力和观念挑战。同样，以此理论逻辑，危险驾驶罪的创设，也必然遭遇质疑和传统理论的挑战。

2. 设置危险驾驶罪的积极意义

虽有学者反对危险驾驶罪的设置，但基于客观现实，危险驾驶罪的设置至少具有以下积极意义：

（1）设置危险驾驶罪是对交通犯罪情势的理性反映。交通安全犯罪涉及的是重大法益——公共交通安全，因此，对于危险驾驶行为的犯罪化，还是应该冷静、理性对待，不能盲目地进行批判和质疑。对于交通运输这个巨型系统而言，各参与方都必须严格遵守交通规则，如果任何一方破坏规则，都可能损害其他参与人的最基本权利——生命、财产、健康及交通运输系统的基本价值和行为准则架构。虽然危险驾驶行为并不必然导致悲剧发生，但这种高风险的违规行为，可能成为“压倒骆驼的稻草”，

---

① 王政勋：《危险驾驶罪的理论错位与现实危险》，载《法学论坛》2011 年第 3 期，第 30 页。

② 王政勋：《危险驾驶罪的理论错位与现实危险》，载《法学论坛》2011 年第 3 期，第 29 页。

③ 黄明儒：《醉驾入罪，就能管得住醉驾吗》，载《民主与法制》2010 年第 24 期，第 39 页。

诱发接连不断的喋血惨案。特别是针对交通犯罪日益高涨的严峻态势，中国刑法更有必要设置危险驾驶罪，预防严重交通事故的发生。因此，面对中国严峻的交通犯罪态势，立法设置危险驾驶罪是对交通犯罪情势的理性反映。

（2）危险驾驶罪的设置有利于缓解惩治交通犯罪的乏力和压力。法律机制可以减少、控制和预防风险，刑法也被风险社会赋予了这种技能。如前述论及，我国现行规制交通犯罪的刑法机制，对交通领域犯罪进行的治理没有收到良好的社会效果，甚至是乏力或失效的。当然，这也意味着交通管理法规对交通秩序的维护是失败的。交通管理法规以及刑法对交通运输秩序治理的乏力或失效，其主要原因还是在于交通管理法规本身的不足以及刑法针对交通犯罪的立法本身的不足：第一，我国对违章驾车行为的行政处罚不严厉。第二，我国刑法中的交通肇事罪仅适用于违反交通安全法规、造成重大交通事故，致人重伤、死亡或者使公私财物遭受重大损失的结果犯。这种法律上的宽容态度或许适应了几十年前中国的交通运输状况，但对于现在的交通运输状况而言，已凸显其局限。在没有设置危险驾驶罪前，交通运输领域法律治理的乏力和失效，还表现在对没有造成严重后果的恶性高危行为不以犯罪处理。第三，虽然实践中对于类似孙某铭案件，可以“以危险方法危害公共安全罪”处罚，但其并不能取得明显的社会效果；同时，正如下文论及的，以危险方法危害公共安全罪本身就有其不合理之处，而且这种口袋罪还违背法治精神。仔细审视道路上连续不断发生的喋血惨案，虽然不能完全归咎于交通法制，但交通法网的不严密以及惩罚的轻缓性，也在惨案的背景上画上了浓墨重彩的一笔。因此，在交通风险日趋高涨、喋血惨案层出不穷、民众质疑和困顿的土壤上迎风而出的危险驾驶罪，对缓解制裁交通犯罪的压力，具有积极意义。

（3）危险驾驶罪的设置顺应了国情民意。交通领域犯罪态势日益严峻，面对交通管理法规调控的乏力和失效，普通民众自然会对刑法充满厚望和期待。在这种情况下，也需要通过刑法来回应民众的呼声。因此，在交通喋血惨案不断，交通风险日趋严峻的语境下，很少会有人思考“法律宽和化对于每个受到严酷法律制约的人都是有益的”[①] 这样不符合人类感情规律的“人道主义”。特别是当某种没有任何外在、客观的实害结果行为，故意漠视、忽视他人生命（如酗酒驾车、寻求刺激的驾车竞驶）的行为屡屡发生时，还要特别冷静地呼吁刑法的宽和与谦抑，这便仅仅是伪善的学术说辞。从功利主义角度讲，这也符合人类的功利取舍。学者波斯纳曾说，面对极端恶劣的治安形势，人们宁愿牺牲一部分人的自由，也不愿意支付一种无限高的代价，甚至不愿意支付非常高的价格。[②] 当面对严峻的交通犯罪时，国民自然会担心交通安全，呼吁严密交通刑事法网。因此，当设置危险驾驶罪后，有学者就认为其能“满足民众安全愿望的需要”[③]，该罪的设立对于没有造成严重后果的危险驾驶行为进行惩罚，体现了

---

① ［意］贝卡利亚：《论犯罪与刑罚》，黄风译，中国大百科全书出版社 1993 年版，第 46 页。

② ［美］理查德·A. 波斯纳：《法理学问题》，苏力译，中国政法大学出版社 2002 年版，第 473 页。

③ 郑定远：《危险驾驶罪比较研究及其对中国的启示》，载《刑法论丛》2010 年第 4 期，第 59 页。

对民生问题的保护，[①] 提前了对交通肇事行为的刑罚惩罚，其能缓解交通运输领域的尖锐矛盾，克服“民众的激愤和担忧”[②]。因此，危险驾驶罪的出台，也是对国情民意的回应，具有民意基础。

（4）危险驾驶罪的设置有利于恢复交通领域的公共理性。危险驾驶罪规制的危险驾驶行为，不仅是对交通运输管理法规的违反，而且彰显了行为人内心“公共理性”的缺失。公共理性体现为“通过公民等多种社会与政治力量的广泛参与生成的公共生活的基本规则”，或“关于社会基本结构与基本制度的正当性共识”。[③] 对于现代社会来说，公共理性具有重要的意义，其是一个社会制度构建的意义所在，也是一个社会得以正常运行的条件。公共理性让公民通过权衡利益得失，回答和践行关于该做与不该做、怎么做的问题，最终养成一种对公共的“善”的尊重。公共理性也要求个人在与他人和共同体的相处中，应该寻找合适的行为模式。但从实践经验看，并不是所有人在行为时，都具有公共理性。相反，公民在行为时，出于各种原因，会侵害或忽视公共理性。从人的属性看，人除了具有自我属性外，还具有社会属性，如庞德在《原子时代的法学理论》中认为：“人一方面是

① 赵秉志：《危险驾驶罪研析与思考》，载《政治与法律》2011 年第 8 期，第 14 页。

② 赵秉志：《危险驾驶罪研析与思考》，载《政治与法律》2011 年第 8 期，第 14 页。

③ 李海青：《理想的公共生活如何可能：对“公共理性”的一种政治伦理学阐释》，载《伦理学研究》2008 年第 3 期，第 59 页。

相互合作的社会本性，另一方面是自我扩张的个人主义本性。”① 人的相互合作的社会性，使个体具有理性，从而在追求自我价值或快乐时，具有与社会和其他公民合作的动机，也认识到必须遵守诸多的共识和规则。同时，也使各自在体现公共理性的规则的范围内活动，使社会秩序得到维护。但与人的社会属性不同，自我扩张的人之本性，使人们在一味满足自己的愿望和需求时，忽视甚至不惜牺牲他人的权益和破坏体现公共理性的规则。尊重公共理性的必要性和意义不言自明，其不仅使各主体间互相尊重，而且使各个主体尊重体现共同利益和价值的良性规则。危险驾驶罪禁止的醉酒驾驶和飙车竞驶等危险驾驶行为，是一种自私的人之本性的冲动性行为，显然违背了交通运输领域的公共理性。若现有的交通运输法规不能维护和恢复这种公共理性，就需要刑法介入对公民这种违背公共理性的行为予以管理与约束。危险驾驶罪的设置，能限制人本性行为的盲目性、破坏性和冲动性，使每个人能够安全参与交通运输。因此，危险驾驶罪的设置不仅能避免或减少血案的发生，实现交通运输系统的良性运作，减少交通运输的不安定性和不稳定性，而且能实现交通运输领域各参与方公共理性的恢复或重构。

（5）危险驾驶罪的设置体现了人类面临风险侵害的应急智慧。交通犯罪侵害的是不特定多数人的人身安全或财产安全，在现实社会中，其不仅是频发的犯罪之一，而且一旦出现严重交通事故，后果极其严重。同时，交通犯罪还具有极高的不确定性，

---

① Pound. Juristic Theory in the Atomic Age, 9 Ruters Law Rev, 1955, pp. 464, 471-472.

针对这种不确定性，危险驾驶罪以预防性立法观为主旨，采取了一种更为现代的方式，即把交通犯罪视为现代社会的风险之一。交通犯罪不仅是一种现代风险，而且这种风险后患无穷。危险驾驶罪以预防性立法针对这种风险，前移刑法干预的规范位置，在严重后果出现之前超前介入进行预防，体现了人类的智慧。国外学者就认为超前预防风险“是人类谨慎避免风险义务的体现，也是防止灾难性损害的道德命令”①。确实，在交通犯罪造成的恐惧和不确定性的影响下，刑法不需要为了民主和自由，等到交通犯罪行为已经造成了死亡和严重破坏后，才对犯罪分子进行惩罚。因为等到交通犯罪行为已经造成死亡和破坏才予以惩罚，为时已晚。从此种现实主义立场看，危险驾驶罪立法反映了人类解决当代交通犯罪问题，并调适刑法勇敢迎战新问题以适应社会需要的实践智慧。

二、妨害安全驾驶罪分析

如前述论及，近年来，在公共交通工具上抢夺方向盘、殴打驾驶人员的行为经常发生。该类行为严重妨害安全驾驶，且部分行为已严重威胁道路交通安全，造成重大人员伤亡和财产损失，成为不容忽视的交通安全问题。特别是前述提及的 2018 年 10 月 28 日重庆市发生的公交车坠江事故，其社会后果极其恶劣。此事件引起全社会强烈关注，加强公交司机安全防护、严惩妨害安全驾驶违法犯罪行为的呼声高涨。最终，《刑法修正案（十

---

① ［美］凯斯·R. 桑斯坦：《恐惧的规则——超越预防原则》，王爱民译，北京大学出版社 2011 年版，第 13 页。

一）》第 2 条新设“妨害安全驾驶罪”，对此行为予以规制。

（一）妨害安全驾驶行为的规制历程

在《刑法修正案（十一）》之前，为依法惩治妨害安全驾驶违法犯罪行为，保护人民群众生命财产安全，最高人民法院、最高人民检察院和公安部于 2019 年 1 月 8 日联合印发了《关于依法惩治妨害公共交通工具安全驾驶违法犯罪行为的指导意见》（以下简称《意见》），进一步提升对公共交通安全秩序的法律保障力度，彰显了严惩妨害公共交通工具安全驾驶违法犯罪行为的决心。《意见》的出台，对于打击妨害公共交通工具安全驾驶违法犯罪行为，有积极作用。根据《意见》，对以下行为的定性有了依据：

第一，某些行为可以“以危险方法危害公共安全罪定罪”。这种情况包括：乘客在公共交通工具行驶过程中，抢夺方向盘、变速杆等操纵装置，殴打、拉拽驾驶人员，驾驶人员在公共交通工具行驶过程中，与乘客发生纷争后违规操作或者擅离职守，与乘客厮打、互殴，危害公共安全，尚未造成严重后果的行为，或者有其他妨害安全驾驶行为。致人重伤、死亡或者使公私财产遭受重大损失的，则从重处罚，即依据《刑法》第 115 条的规定予以惩罚，这包括：（1）在夜间行驶或者恶劣天气条件下行驶的公共交通工具上实施的；（2）在临水、临崖、急弯、陡坡、高速公路、高架道路、桥隧路段及其他易发生危险的路段实施的；（3）在人员、车辆密集路段实施的；（4）在实际载客 10 人以上或者时速 60 公里以上的公共交通工具上实施的；（5）经他人劝告、阻拦后仍然继续实施的；（6）持械袭击驾驶人员的；（7）其他严重妨害安全驾驶的行为。不仅如此，根据《意见》，即使尚未造成严重后果，一般也不得适用缓刑。

第二，某些行为可以“寻衅滋事罪”定罪惩罚。乘客在公共交通工具行驶过程中，随意殴打其他乘客，追逐、辱骂他人，或者起哄闹事，妨害公共交通工具运营秩序的行为，以寻衅滋事罪定罪处罚。

第三，某些行为以“妨害公务罪”定罪处罚。以暴力、威胁方法阻碍国家机关工作人员依法处置妨害安全驾驶违法犯罪行为、维护公共交通秩序的，依照《刑法》第 277 条规定“以妨害公务罪定罪”处罚。而暴力袭击正在依法执行职务的人民警察的，从重处罚。

《意见》不仅对这些行为的定性进行了明确的规定，还规定了正当防卫和紧急避险等正当化事由。《意见》规定，对正在进行的妨害安全驾驶的违法犯罪行为，乘客等人员有权采取措施予以制止。制止行为造成违法犯罪行为人损害，符合法定条件的，应当认定为正当防卫。《意见》还规定，正在驾驶公共交通工具的驾驶人员遭到妨害安全驾驶行为侵害时，为避免公共交通工具倾覆或者人员伤亡等危害后果发生，采取紧急制动或者躲避措施，造成公共交通工具、交通设施损坏或者人身损害，符合法定条件的，应当认定为紧急避险。这意味着不仅要严惩妨害安全驾驶违法犯罪行为，而且鼓励公众与类似的犯罪行为作斗争，维护交通运输安全。

但是，尽管能依据《意见》对前述相应的行为以“以危险方法危害公共安全罪”和“寻衅滋事罪”定罪惩罚，这也是一种没有办法的选择。实际上，从侵犯客体看，前述的以“以危险方法危害公共安全罪”和“寻衅滋事罪”定罪的行为，均侵犯的是交通安全，而不是泛指的公共安全或者社会秩序。因此，以这些罪定罪惩罚，虽然似乎能找到一种解决或抑制这些犯罪的途径，但其最终却消解了这些行为侵犯的交通安全这一客体。前面也提到，“以危险方法危害公共安全罪”本就是口袋罪，能包含大量的危害公共安全的行为。因此，司法实践中，一旦遇到新情况危及公共安全，且又找不到具体的罪来惩罚这种情况，就会以“以危险方法危害公共安全罪”予以惩罚。这不仅导致“以危险方法危害公共安全罪”的滥用，而且会导致立法的惰性。而“寻衅滋事罪”是妨害社会管理秩序罪中的一个具体罪，其客体是公共秩序。乘客在公共交通工具行驶过程中，随意殴打其他乘客，追逐、辱骂他人，或者起哄闹事的行为，实质是侵犯公共交通安全的行为，而不仅仅是一种对公共秩序的侵犯。因此，以“寻衅滋事罪”惩罚该类行为，并不妥当。基于这些理由，在时机成熟的时候，还是应通过刑法立法或者刑法修正案的方式，把这些行为重新设罪，放在交通犯罪中予以惩罚。

如前论及，《刑法修正案（十一）》回应社会和公众呼吁，把威胁交通安全的行为予以了犯罪化。2020 年 12 月 26 日，《刑法修正案（十一）》通过，这意味着其中包含的“妨害安全驾驶罪”也获得了通过。到 2021 年 3 月 1 日，《刑法修正案（十一）》生效，由此，实现了立法对威胁交通安全行为的规制。

（二）妨害安全驾驶罪的构成分析

从《刑法修正案（十一）》第2条第1款的规定看，妨害安全驾驶罪规定的行为包括：对行驶中的公共交通工具的驾驶人员使用暴力或者抢控驾驶操纵装置，干扰公共交通工具正常行驶，危及公共安全的，处1年以下有期徒刑、拘役或者管制，并处或者单处罚金。该条第2款规定：前款规定的驾驶人员在行驶的公共交通工具上擅离职守，与他人互殴或者殴打他人，危及公共安全的，依照前款的规定处罚。该条第3款规定：有前两款行为，同时构成其他犯罪的，依照处罚较重的规定定罪处罚。

1. 根据《刑法修正案（十一）》第2条第1款的规定，构成本罪需要满足的条件

第一，主体是一般主体。尽管是一般主体，但从规定看，其是指公共交通工具上的乘客，个别情况下，车辆上的售票员或者安保员也可成为本罪主体。因第2款对驾驶员擅离职守的行为予以了规制，所以第1款规定的主体，不应包括第2款规定的驾驶员。必须注意的是，若驾驶员不是擅离职守，则也可能纳入第1款进行惩罚。但认定上有分歧，有学者认为第1款规定的主体主要是“乘客”。[①] 这种理解极为狭隘，除乘客之外的其他人，也会实施本罪规制的行为，且会对交通安全造成重大威胁。因此，针对第1款的规定，没有必要去判断行为人属于“乘客”“非乘客”还是“工作人员”，因为身份之于本罪第1款，并无实质

① 参见夏朗：《妨害安全驾驶罪构成要件的教义学解读》，载《广西大学学报（哲学社会科学版）》2021年第3期，第131页。

意义。

第二，行为发生在行驶的公共交通工具上。一般而言，“交通工具”是指供社会公众共同使用的运输工具，包括从事旅客运输的各种公共汽车、出租车、火车、地铁、轻轨、轮船、飞机等。但前述提及的《意见》第7条，将其限定为“公共汽车、公路客运车，大、中型出租车等车辆”。就《刑法修正案（十一）》的规定而言，是否应遵守《意见》的规定呢？有学者认为，还应将校车和小型出租车、网约车纳入其中。社会性、公用性应是公共交通工具与非公共交通工具的本质区别，接送职工的班车、接送师生的校车等大、中型交通工具，均具备这两种属性。[①] 也有学者认为，应将小型出租车排除于“公共交通工具”之外，因为其乘坐人数有限，一般不会危及公共安全。[②] 笔者认为，因为本罪主要是危及交通运输安全，而小型出租车和网约车属于社会营运车辆，也是公众出行的重要工具，而且在拼车现象较为普遍的当下，所载乘客也具有不特定性。因此，其也会危及交通安全，应纳入公共交通工具之内。

除了对“交通工具”予以明确之外，还需要正确理解“正在行驶”。有学者认为：“考虑到保护公共出行安全的立法目的，以及处于营运载客时的位移状态或启动状态的涵盖范围略显狭窄，宜认为在可载客状态下（排除出场、回场、加油、充电、维修等脱离线路和与载客营运无关的状态），不论驾驶操控装置是

① 余丽、陈志军：《对妨害公共交通工具安全驾驶行为的刑法规制研究》，载《公安学研究》2020年第4期，第109-122页。

② 胡云腾，徐文文：《〈刑法修正案（十一）〉若干问题解读》，载《法治研究》2021年第2期，第55-65页。

否已经启动，都属于‘正在行驶’状态。”[①] 还有学者认为，“行驶中”则是指“交通工具运行、运转的动态过程”[②]。对于“正在行驶”的理解，首先就必须明确其不等于“正在运行”中。在交通犯罪中，特别是对于破坏交通工具罪，其有“正在运行”中的限制。因此，是否把《刑法修正案（十一）》设置的本罪中的交通工具，也限于“正在运行”中？显然不妥。对于本罪中的“正在运行”，宜以车辆已启动为起点，车辆停止为终点。从本罪的设立看，其立法旨意主要在于保护行驶中车辆的运行安全。因此，车辆进站以及还没有出发的时间段，不应包括在“正在行驶”中。

第三，针对的对象是“驾驶人员”。“‘驾驶人员’是指直接操控交通工具行驶的人员，不包括与公交工具相关的安全员、调度员、售票员等人员。”[③] 行为人实施了对驾驶人员使用暴力或者抢控驾驶操纵装置的行为。“抢控驾驶操纵装置”并不需要行为人实际控制驾驶操作装置，只要实施了争抢行为即可。

第四，客体是“交通安全”。行为人的行为必须危及交通安全，即行为会干扰公共交通工具的正常行驶，从而对交通安全产生严重威胁。行为人的行为足以导致公共交通工具不能安全行驶，车辆失控，具有随时可能发生乘客、道路上的行人、车辆伤

① 詹奇玮、赵秉志：《妨害安全驾驶罪的规范考察与适用探析》，载《贵州社会科学》2021年第6期，第92页。

② 余丽、陈志军：《对妨害公共交通工具安全驾驶行为的刑法规制研究》，载《公安学研究》2020年第4期，第96-122页。

③ 詹奇玮、赵秉志：《妨害安全驾驶罪的规范考察与适用探析》，载《贵州社会科学》2021年第6期，第91页。

亡或者财产损失的现实危险。

第五，本罪的行为是“对行驶中的公共交通工具的驾驶人员使用暴力或者抢控驾驶操纵装置，干扰公共交通工具正常行驶，危及公共安全的”行为。因此，本罪的行为主要包括“使用暴力”和“抢控驾驶操纵装置”且干扰到公共交通工具正常行驶的行为。所谓“使用暴力”是指通过殴打、推搡等动作，将有形的物理强制力量施加于驾驶人员的行为。同时，还必须注意，这里的“暴力行为”还没有造成轻伤以上伤害，因为本罪的最高法定刑才一年以下有期徒刑。如果暴力程度造成轻伤以上，不是不惩罚，而是以故意伤害罪论处。同时，这些行为还必须足以导致公共交通工具不能安全行驶，车辆失控，随时可能发生乘客、道路上的行人、车辆伤亡或者财产损失的现实危险。如果行为人只是辱骂、轻微拉扯乘客等，并没有影响车辆的正常行驶，不宜作为犯罪处理，违反治安管理处罚法规定的，依法予以治安处罚。所谓“抢控驾驶操纵装置”中的“抢控”是指抢夺和控制，也就是“相互争夺”或者通过一定的手段形成的对驾驶操纵装置的“支配状态”。比如，持续性地拉扯、抢夺方向盘或变速杆，突发性地对操纵装置的瞬时操控及后续的持续性支配，包括突然拉起行驶中的公共交通工具的手刹，或踩住脚刹导致车辆异常性紧急制动，或者突然将挡位挂入空挡等行为。[①] 笔者还认为，“抢控”的“抢”与“控”是并列词组，而不是既要“抢夺”，又必须形成“支配状态”。“驾驶操纵装置”是指控制公交

① 夏朗：《妨害安全驾驶罪构成要件的教义学解读》，载《广西大学学报（哲学社会科学版）》2021 年第 3 期，第 135 页。

工具按照自己意愿行驶的部件，包括方向盘、离合器踏板、加速踏板、制动踏板、变速杆、驻车制动手柄、启动开关等。①

2.《刑法修正案（十一）》第2条第2款的理解

第2款是关于驾驶人员擅离职守，与他人互殴或者殴打他人，危及安全驾驶的犯罪及其处罚的规定。因此，第2款主要是针对驾驶员擅离职守的行为。需要注意的是，该款规定的驾驶员擅离职守的行为，并不是构成另外一个罪，其构成的罪仍然是妨害安全驾驶罪。对此款的规定，到底如何理解，尤其是"驾驶员"为何独立出来，且范畴该如何理解，是需要厘清的问题。有学者认为"驾驶员"是指："（1）专门指代在行驶中的公交工具被他人'使用暴力或者抢控驾驶操纵装置'的驾驶人员；（2）单纯指代行驶中的公共交通工具的驾驶人员。"② 笔者认为从法条的文字表述看，应限于被"使用暴力或者抢控驾驶操纵装置"的驾驶人员，即不是驾驶公共交通工具的驾驶人员。在第2款中，有"前款规定"的限定，而前款包括"对行驶中的公共交通工具的驾驶人员使用暴力或者抢控驾驶操纵装置，干扰公共交通工具正常行驶，危及公共安全的"限制，因此，第2款的指代是明确的，即第一，"行驶中的公共交通工具的驾驶人员"；第二，被"使用暴力或者抢控驾驶操纵装置"；第三，前述两个条件下的行为"干扰了公共交通工具正常行驶，危及公共安全"。独立规定第2款的主要原因在于强调此类驾驶员不能在此情况下

---

① 汽车百科全书编纂委员会：《汽车百科全书》，中国大百科全书出版社2010年版，第194页。

② 詹奇玮、赵秉志：《妨害安全驾驶罪的规范考察与适用探析》，载《贵州社会科学》2021年第6期，第92页。

擅离岗位。当然，这不是说前述限制外的驾驶员擅离岗位就不应处罚，相反，若其擅离岗位的行为危及交通安全，可以“以危险方法危害公共安全罪”进行惩罚。这样，其受到的惩罚更重，因以危险方法危害公共安全罪的配刑要高于本罪。

3.《刑法修正案（十一）》第2条第3款的理解

第3款是关于实施本条规定犯罪的同时构成其他犯罪如何处理的规定。前述论及，本罪是危险犯，且配置的最高法定刑才一年以下有期徒刑。但本罪的行为可能会造成更严重的后果，比如可能同时构成以危险方法危害公共安全罪、交通肇事罪或危险驾驶罪等。如果出现了竞合或牵连的情形，应当依照处罚较重的规定定罪处罚。换言之，法律明文规定了不数罪并罚。

设置妨害安全驾驶罪具有合理性，其“不仅没有不当地扩张对于妨害公共交通工具行驶类案件的处罚范围，反而通过准确的类型划分以及合理的刑罚配置，合理地消解了司法困惑，防止了过度适用以危险方法危害公共安全罪的司法冲动。同时，也以一种理性的方式回应了公众的处罚意见”①。但是，本罪的设立并没有完全弥补交通犯罪刑事法网的漏洞。因此，对于交通犯罪刑事法网存在的问题，还必须从实践路径和法理方面进行探讨并对其予以完善。

① 张晨：《妨害安全驾驶罪的立法正当性检视》，载《社会科学动态》2021年第10期，第35页。

第三节　我国现行交通刑事法网的疏漏和缺陷

《刑法修正案（八）》设置的危险驾驶罪，以及《刑法修正案（九）》对危险驾驶罪的扩张，以及《刑法修正案（十一）》设置妨害安全驾驶罪，使交通刑事法网更加严密。加上原有的交通肇事罪，我国交通刑事法网对于交通犯罪的规制正在逐步走向完善。但是，分析我国交通刑事法网现状，就会发现其还存在很大的缺陷和疏漏，而且在理论上也难以自洽。

一、交通肇事罪诱发的问题和法理困境

根据中国现行刑法，规制造成实害结果的交通犯罪的是交通肇事罪。但从以下分析可以看出，其存在很多问题和法理困境。

（一）交通肇事罪客观行为高度类型化和主观罪过设置得不合理

根据《刑法》第 133 条和《解释》的规定，我国交通肇事罪是一个高度类型化的犯罪。甚至可以说，这种高度类型化，已产生了过度类型化之嫌。无论是主观方面，还是客观方面，均导致了实践问题和理论问题。

首先，从客观方面看，交通肇事罪以“肇事行为”这一类行为，把超速驾驶、闯红灯、酗酒驾驶、吸食毒品后驾驶等造成

实害结果的驾驶行为，纳入交通肇事罪中进行惩罚。很多行为虽然都是违反交通法规的行为，但从行为本身的性质看，存在差异，归入一类有失妥当。比如，超速驾驶、酗酒驾驶以及吸毒驾驶行为，就存在很大差异：超速驾驶行为是有正常责任能力的人实施的驾驶行为，而酗酒驾驶以及吸毒驾驶行为则一般是不具有刑事责任能力，或者刑事责任能力降低的行为人实施的驾驶行为。不仅如此，把诸多造成实害结果的交通肇事行为，都纳入交通肇事罪中予以惩罚，不仅使交通肇事罪太过臃肿和庞大，而且使交通肇事罪承担的惩治犯罪的压力过大。换言之，我国以一个交通肇事罪，惩治不同类型的造成实害结果的驾驶行为，罪名太过单一。这使交通肇事罪的客观方面高度抽象和概括，并导致交通肇事罪在面对复杂的交通犯罪时，特别是在面对复杂的各种各样的交通肇事行为时，显得捉襟见肘，难以应付。由此，也就难免导致纷争甚至法律失控的局面。更为重要的是，这种立法的高度抽象和概括，使得司法实践对很多案件的处理均难以找到圆满的答案。

其次，交通肇事罪的主观方面限于过失，故意不能构成本罪。这种把本罪所有的客观行为之罪过，一刀切为“过失”的立法，也诱发了实践困境。本罪以“过失”作为主观罪过，导致其配刑与故意杀人罪、故意伤害罪等的配刑相比，显得较轻。行为人造成严重的人员伤亡事故，依然用本罪予以惩罚，则会出现罪刑不适应的情况。为了避免这种罪刑不适应的情况，司法实践就会寻找其他的故意犯罪予以惩罚，以达到罪刑均衡。孙某铭案件最终以以危险方法危害公共安全罪进行惩罚，与此就有很大关联。本罪把罪过一刀切为“过失”，不仅导致罪刑失衡，而且从实然看，把所有的本罪的客观行为的主观罪过均一刀切为“过失”本身，也是值得商榷的。从司法实践看，行为人违规是故意，对于最终的严重伤亡结果，虽一般是过失，但也存在故意的可能，尤其是存在间接故意的可能。比如，某些行为人在实施交通肇事行为时，至少存在对交通安全或者严重事故的漠视或轻视的态度。或者说，某些行为人在违反交通管理法规时，对可能出现的严重后果听之任之，持一种漠然态度。因此，某些行为人实施的某些肇事行为，至少是在间接故意支配下实施的。但是，交通肇事罪的罪过又不能包容故意，这导致必须寻找其他故意犯罪对行为人进行惩罚。根据现有的立法，司法实践便以“以危险方法危害公共安全罪”进行惩罚。当然，根据中国刑法传统观念，一个罪只有一种罪过，不可能存在两个罪过。因此，交通肇事罪对于所有纳入其中的客观行为的罪过，也只能一刀切为一种。这更意味着，交通肇事罪无论是从客观行为方面审视，还是从主观方面审视，均需进一步完善和改造。

（二）“交通肇事逃逸”及“交通肇事逃逸致人死亡”的惩罚困境

根据《刑法》第133条的规定，“交通肇事逃逸”行为不是交通肇事罪的构成要件，而是作为加重法定刑幅度的量刑情节予以规定的。但根据《解释》第2条第2款第6项的规定，交通肇事致一人以上重伤，负事故全部或者主要责任且“为逃避法律追究逃离事故现场的”，以交通肇事罪定罪处罚。此处的“逃逸”

变成了一个定罪情节，成为交通肇事行为构成犯罪的一个构成要件。因此，在交通肇事罪中，“逃逸”既可以作为量刑情节，也可以作为定罪情节。这非常矛盾，而且与《刑法》第133条的立法原意明显不符。作为犯罪的构成要件应当是确定的，而逃逸行为是否为交通肇事罪的构成要件并不确定，要根据不同的案件情况，去区分是作为定罪情节的交通肇事逃逸，还是作为量刑情节的交通肇事逃逸，从而确定是构成交通肇事罪，还是属于交通肇事罪的加重情节。这明显是不合适的，与刑法的明确性原则相违背。

同时，一方面，根据犯罪行为理论，犯罪行为结束之后发生的行为，一般不能与终了的前行为并列作为犯罪构成要件。因此，交通肇事后的逃逸行为不能成为交通肇事罪的构成要件，也就是说，不能视为交通肇事罪之客观行为的一部分。另一方面，逃逸行为在后而交通肇事在前，根据因果法则，逃逸行为也不可能构成交通肇事行为的原因行为，即交通事故不是由行为人的逃逸所致，亦不可由逃逸行为来判断是否构成交通肇事罪。根据《解释》的规定，逃逸行为是交通肇事罪的基本构成要件。那么逃逸行为致人死亡的情形是按《刑法》第133条规定的三档法定刑中的哪一档处罚？如果将逃逸行为认定是交通肇事罪的基本构成要件（定罪情节），只按第一档法定刑处罚，那么对“因逃逸致人死亡”则没有作出相关的刑法评价，这显然不合理；如果把逃逸认定为量刑情节，并适用《刑法》第133条“因逃逸致人死亡”的情形来处罚，则交通肇事罪就理应成为基本犯。可实际上并非如此，因逃逸致人死亡是建立在逃逸基础上的。如此一来，就出现了没有基本犯的情节加重犯。可见，将逃逸行为作为交通肇事罪的构成条件，亦不符合刑法的犯罪构成理论。

除“交通肇事逃逸”的理论和实践困境外，“交通肇事逃逸致人死亡”也面临理论困境。从现行规定看，系将“因逃逸致人死亡”的情况，规定为相对于原交通肇事罪加重刑罚处罚的一个情节。同时，《解释》第5条对其进行了进一步的解释。但立法和司法解释关于“因逃逸致人死亡”的规定是存在问题的。比如，有学者认为《解释》把“逃逸”界定为死亡的原因，就值得商榷。因为逃逸本身不可能致原来的被害人死亡，致人死亡的原因只能是肇事行为和不救助行为。因此，对于“因逃逸致人死亡”的解释，应着重强调导致死亡的原因——不救助就够了，而不必再强调“逃跑”这个原因。不论学者的主张是否成立，但至少反映了这种规定会引起理论上的质疑。再如，对逃逸行为人主观罪过的界定不准确。司法解释既然未明确主观罪过，就说明故意、过失都可能包括在内。但是《刑法》第133条规定的第三档加重处罚情节，是以交通肇事罪为前提的，也就是说“因逃逸致人死亡”只是原交通肇事罪加重处罚的一个量刑情节。交通肇事罪是典型的过失犯，因此，“因逃逸致人死亡”就只能混同被认为是过失。但从实践看，逃逸者对被害人之死亡并非一定是过失。特别是一些交通肇事者，在造成伤害之后，认识到受害人可能死亡，但为了逃避责任而逃跑，就放任被害人生死不顾，存在间接故意的可能。但现行的法律规定只侧重于客观上的“逃逸”及其造成的“致人死亡”结果，没有考虑行为人的主观罪过。因此，根据现有的规定，具有间接故意的“逃逸致人死亡”

也只能混在交通肇事罪中，作为量刑情节予以惩罚。同“交通肇事逃逸”一样，“逃逸致人死亡”有单独的“逃逸”行为，且行为人对“逃逸致人死亡”有主观罪过，但立法却依然以交通肇事罪的量刑情节予以惩罚，不能不说是立法的瑕疵。

（三）《解释》第5条第2款和第7条规定内容的理论困境

《解释》第5条第2款规定的是交通肇事罪的共犯。从这一规定的内容看，其与我国刑法关于共犯的规定相违背。虽然有些国家的立法肯定共同过失犯罪的成立，但一般均限于过失共同正犯，即在过失实行犯的范围内成立共同犯罪，对教唆犯、帮助犯则不存在成立共同过失犯罪的余地。过失犯罪的构成以违反注意义务为核心，共同过失犯罪的构成，也必须是共同行为人共同违反了注意义务。[①] 但是交通肇事罪违反注意义务的行为，只能发生在交通肇事行为实施的过程中，而不可能在事故已经发生之后。如果根据《解释》第5条第2款认定共犯，则单位主管人员、机动车辆所有人、承包人等人员是教唆犯。教唆犯是使没有犯罪意图的人产生犯罪意图，那么在交通肇事罪的共犯中，教唆的内容是什么呢？是交通肇事吗？答案显然是否定的，因为该行为发生在交通肇事行为之后。那么教唆的内容是逃逸行为吗？但根据现行立法和司法解释的规定，逃逸本身并不是犯罪的基本构成要件，其实质只是交通肇事罪的加重情节而已，如果刑法未有特殊规定，其本身不能单独视为犯罪。是否构成交通肇事罪，不

---

① 张明楷：《外国刑法纲要》，清华大学出版社2007年版，第302页。

能以行为人（单位主管人员、机动车辆所有人、承包人或者乘车人）对他人（肇事者）的交通肇事行为事后所表现出来的态度和行为来评价。因此，对于交通肇事后，单位主管人员、机动车辆所有人、承包人或者乘车人指使肇事人逃逸，致使被害人得不到救助而死亡的，以交通肇事罪共犯论处，是存在理论上的困境的。

《解释》第7条规定：单位主管人员、机动车辆所有人或者机动车承包人指使、强令他人违章驾驶造成重大交通事故，且交通事故的严重性达到交通肇事罪要求的严重后果程度，以交通肇事罪进行惩罚。我国的交通肇事罪是过失犯罪，而“指使、强令他人违章驾驶”显然是故意行为，对于可能造成严重交通事故不一定是过失心态，并不排斥听之任之、漠然不顾的间接故意心态。另外，“指使、强令他人违章驾驶”对交通肇事事故的出现，有加功作用。但是，既然能把《解释》第5条第2款规定的情况作交通肇事罪的共同犯罪处理，对《解释》第7条规定的“指使、强令他人违章驾驶”情况，为何不以共同犯罪予以处理？且相比较，第7条规定的“指使、强令他人违章驾驶”发生在交通肇事过程中，而《解释》第5条第2款规定的情况发生在交通肇事行为之后，前者为什么不是交通肇事罪的共同犯罪？虽然殊途同归，最终均是以交通肇事罪惩罚，但法理却有很大差别。而这种法理差别，导致交通肇事罪惩罚模式混乱，颇受诟病和质疑。但是，如果立法把“单位主管人员、机动车辆所有人或者机动车承包人指使、强令他人违章驾驶”的行为独立出来单独设罪，而不是糅进交通肇事罪中，就可以避免这种法理的不自洽性。

二、交通刑事法网规制没有实害结果的交通犯罪行为之困境

在《刑法修正案（十一）》之前，我国刑法对没有实害结果的交通犯罪行为进行规制的责任，主要是由危险驾驶罪承担。但即使《刑法修正案（九）》扩大了危险驾驶罪惩罚行为的范畴，《刑法修正案（十一）》又新设妨害安全驾驶罪，交通犯罪领域的立法还是存在问题。换言之，我国现行危险驾驶罪和妨害安全驾驶罪涵括的行为，与实践中交通犯罪领域高危险行为的数量相比，还是涵涉范畴过小。实践中，交通犯罪领域的高危险行为多种多样，远不止危险驾驶罪和妨害安全驾驶罪所涵盖的行为方式，甚至许多没有被刑法规制的危险驾驶行为，比如已论及的毒驾行为，其危险性绝不亚于这两个罪规制的行为方式。囿于危险驾驶罪采取的是列举式的立法模式，且妨害安全驾驶罪之罪状的行为也较明确，导致很多与之一样的危险驾驶行为，甚至具有更大危险性的危险驾驶行为，也不能启动危险驾驶罪或妨害安全驾驶罪追究刑事责任，否则就是对罪刑法定原则的违反。

（一）没有造成实害结果的毒驾行为是否该入罪

根据公安部2017年5月颁布的《车辆驾驶人员体内毒品含量阈值与检验》第3条之规定，毒驾是指吸食、注射鸦片、海洛因、甲基苯丙胺（冰毒）、吗啡、大麻、可卡因，以及国家规定管制的其他能够使人形成瘾癖的麻醉药品和精神药品后驾驶车

辆，并且血液、唾液中毒品含量达到或超过规定阈值的行为。[①] 我们通常所说的毒驾，是指行为人在吸毒后出现行为迟钝、精神弛懈、运动失调、虚构幻想等不正常反应，依然驾驶机动车的行为。根据现行交通刑事法网的现状，吸食毒品造成交通肇事罪所规定的严重后果的，能以交通肇事罪进行惩罚。但对于没有造成该类严重后果的情况，现行交通刑事立法是不能对其予以惩罚的。但就实践看，毒驾行为能威胁到不特定多数人的生命、健康和财产安全，具备相当高程度的危险性，其所带来的危险与醉酒后驾车所带来的危险程度相当[②]，甚至其危害性在某些情况下，还远高于醉驾。公众与相关的司法机关也都普遍认为，与酒驾相比，毒驾对道路交通安全乃至社会公共安全的危险性更大，而且更容易造成更大的危害后果。公安部禁毒有关负责人在 2015 年的“禁毒论坛”上介绍，吸毒者在吸食或者滥用毒品后驾驶机动车，其反应能力、辨识能力和身体协调能力都会明显下降，会造成方向感、距离感和时空感错乱，发生事故风险明显提升。尤其是在驾驶中出现幻觉或妄想状态时，会使驾驶者产生脱离现实场景的现象，完全丧失正常判别能力。[③] 从实践看，毒驾在当前也已是严重的社会问题。醉酒驾驶机动车的行为都已入刑，比醉

---

① 《车辆驾驶人员体内毒品含量阈值与检验》第 3.1 条规定：吸食、注射鸦片、海洛因、甲基苯丙胺（冰毒）、吗啡、大麻、可卡因，以及国家规定管制的其他能够使人形成瘾癖的麻醉药品和精神药品后驾驶车辆，并且血液、唾液中毒品含量达到或超过规定阈值的行为。

② 肖荣、施杰：《建议将“毒驾”纳入危险驾驶罪范畴》，载《检察日报》2012 年 3 月 5 日。

③ 王晓易：《公安部：正在推动“毒驾入刑”》，载《京华日报》2015 年 6 月 24 日。

驾更为恶劣的毒驾行为，反而只能通过行政处罚来解决，这是值得商榷的。早在2012年6月26日，时任国务委员、公安部部长孟建柱，在第十一届全国人民代表大会常务委员会第二十七次会议上作了《国务院关于禁毒法实施和禁毒工作情况的报告》。在报告中，孟建柱针对吸毒驾驶日趋严重的问题，就已经明确提出要增设“毒驾罪”。《刑法修正案九（草案）》曾将毒驾列入危险驾驶罪中。然而，《刑法修正案（九）》最终没有把毒驾列入危险驾驶罪，不可谓不可惜。

（二）没有造成实害结果的货运车辆严重超载、超速行为是否应入罪

货运车辆超载、超速，导致大货车安全性能大幅下降，极易出现刹车、转向失灵等问题，引发交通事故。有学者对2006年至2015年的交通事故作过统计和分析，表明在货车肇事的重特大交通事故中，由超载、超限引发的约占60%。[①] 北京市律师协会交通管理与运输法律专业委员会秘书长黄海波指出：货运车辆超限、超载，对车辆的安全性能及路面结构，都有一定的负面影响。一方面，车辆的严重超限、超载，大大降低了车辆自身技术状况和车辆配置性能，导致车辆的使用寿命大大缩短；另一方面，道路都有一定的载重设计，如果货运车辆超限、超载，就会对公路、桥梁造成严重损害。因此而出现的沉陷、坍塌又反过来

① 蒲晓磊：《货运车辆严重超限超载应入刑》，载《法制日报》2018年8月14日。

影响行车安全。[①] 根据我国《公路法》第 76 条第 5 项规定，如果违反《公路法》第 50 条的规定，对货运车辆超载、超速的，处罚仅为责令停止违法行为，处 3 万元以下的罚款。《道路交通安全法》第 92 条第 2 款、第 3 款、第 4 款[②]规定，货运车辆违反规定超载、超速的，其处罚也还是罚款。单纯通过罚款这种行政处罚方式处理货车的超载、超速问题，显然难以收到成效。但根据现行交通犯罪的立法，仅可对"造成 1 人以上重伤、负事故全部或者主要责任"的严重超载驾驶行为，以交通肇事罪进行惩罚。对于没有造成此种程度危害后果的货运超载行为，是不能进行刑罚惩罚的。在 2015 年、2016 年全国政协会议上，十二届全国政协委员施杰曾两次提出"客货运车辆的超载、超速、超限入刑"的提案。[③] 但是，《刑法修正案（九）》仅将客运车辆超员、超速纳入了危险驾驶罪，并未把货运车辆严重超载行为也纳入该罪。实际上，根据《道路交通安全法》第 99 条的规定，客运车辆和货运车辆严重超速 50%的，其行政处罚幅度以及具体处罚金额是完全一样的。并且从实践看，货运车辆与从事旅客运输的车辆的超速超载行为，具有同等的危害性或高危险性，但刑法立法

---

① 蒲晓磊：《货运车辆严重超限超载应入刑》，载《法制日报》2018 年 8 月 14 日。

② 《道路交通安全法》第 92 条第 2 款、第 3 款、第 4 款规定："货运机动车超过核定载质量的，处二百元以上五百元以下罚款；超过核定载质量百分之三十或者违反规定载客的，处五百元以上二千元以下罚款。有前两款行为的，由公安机关交通管理部门扣留机动车至违法状态消除。运输单位的车辆有本条第一款、第二款规定的情形，经处罚不改的，对直接负责的主管人员处二千元以上五千元以下罚款。"

③ 《全国政协委员施杰律师呼吁：需从"醉驾入刑"延伸到"三超入刑"》，载央广网：http：//m. cnr. cn/news/20151206/t20151206_ 520700034. html，最后访问日期：2022 年 12 月 8 日。

却没有“一视同仁”，值得反思。

（三）没有造成实害结果的驾驶不具备安全性能的车辆行为是否应入罪

《道路交通安全法》第10条规定：“准予登记的机动车应当符合机动车国家安全技术标准。申请机动车登记时，应当接受对该机动车的安全技术检验。但是，经国家机动车产品主管部门依据机动车国家安全技术标准认定的企业生产的机动车型，该车型的新车在出厂时经检验符合机动车国家安全技术标准，获得检验合格证的，免予安全技术检验。”根据《机动车运行安全技术条件》（GB 7258—2017）第1条①的规定和《营运车辆综合性能要求和检验方法》（GB 18565—2001）的规定，机动车在道路上行驶必须达到上述标准的规定。就目前来看，不具备安全性能的车辆主要是报废车和拼装车。《道路交通安全法》第21条规定：“驾驶人驾驶机动车上道路行驶前，应当对机动车的安全技术性能进行认真检查；不得驾驶安全设施不全或者机件不符合技术标准等具有安全隐患的机动车。”车辆的安全性能是车辆安全行驶的前提，报废汽车或者拼装车的价位明显低于正常车辆，其性能非常差，达不到上述标准要求。但部分行为人出于经济原因的考量，会驾驶报废汽车或者拼装车等不符合标准的车辆。行为人将

---

① 《机动车运行安全技术条件》规定了机动车的整车及主要总成、安全防护装置等有关运行安全的基本技术要求，以及消防车、救护车、工程救险车和警车及残疾人专用汽车的附加要求。本标准适用于在我国道路上行驶的所有机动车，但不适用于有轨电车及并非为在道路上行驶和使用而设计和制造、主要用于封闭道路和场所作业施工的轮式专用机械车。

不具备安全性能的车辆驶入道路，不啻于将一颗不定时的炸弹带到道路上来，给交通安全带来了巨大的风险。《道路交通安全法》第100条规定："驾驶拼装的机动车或者已达到报废标准的机动车上道路行驶的，公安机关交通管理部门应当予以收缴，强制报废。对驾驶前款所列机动车上道路行驶的驾驶人，处二百元以上二千元以下罚款，并吊销机动车驾驶证。出售已达到报废标准的机动车的，没收违法所得，处销售金额等额的罚款，对该机动车依照本条第一款的规定处理。"根据该规定，驾驶报废车或者拼装机动车的，应受到"200元以上2000元以下的罚款，并吊销驾驶证"的行政处罚。如果造成了严重后果，根据《解释》第2条第2款第4项的规定，可以交通肇事罪予以惩罚。如还没有造成严重后果，就不能入罪。但上述提及的"二百元以上二千元以下罚款，并吊销机动车驾驶证"的行政处罚，是不能有效制止实践中的拼装车、报废车在道路上行驶的。驾驶不具备安全性能车辆的行为，会给交通安全带来巨大危险。如果不能防患于未然，也会诱发严重的交通惨案。因此，我国现行交通犯罪的立法，没有把这类行为入刑，是值得商榷的。

（四）其他没有造成实害结果的高危险行为是否应入刑

除了前述论及的行为外，还有诸多涉及交通运输安全的没有造成实害结果的危险行为，比如无证驾驶类行为、无视信号灯的驾驶行为、在禁止通行的道路上驾驶的行为、在驾驶过程中使用移动电话等装置的行为、不当紧急刹车的行为、不保持必要车距的行为、随意转弯的行为、不恰当掉头的行为、不恰当倒车的行为和随意穿插行为等。这些行为均可能引起严重交通事故，但当实害结果还没有出现时，是否应予以犯罪化，预防严重交通事故出现？前述提及的这些行为都是具有高危险性的驾驶行为，甚至其中部分行为，其危险性并不低于醉驾或飙车等行为。比如，随意转弯的行为和横穿的行为，经常导致重大交通事故，车毁人亡。因此，对于这些没有造成实害结果的行为，也应思考是否应将其犯罪化以及如何犯罪化。

三、交通犯罪刑事法网的困境化解：进一步犯罪化间接危害行为

无论是从法理角度审视，还是从实践角度审视，我国的交通刑事法网均存在困境，这些困境严重影响我国刑法对交通领域犯罪的规制。从现实情况看，某些交通领域犯罪情况的出现，会引起民众的极大愤慨。比如，2018 年 7 月 30 日，陈某违反“向左转弯时，靠路口中心点左侧转弯”的规定，最终造成五人死亡、四人轻伤、三人轻微伤的严重事故。且行为人在驾驶时，是穿着拖鞋驾驶。[①] 虽然此案行为人已被定罪惩罚，但其造成的严重后果难以通过定罪予以挽回。如果能堵截住违规的转弯行为，此类悲剧就不会发生。因此，从理论、实践和现实情况看，必须进一步完善交通犯罪刑事法网。

---

① 《杭州 7 · 30 道路交通肇事案被告人被提起公诉》，http：//news. eastday. com/s/20181126/u1a14409290. html，最后访问时间：2019 年 1 月 12 日。

(一) 现行交通刑事法网规制交通犯罪之困境产生的主要原因

仔细审视交通犯罪领域的理论困境和实践中的严重交通犯罪，就会发现我国交通犯罪立法存在的问题：我国交通犯罪刑事法网不科学、不合理、不完善、不严密，并由此导致对交通犯罪的规制效果欠佳。结合前述分析，我国交通犯罪刑事法网的不科学、不合理、不完善和不严密，主要表现在：交通肇事罪客观方面的过度类型化；主观罪过一刀切为过失；交通肇事罪对所谓“共犯”行为、交通肇事逃逸行为、交通肇事逃逸致死行为的惩罚模式；现行危险驾驶罪、妨害驾驶罪规制行为之外的诸多其他危险驾驶行为没有得到规制等。而交通犯罪立法不科学、不完善、不合理和不严密的主要原因在于：应被犯罪化的行为没有被犯罪化，比如毒驾行为；某些行为犯罪化后的体系地位不合理，比如交通肇事后的逃逸行为可能会入罪，但必须依附于交通肇事罪，再如，指示逃逸的行为也应入罪，但依然必须依附于交通肇事罪；危险驾驶罪与交通肇事罪均过于类型化，致使其包容各色行为，但过于臃肿且在实践中不堪重负等。

根据现行交通肇事罪规制的范畴，违反交通管理法规且造成严重实害结果的行为，至少是能得到规制的。而最亟待关注和解决的问题是：违反交通管理法规且没有造成实害结果的行为，是否应进一步入刑及如何入刑。不仅如此，甚至交通肇事罪产生的某些困境，也与这一问题有关。比如，在交通肇事罪中，“交通肇事逃逸”及“交通肇事逃逸致人死亡”涉及的法理困境，似乎与没有造成实害结果的危险驾驶行为无关，但实际上还是有一定关联。该类行为的惩罚依附于交通肇事罪，不仅限缩了该类行为入罪的范畴，而且存在前述的法理困境：首先，当“交通肇事逃逸”及“交通肇事逃逸致人死亡”行为依附于交通肇事罪时，并不能涵盖所有的交通肇事逃逸行为，仅涵盖了导致严重后果的这种逃逸行为。这意味着在实践中，如果行为人违反交通规则但没有造成实害结果，其为了逃避处罚而逃逸，可能不会受到刑法的规制。但没有造成交通肇事罪规定的实害结果的“交通肇事逃逸行为”，难道就不应受到刑法惩罚？“交通肇事逃逸”行为本身，就是第二次违反交通管理法规的行为，且“交通肇事逃逸行为”的可责罚性与醉驾等行为相比，并不逊色，甚至主观恶性更重。因此，违反交通管理法规后的“逃逸行为”，即使本身没有附带严重后果，或者逃逸过程中没有造成严重后果，也是具有刑事可罚性的，应当入罪。如果不把“交通肇事逃逸行为”糅进交通肇事罪，而是当作一种独立行为单独设罪，就不会把交通肇事行为和交通肇事逃逸行为混同和杂糅。同时，把“逃逸致死”以及“逃逸过程中的致死”分别作为情节或者后果，放在“交通肇事逃逸”对应的单独个罪中，配置不同的刑罚，不仅能解决实践困境，也能消解理论分歧。

同样，《解释》第 5 条第 2 款规定的交通肇事罪的共犯，实际上也是交通肇事行为与单位主管人员、机动车辆所有人、承包人或者乘车人的“指使逃逸”行为的混同和杂糅。从行为的性质和行为人的主观方面看，列举的各类人的“指使逃逸”行为，与交通肇事罪惩罚的主观罪过以及其惩罚的行为并不一致，如前述论及，“指使逃逸”行为本身发生交通肇事后，怎么会成为交通肇事行为的共犯行为？这种法理上的自洽的欠缺，实在让人匪夷所思。而《解释》第7条的规定也是存在问题的，因为该类“指使、强令他人违章驾驶”的行为，也必须造成《解释》第2条规定的严重后果——构成交通肇事罪所需要的严重后果，才能构成交通肇事罪。同样地，“指使、强令他人违章驾驶”的行为，且不论其与交通肇事行为在类型上是否相同，就单与交通肇事罪的过失罪过相比，就存在不一致的可能。“指使、强令他人违章驾驶”者的罪过，尤其是“强令他人违章驾驶”的罪过，至少存在间接故意的可能。不仅如此，即使没有造成严重后果，该类“指使、强令他人违章驾驶”的行为，也具有极大的危险性。要从根源上减少或堵截严重后果的出现，也极有必要在没有导致严重后果的情况下，就对此类行为予以犯罪化。

因此，如果把交通肇事罪的“共犯”行为、“交通肇事逃逸”及“交通肇事逃逸致人死亡”等行为独立出来，交通肇事罪就不会产生那么多法理上的分歧。同时，这些行为独立出来之后，因其可责罚性不亚于现行危险驾驶罪惩罚的没有实害结果的行为，其也应在没有实害结果时就予以惩罚。如果其造成严重后果，则作为加重法定刑的事由予以对待。如果对交通肇事罪进行如此改造，显然依赖于完善我国惩罚没有造成严重后果的交通犯罪刑事法网。在这种视角下分析，交通肇事罪及其司法解释能实现对有实害结果的违反交通管理法规的行为的惩罚。虽然其客观方面过度类型化，主观罪过设置也不合理，但至少漏洞不大。即使出现了行为人主观罪过是故意的情况，只要其他案件事实符合以危险方法危害公共安全罪的构成要件，则可如孙某铭案一样，通过以危险方法危害公共安全罪实现惩罚。但是，惩罚没有造成实害结果的、违反交通管理法规行为的刑事法网，却存在很大疏漏，导致很多行为不能受到惩罚。因此，这是交通犯罪立法亟待解决和关注的问题。

（二）危险驾驶行为犯罪化理论争鸣实质：风险行为/风险刑法的理论局限

危险驾驶行为犯罪化虽然具有积极意义，但也引起了支持和反对两种不同立场的理论争鸣。对于我国学界借助风险社会、风险行为或风险刑法学说等背离传统刑法理论的立法现象的理论争鸣，虽然各有说辞且视角各异，但始终没有解决问题，且留下了理论盲区：危险驾驶行为是在风险社会语境下入罪，对弈的两种立场在论证时均以风险行为替换了危险驾驶行为，从而避开了危险驾驶行为和风险行为的区别和联系这一问题，在理论论证上留下了盲点。支持论以风险社会应规制风险行为从而避免严重危害，避开或替换了危险驾驶行为，直接以风险行为应入罪得出危险驾驶行为应入罪的结论。因此，在论证过程中混淆了危险驾驶行为和风险行为。反对论有两个维度：预防工具价值的无效和风险社会或风险刑法理论不成立。否定风险社会或风险刑法理论之维度，祛伪了风险行为入罪的社会背景和风险刑法的理论根据，从而否定了刑法应超前立法规制风险行为，并据此直接得出危险驾驶行为不得入罪的结论。与支持论相同，反对论在这个过程中以风险行为替代了危险驾驶行为。反对论之预防工具价值维度亦没有论及危险驾驶行为和风险行为的区别和联系，仅仅论及危险驾驶行为入罪不具有实践效果。

要消解上述理论分歧，需对上述理论留下的盲点进行弥补。而且无论后现代的中国转型社会是否符合贝克视野下的风险社会特征，任何社会都有风险行为。因此，风险行为不是贝克语境下的风险社会的专利，要论证危险驾驶行为是否应入罪，不需要借助风险社会这么宏大的背景。同时，危险行为和风险行为在当代社会同时存在。但二者的共存是否意味着二者的区别已经消解或彼此可以替换，却不是简单的问题。因此，凭借既有的风险刑法或风险行为说，难以解决交通犯罪领域中的困境，也难以为进一步严密交通犯罪刑事法网提供根据，甚至难以消解上述理论分歧。

虽然学界存在分歧，但实际上，学者们对应进一步完善规制交通风险行为的刑事法网并没有分歧。分歧的关键在于通过何种正当理由、学说和根据，进一步把没有造成实害结果的风险行为入罪。但风险行为或风险刑法学说囿于风险本身的两面性等原因，也难以深刻阐明为什么某些交通风险行为应入罪，而某些不能入罪。换言之，用风险刑法理论佐证交通风险行为入罪，或者交通领域的没有直接造成实害结果行为的入罪或单独成罪，似乎仅提供了一种社会背景或者原因，但对于落到实处该如何进行，以及如何判断，却难以给出具有实践性的答案。因此，还必须进一步寻找新的理论或学说，为交通风险行为入罪提供根据。

（三）把交通犯罪领域的“间接危害行为”进一步犯罪化

借助于风险行为或风险刑法学说，难以消解理论上的分歧。

英美法系一些学者提出的间接危害行为概念及与之有关的犯罪化理论，为把没有造成实害结果的行为予以犯罪化，提供了新视角和分析方式。其实，根据下文论及的间接危害行为概念，完善交通犯罪法网的实质问题，就在于如何对待交通领域的间接行为问题。同时，把间接危害行为引入交通犯罪领域，分析如何完善和严密其刑事法网，可以避免引入风险行为或风险刑法学说遭遇的分歧。当然，这不是说，用间接危害行为分析交通犯罪领域的该类问题就不会有分歧，或一定不会产生正当化与否的争议。相反，间接危害行为及其犯罪化也有争议和分歧。但间接危害行为遭遇的分歧和争议，与风险行为或风险刑法引起的分歧和争议不同，且基于以下三点，用间接危害行为予以分析，优越于用风险行为或风险刑法进行分析：

第一，风险刑法或风险行为理论虽然产生了很多著述，但其并不成熟。确实，当代刑法的扩张与风险社会和规制风险行为有关。风险刑法的概念也由此产生，且成为诸多行为犯罪化的理由。比如，我国刑法中的危险驾驶罪，之所以被立法者突破传统刑法理论而设置，就与此有关。但风险行为或风险刑法只是宏观的概念，不能解决刑法中与此相关的立法实践问题。间接危害行为不是宏观概念，也不是解释刑法扩张的背景或原因。相反，因其衍生于危害原则，且已有相关的犯罪化限制原则，能解决实践中的立法问题。

第二，风险行为具有两面性，间接危害行为不具有两面性。风险行为的两面性，使其具有被刑法容忍的可能性。因此，其到底是否应予以犯罪化，单靠其自身是无法证成的。间接危害行为不具有两面性，相反具有高危险性。因此，与风险行为相比，其已更进一步地限制了刑法的扩张。

第三，风险刑法观也仅阐述了刑法扩张的背景，实际上没有具体的入罪标准。而其中的核心词语——风险行为，虽然与风险社会相比，更进一步接近了刑法语境，但很难与刑罚要惩罚的行为接轨，也难以解释其是否具有可责罚性。至少在刑法学说中，还没有其他理论框架或学说，为其是否入刑提供具体分析范式。而正如下文详细介绍和分析的，基于间接危害行为的危害原则血统，不仅范伯格对其犯罪化提供了分析范式，而且其他学者在范伯格范式的基础上，均为间接危害行为犯罪化提供了更具体的标准和原则。

但是，间接危害行为的概念及其犯罪化理论，并不是独立存在的。前面已提到，间接危害行为衍生于英美刑法的危害原则，同时，其犯罪化的原则也是以范伯格的标准范式为基础构建起来的。如果不全面掌握危害原则的概念、起源、发展以及其具有的哲学意义，甚至不了解危害原则与我国的（严重）社会危害性原则等的区分，就不能更好地理解间接危害行为的概念，以及限制间接危害行为犯罪化的标准范式。同时，也不能更好地理解为什么选用间接危害行为及其理论论证是否以及如何完善交通犯罪的刑事法网。而无论是危害原则还是间接危害的概念，国内仅有个别学者关注过。实际上，并没有学者系统而详细地对相关内容进行研究。因此，要更好地理解间接危害行为及其犯罪化，以及更好地把其引入交通犯罪立法领域，就应首先全面了解危害原则及其相关内容。在全面了解危害原则的前提下，继而详细了解间接危害行为的概念和犯罪化的各种学说，才能更好地探寻如何将交通运输领域的间接危害行为予以犯罪化，以及如何对其进行公平归责。基于此，在分析如何完善和严密交通领域规制没有实害结果的交通犯罪的刑事法网之前，也即在分析如何把交通犯罪领域的间接危害行为予以犯罪化，从而严密和完善交通犯罪刑事法网之前，首先应对危害原则及间接危害行为进行研究。

第二章 “危害原则”及刑法立法确定罪质的根据

要完善我国交通犯罪立法，就应进一步犯罪化交通领域的应受刑罚惩罚的行为，尤其是没有实害结果的高危险行为。但犯罪化是严肃的立法行为，胡萨克甚至认为：“除发动战争外，一个国家所做的任何决定，都不如决定将哪些行为通过刑法予以禁止及该行为应受到多大刑罚重要。”① 因此，进一步犯罪化交通犯罪领域的应受刑罚惩罚的行为，也必须受到犯罪化原则的限制。

中国刑法学界有诸多犯罪化的原则和立场。赵秉志认为犯罪化时应受到的限制是：“我国在坚持适度犯罪化的同时，也应注意固守刑法的谦抑性理念，即刑法作为社会治理的最后一种手段，只有在迫不得已的时候才能将某种行为设定为犯罪，以避免

① ［美］道格拉斯·胡萨克：《过罪化及刑法的限制》，姜敏译，中国法制出版社2015年版，“前言”之Ⅶ页。

刑法的过度介入导致对公民人权的侵害。”[①] 即犯罪化时应坚持刑罚谦抑原则和迫不得已原则。赵秉志还就适度犯罪化的标准和技术进行了具体的构想，认为刑法犯罪化必须坚持：（1）刑法具有补充性；（2）刑法具有调控范围的不完整性。而要实现这些原则，则可以通过以下方法实现：（1）扩大行为对象或者犯罪对象的范围；（2）增加犯罪行为的方式；（3）降低构成犯罪的标准；（4）扩大犯罪主体的范围等。[②] 陈兴良教授亦从行为本身的性质和刑罚的必要和有效维度进行论证：“运用刑法手段解决冲突，应当具备两个条件：其一，危害行为必须具有相当严重程度的社会危害性。其二，作为危害行为的反应，刑罚应当具有不可避免性……而所谓刑罚之无可避免性，则是指立法者对于一定的危害行为，如果不以国家最严厉的反应手段——刑罚予以制裁，就不足以有效地维持社会秩序。一般来说，具有下列三种情况之一的，就说明不具备刑罚之无可避免性：（1）无效果。所谓无效果，就是指对某一危害行为来说，即使规定为犯罪并处以刑罚，也不能达到预防与抗制之效果。（2）可替代。所谓可替代，就是指对于某一危害行为来说，即使不运用刑罚手段，而运用其他社会的或者法律的手段，例如道德教育、民事或者行政制裁，也足以预防和抗制这一危害行为。（3）太昂贵。所谓太昂贵，就是指通过刑罚所得到的效益要小于其所产生的消极作

---

① 赵秉志、王鹏祥：《论我国宪法指导下刑法理念的更新》，载《河北法学》2013 年第 4 期，第 19 页。

② 赵秉志：《我国刑事立法领域的若干重大现实问题探讨》，载《求是学刊》2009 年第 3 期，第 67 页。

用。”① 第一个条件即拟犯罪化的行为本身必须具有危害性，是考察行为作为犯罪化的对象是否适格。第二个条件即刑罚的不可避免性，实质是考量刑罚的有效性和必要性，而刑罚的有效性和必要性考量，又涉及刑罚是否有效、是否迫不得已和刑罚成本的考量。张明楷教授亦对刑事立法入罪标准进行了研究，认为某行为被犯罪化需符合下列标准：（1）具有严重社会危险性而且为绝大多数人所不能容忍，并且主张以刑法进行规制；（2）没有其他力量可以代替刑法，只有动用刑法才能抑制这种行为，才能充分地保护合法权益；（3）运用刑罚处罚这种行为，不会导致禁止对社会有利的行为，不会使公民的自由受到很大限制；（4）对这种行为在刑法上能够进行客观的认定和公平处理；（5）运用刑法处罚这种行为符合刑事责任的目的，即具有预防或抑制该行为的效果。② 从张明楷教授提出的五个标准看，第一个标准是从行为性质进行分析，探讨的是行为被犯罪化是否适格。第二个标准是刑法的最后手段性要求，也即当其他措施，比如道德或民法、行政法等其他法律可以进行调控时，那么适格的行为也不能被犯罪化。第三个标准是从刑罚施加效应的角度进行分析，如果刑罚对某种行为的惩罚会过度侵害公民的自由，亦不能犯罪化。第四个标准则是从可行性角度进行分析，如果某种行为被犯罪化，却不能在实践中被认定和公平处理，则把这种行为犯罪化没有意义。第五个标准是从有效性角度进行的分析。因此，张明楷教授对犯罪化标准的探寻，是从刑法和刑罚两个维度

① 陈兴良：《刑法哲学》，中国政法大学出版社 1997 年版，第 7 页。

② 张明楷：《刑法的基础概念》，中国检察出版社 1995 年版，第 145 页以下。

进行的考量。

除了上述学者对犯罪化进行的论证外，我国还有很多学者对犯罪化进行了论证。比如，刑法学家高铭暄教授认为："犯罪化，仅有必要性尚不够，还应具有立足于刑法的补充性、不完全性、宽容性即'谦抑主义'精神的正当根据。"① 储槐植教授则针对我国刑法粗陋的立法现状提出"严而不厉"及"厉而不严"的刑法思想，从宏观上指出我国刑法犯罪化的路径。储槐植教授认为："严指刑事法网严密，刑事责任严格；厉主要指刑罚苛刻，刑罚过重。"② 二者相比，"严而不厉"更适合当今中国社会发展的现状。通过宏观的"严而不厉"及"厉而不严"指导我国刑法的犯罪化，这不仅是一种支持犯罪化的观点，也是犯罪化的一种方式。梁根林教授亦对犯罪化进行了研究，并具体列举了几种不应犯罪化的情况：（1）纯粹思想领域的活动不得被宣布为犯罪；（2）纯粹私人之间的行为不得被宣布为犯罪；（3）行使宪法权利的行为不得被宣布为犯罪；（4）身份和状态不得被宣布为犯罪；（5）没有罪过的行为不得被宣布为犯罪；（6）对不具常态性和普遍性的危害行为应当慎重犯罪化；（7）对利害交织的模糊状行为应慎重犯罪化。③ 梁根林教授还认为犯罪化的定量标准应遵守必要性原则、可行性原则和统一性原则。④ 马荣春教授认为犯罪化的条件应有：（1）行为本身的社会普遍性；（2）社

---

① 高铭暄：《风险社会中刑事立法正当性理论研究》，载《法学论坛》2011 年第 4 期，第 7 页。

② 储槐植：《严而不厉：为刑法修订设计政策思想》，载《北京大学学报》1989 年第 6 期，第 99 页。

③ 梁根林：《论犯罪化及其限制》，载《中外法学》1998 年第 3 期，第 52-56 页。

④ 梁根林：《论犯罪化及其限制》，载《中外法学》1998 年第 3 期，第 58-60 页。

会对行为的不能容忍性；（3）刑罚干预的迫不得已性。[①] 魏东教授认为把某个行为是否当作犯罪处理，应考察以下方面：（1）该行为是否具有社会危害性，以及其具有什么程度的社会危害性；（2）该行为是否必须依靠刑法手段才能被有效遏制，即“必要性原则”或者“最后手段性原则”；（3）该行为是否可以依靠刑法手段来有效遏制，即“可行性原则”。[②] 从上述论述看，这些犯罪化的观点都坚持刑法的迫不得已性、行为的严重社会危害性、刑罚必要性和有效性等各种原则，遵循了传统刑法的基本理论，对实践中的犯罪化具有重要的指导作用。

尽管上述原则和立场对各个犯罪领域的犯罪化立法均具有指导意义，但其仅仅是限制原则，并不能确定何种具体行为应被犯罪化。但犯罪化立法首先要确定的是某种具体行为是否应入罪的问题，这就需要首先确定犯罪化立法判断罪质的根据，然后在此基础上，通过限制犯罪化的原则，防止不正当的犯罪化。也只有先找到确定罪质的判断标准，才能为犯罪化立法提供正当根据。在中国和苏联刑法中，为犯罪化提供正当根据的核心原则是社会危害性原则，在德日等大陆法系国家则是法益侵害原则。中国刑法学界对社会危害性原则进行了深入的分析和研究，通说还视严重社会危害性为犯罪的本质特征。德日等大陆法系国家的法益侵害原则也被中国诸多刑法学者津津乐道，特别是在严重社会危害性理论在中国逐渐显露出局限和与时代不合拍的节奏后，中国已

---

① 马荣春、王超强：《论犯罪化与非犯罪化》，载《犯罪研究》2012 年第 6 期，第 19-20 页。

② 魏东：《经济犯罪的犯罪化根据及其对于经侦工作的重要意义》，载《江西公安专科学校学报》2003 年第 1 期，第 62-63 页。

经有很多学者力主用法益侵害原则替代（严重）社会危害性原则。但与中国刑法学界对德日理论研究的炽盛之势相比，中国刑法学界对英美法系刑法的研究却十分萧条，这也导致中国学界很少研究英美法系刑法为惩罚提供正当根据的核心原则。其实在英美法系国家，为刑法惩罚提供正当根据的核心原则是“危害原则”（harm principle），也被称为“危害他人原则”（harm to others principle）。[①] 危害原则以行为对“他人”造成危害作为刑罚权发动的道德底线，其地位和属性等同于大陆法系刑法的法益侵害原则和中苏刑法的（严重）社会危害性原则。所以有学者评价认为，危害原则和社会危害性原则及法益侵害原则虽然属于不同的法系，但具有等同地位和同质性。[②]

危害原则不仅在英美法系刑法中具有重要的地位，也是广受认可的界定犯罪的标准。该原则的内涵、价值及其蕴含的重要法哲学意义，值得进一步研究。

---

① 国内关于该原则的各种翻译，参见姜敏：《英美刑法中的“危害原则研究”——兼与社会危害性比较》，载《比较法研究》2016 年第 4 期，第 60 页注释 [1]。

② 陈兴良：《风险刑法理论的法教义学批判》，载《中外法学》2014 年第 1 期，第 113 页。

第一节 “危害原则”学术发展史简考

一、危害原则的始源：约翰·密尔之《论自由》

1859年，英国著名哲学家约翰·密尔出版了专著《论自由》。密尔在《论自由》中认为：“仅只有为阻止社会成员对他人造成危害时，违背文明社会的个体成员意愿对其施加刑罚才具有正当性。”① 因此，国家对公民施加刑罚的正当性，根植于“威慑公民实施的对他人具有危害或邪恶的行为”。② 这就是英美法系危害原则的起源。密尔关于危害原则的核心旨意是：如果公民个体实施了危害他人的行为，那么公民的行为在本质上就应受到惩罚，据此，公民的个人自由才应受到限制和干预。

在密尔的语境下，真正的自由是公民能决定自己追求利益的方式：“唯一真正能名副其实的自由，是通过我们自己的方式追求我们的利益，只要我们不剥夺其他人的利益或者阻止其他人努力获得他们自己的利益。”③ 密尔进一步认为，如果不危害他人，那么“只考虑自己利益的行为是绝对正确的”，而且“对于公民自己的身体和思想，公民个体是主宰”④。密尔提出的危害原则，

① J. S. Mill, On Liberty, J. M. Dent&Sons Ltd., 1910, p. 73.
② J. S. Mill, On Liberty, J. M. Dent&Sons Ltd., 1910, p. 74.
③ J. S. Mill, On Liberty, J. M. Dent&Sons Ltd., 1910, p. 54.
④ J. S. Mill, On Liberty, J. M. Dent&Sons Ltd., 1910, p. 73.

把公民对他人造成危害视为国家干预公民自由是否具有合法性的唯一有效根据，其目的就在于捍卫公民享有的这种决定追求幸福、发展自我的自由。

据此，密尔反对刑罚家长主义，特别是反对吸毒行为、赌博行为及自愿性行为的犯罪化。无论是吸毒、自愿性行为还是赌博行为，都是公民可以自我决定的行为，且没有侵害他人。即使国家或其他公民要进行干预，也只能通过建议、引导、劝说的方式进行，不能通过国家强制性措施进行干预。密尔的危害原则坚信个体自主权的重要性，并认为个体的自主权是幸福的首要基本要素之一，其不仅是与文明、教导、教育、文化相协调的要素，而且是所有这些事务的必要组成部分和条件。从这个角度看，密尔的危害原则现实地界定了国家能正当地对个人行使权力的性质和限度。

二、危害原则的发展：赫伯特·哈特与帕特里克·德夫林论战

在 20 世纪 60 年代，哈特和德夫林勋爵就卖淫等关乎性道德的行为是否应被视为犯罪展开了激烈的论战。论战的起因来自英国 1957 年发布的“沃尔芬登报告”。“沃尔芬登报告”针对当时英国出现的猥亵、卖淫等行为被大量视为犯罪的现象提出报告，并建议取消刑事制裁。该报告认为卖淫等行为是公民私下的行为，其自主权在公民个人，甚至从某种意义上讲，其仅仅是不道德行为，并没有危害他人。因此，该报告认为国家不能通过强制力对此类行为加以禁止。

但保守派德夫林基于当时社会道德的崩溃，提出社会共享道德是社会存在的基石，而卖淫等不道德性行为是对社会共享道德的危害，侵害了坚信社会共享道德者的感情，给社会共同体造成了普遍的精神与感情伤害。因此，德夫林认为法律应该强制执行和维护社会存在必需的作为社会基石的共享道德，并应惩罚无害但不道德的卖淫行为。而哈特对德夫林的观点进行了批判，认为社会道德应区分为维持社会最根本的核心道德与一般的个人多元化的道德。同时，哈特援引密尔的危害原则，提出国家应当尊重个人自由，且只有在为了阻止或惩罚造成明显危害的行为时，国家才能通过强制力干预公民的自由选择和自主权。因此，哈特把危害原则作为理论基础和依据，证成了通过法律强制执行和维护社会道德的非正当性，进而证成了属于个体多元化的道德行为不受法律强制的论点。最终这场论战以哈特胜利、德夫林失败告终。而危害原则对哈特的胜利起了关键作用。因此，哈特对德夫林的胜利，亦被视为危害原则胜利的标志。此后，危害原则在整个 20 世纪 60—70 年代的关于道德执行的哲学讨论中处于主导和核心地位，成为英美法系法律哲学划分法律和道德分界线的重要原则，参与这种区分道德和法律论战的著名学者要么以危害原则为根据，要么青睐参照危害原则。这使危害原则得到广泛传播和发展。

三、危害原则的成熟：乔尔·范伯格之《刑法的道德限制》

密尔和哈特对危害原则的论述，停留在从法理上论述为何限制刑罚权的发动，是宏大叙事。在刑法领域，全面细致入微地论及危害原则，并把其视为限制刑罚权的道德法则的任务，是由美国学者乔尔·范伯格完成的。

范伯格为了限制刑法的边界和犯罪化，认为应把危害原则视为刑法的道德法则，由此写成《刑法的道德限制》专著。范伯格的《刑法的道德限制》包括四卷：第一卷为《危害他人》(Harm to Others)，第二卷为《冒犯他人》(Offense to Others)，第三卷为《危害自己》(Harm to Self)，第四卷为《没有危害的不法行为》(Harmless Wrongdoing)。四卷对危害原则进行了专门的全面论述和分析，特别是在第一卷《危害他人》中，范伯格认为："阻止对私人或公众的危害需要，而不是阻止对行为人的危害需要，是国家施加法律强制的正当理由。"① 该原则也被乔尔·范伯格称为"危害他人原则（harm to others principle）"。② 范伯格同时认为阻止对别人的危害是强制性立法的合法目的，应以危害（他人）原则限制刑法边界的扩张，作为限制刑法入侵公民权的屏障。《刑法的道德限制》对危害原则进行了系统性的研究，使危害原则发展成熟。

范伯格把危害原则视为刑事责任成立的客观根据、刑事不法的可罚起点。根据危害原则，如果没有任何危害他人的行为，那么就享有免受刑法约束的权利。因此，范伯格的危害原则的旨意是为刑法设立道德基础，限制国家刑法对公民个人生活的强制干预。

---

① Joel Feinberg, Harm to Others: The Moral Limits of Criminal Law, Oxford University Press, 1984, p. 11.

② Joel Feinberg, Harm to Others: The Moral Limits of Criminal Law, Oxford University Press, 1984, p. 11.

第二节 “危害”之概念和范畴

“危害”概念的界定和危害范畴的大小，决定了可以被刑法立法规制的行为范畴。因此，“危害”概念及其范畴关系到刑法的范畴问题，其重要性不言而喻。

一、规范意义的“危害”：对利益的不法侵害

危害原则中的“危害”是一个含义模糊不清的词。如果要使危害原则发挥限制刑罚权的作用且产生好的效果，就必须精准界定危害原则的核心要素：危害。密尔和范伯格等均对危害原则中的“危害”进行了界定。密尔认为：“社会用法律规制‘侵犯他人利益’的行为，或者侵犯法律规定的或默许的可以被视为权利的利益的行为。”① 即密尔认为只要“公民的行为带有偏见地影响了他人的利益，则国家就有对公民进行管辖的权力”。② 从密尔的表述看，其把危害视为对他人利益的侵犯。后继者范伯格认为，危害是“对某种利益的阻碍、阻止和损害。”③ 因此，范伯格对“危害”也持“利益侵害”论，而“侵害”包括阻碍、阻止和损害等方式。

---

① J. S. Mill, On Liberty, J. M. Dent&Sons Ltd., 1910, p. 141.

② J. S. Mill, On Liberty, J. M. Dent&Sons Ltd., 1910, p. 141.

③ Joel Feinberg, Harm to Others: The Moral Limits of Criminal Law, Oxford University Press, 1984, p. 15.

范伯格继承了危害原则的基本旨意，但二者的“利益侵害”论仍然无法避免“危害”的泛化、含混和模糊。基于此，范伯格超越了密尔，对危害概念进行了厘清——这是范伯格的最大贡献之一。[①]“危害”是对诸多复杂事物的综合表述，仍然不能避免其泛化和混乱：“如果不作进一步解释，仅仅从词而顾名思义，危害原则仅仅是很多其他事情，包括道德判断和各种事物的价值判断的复杂陈述的简短缩略语。”[②] 范伯格认为要进一步对该词语进行精准界定，应在法之视野中“在其普通意义上选择一二来表达我们的规范性目的”。[③] 因此，要保证“危害”的含义是在法之视野中且具有规范性目的，就必须对危害进行限制，祛除不属于刑法规制范畴的所谓“危害”。

前述论及，范伯格认为危害是对他人利益的阻碍、阻止或妨碍。但并不是所有对他人利益的妨碍均是危害，“只有不法地对利益的阻碍及对利益造成阻碍的不法”，才能被视为危害原则中的“危害”。[④] 据此，当侵犯利益的行为具有规范意义上的不法性时，才能被视为危害。比如甲伤害了乙，并不必然意味着甲的伤害行为就应当作为犯罪处理。只有当甲对乙的伤害行为是规范意义上的伤害，即只有当甲“通过不法的或不公正的方式”伤

① Joel Feinberg, Harm to Others: The Moral Limits of Criminal Law, Oxford University Press, 1984, p. 32.

② Joel Feinberg, Harm to Others: The Moral Limits of Criminal Law, Oxford University Press, 1984, p. 32.

③ Joel Feinberg, Harm to Others: The Moral Limits of Criminal Law, Oxford University Press, 1984, p. 32.

④ Joel Feinberg, Harm to Others: The Moral Limits of Criminal Law, Oxford University Press, 1984, p. 34.

害了乙，才可能是刑法中的伤害。[①] 比如，甲是出于正当防卫而伤乙，其对乙的伤害，即对乙的健康利益的侵犯，就不是规范意义上的伤害，不能视为犯罪。再如，在正当竞争的情况下，甲可能会侵犯乙的利益，从而使乙的利益受损。但乙没有受到甲的不法行为侵害或是不公正的对待，甲的行为是公平的合法行为，所以甲的行为不应视为犯罪。从规范意义出发，范伯格明确指出具有正当化事由和可宽恕事由的侵犯他人利益，不能被视为危害。因此，刑法语境中的危害，应指规范意义上的“危害”，即对他人利益的不法侵害，而不是所有的危害。

二、具有规范意义的“危害”的范畴：限缩与扩大

危害是对利益的不法侵害，这仅通过概念赋予了危害规范意义。但并不是具有规范意义的任何危害，都需要通过刑法进行干预。同时，危害的普通含义主要是指实害，且危害原则的表达也是指对“他人”的危害，但在实践中，很多具有危害风险或危害可能性的行为，以及对某些公共机构或秩序的危害，也应是刑法规制的对象。因此，要真正使危害原则成为刑法立法的指导性原则，就应如范伯格认为的那样，通过“调和性原理、利益位阶、正义原理等”的辅助，使危害原则真正适用于解决立法问题。[②] 这就需要对规范意义基础上的危害进行适当的限缩和扩

① Joel Feinberg, Harm to Others: The Moral Limits of Criminal Law, Oxford University Press, 1984, p. 34.

② Joel Feinberg, Harm to Others: The Moral Limits of Criminal Law, Oxford University Press, 1984, pp. 35-36.

大，从而保证据此进行的刑法立法具有正当性。

（一）具有规范意义的危害的限缩

1. 危害自己的行为不应被视为犯罪，只有牵涉他人利益时才可能被视为犯罪

密尔和范伯格都反对惩罚危害自己的行为。比如密尔认为："出于为公民个人的善，无论是身体的还是道德的善，都不是国家对公民使用权力的充要条件。"① 对于危害自己的行为，一般根据自主权原则排除。比如自杀行为等，都不应视为犯罪，因为这些行为没有危害他人，仅仅是公民实施的危害自己权益的行为，属于公民自由主宰的领域。所以密尔和范伯格反对刑罚家长主义，坚持危害原则的胡萨克教授在《毒品和权利》一书中也反对刑罚家长主义。② 基于此，危害原则对抵制法律家长主义造成大量对公民个人自由的过度干涉，有积极意义。

但是，公民危害自己的行为不应受国家强制干预是有条件的，即只有当公民危害自己的行为没有牵涉他人的利益时，国家才不能强制公民放弃该行为。作为社会个体的人，"没有人是绝对孤立地存在"③，所以公民有时候在危害自己时，会影响、危害其他人的利益。当公民危害自己的行为涉及他人或他方的利益时，比如某人应承担特殊的义务，对自己的伤害行为会危害他人，这种伤害自己的行为亦应受到国家强制力的规制。密尔列举

① J. S. Mill, On Liberty, J. M. Dent&Sons Ltd. , 1910, p. 28.

② Douglas Husak, Drugs and rights, Cambridge University Press, 1992; See also Douglas Husak, The Legalization of Drugs, Cambridge University Press, 2005.

③ J. S. Mill, On Liberty, J. M. Dent&Sons Ltd. , 1910, p. 146.

了很多此类受限制的自主性行为，比如某公民过度浪费或放纵，导致其不能偿还债务，或者导致不能让家庭成员受到教育或承担应对家庭承担的义务，那么对该行为人进行惩罚是公正的。但惩罚的是其不能对家庭尽义务，而不是惩罚其浪费行为或放纵行为，这也是不作为行为。再如当个人使自己残废——这是纯粹的自主性行为，使其应当对公众或其他公民承担的义务不能履行，如任何人不能仅仅因醉酒而受到惩罚，但军人或警察在执行职务时酗酒却应受到惩罚。①

2. 公民间自愿同意的危害行为，一般也不宜视为犯罪

如果侵犯了他人的权益，但却是其他公民同意的行为，也不宜视为犯罪。比如被害人同意的帮助自杀行为，是公民自我决定的自治性体现，不宜视为犯罪。但和危害自己的行为不宜视为犯罪行为一样，公民间同意的伤害行为不被视为犯罪也是有条件的，即不侵害他人的权益。比如通奸行为虽然是双方自愿的性行为，似乎是行使自主权的表现，但是，通奸行为是在婚姻外的性行为，必然对婚姻中另一方造成巨大的感情伤害。虽然感情伤害属于精神伤害，不是物质损害，但作为社会中特殊的婚姻关系，对婚姻的忠诚是婚姻存续的最重要条件，这与朋友或陌生人之间的精神伤害是不同的。甚至也可以说，对婚姻的忠诚是社会最基本的道德伦理。与此相同的行为，还包括重婚行为。对于这类行为，还是应该予以犯罪化的。当然，这并不是主张刑法应执行道德，而是基于通奸行为本身对婚姻关系，即对婚姻中相对方的权益造成侵犯，因此主张把这种行为纳入刑法规制的范畴。

---

① J. S. Mill, On Liberty, J. M. Dent&Sons Ltd. , 1910, p. 138.

3. 轻微危害应排除在危害原则之外

危害不是简单的数字相加，不是行为造成的损失的数字越大，就一定会增加受到刑法惩罚的可能性。虽然危害不是具体的绝对值或绝对量，但如果行为造成的损失非常微小或细小，程度非常轻微、不值得一提，还是不能视为危害原则中的“危害”。这也体现在诸多国家的刑法中，比如我国《刑法》第13条规定，情节显著轻微危害不大的，不认为是犯罪。《美国模范刑法典》第2.12条也规定了“轻微违反”：（1）行为在通常的许可或容忍限度内，并且没有被利益受侵害的人明确否定，也不与规定犯罪的法律的意旨相抵触；或者（2）行为实际上没有产生或者没有威胁产生规定犯罪的法律意欲防止的恶害，或者所产生或者可能产生的恶害过于轻微，无须刑事判决谴责，等等。根据功利主义道德哲学，刑事立法都应追求利益的最大化。因此，把轻微危害排除在危害原则中的危害之外符合功利主义道德哲学：对轻微危害通过国家强制性禁令进行干预的损耗，大于其所保护的利益。范伯格把刑法对轻微危害的干预，形象地比喻为“大棒打蚊子”的做法，[①] 认为是不恰当的措施。

（二）具有规范意义的危害的扩大

1. 对他人的危害不能仅理解为对个人的危害，应理解为还包括对“社会、集体和国家”的危害

前文论及，范伯格对危害原则的表述是“harm to others prin-

---

① Joel Feinberg, Harm to Others: The Moral Limits of Criminal Law, Oxford University Press, 1984, p. 190.

ciple”，“harm principle”仅仅是省略表述，所以危害原则的全称是“危害他人原则”。但这里的“他人”不能完全理解为一般意义上的“他人”，比如范伯格认为还包括对“公众的危害”，对社会、集体等的危害。这亦符合现代刑法的体系，因为现代无论哪个国家的刑法都会惩罚侵犯“社会、集体和国家”利益的行为。这些行为主要是对公众、经济、气候和环境等造成的危害，比如各个国家现行刑法中的蔑视法律、破坏经济秩序、侵害环境、扰乱或危害公共秩序等犯罪，就属于这种犯罪。但从另一个角度分析，虽然这些犯罪没有直接危害公民个人的人身或财产权益，但间接侵害了公民的人身和财产权益。甚至可以认为，这些犯罪侵害的是更多他人，或曰公众的人身或财产权益。特别是针对环境、公共秩序的犯罪，亦即可以被贴上侵犯“公众”利益的犯罪，比如我国刑法中的重大环境污染罪、逃税罪等，给公民个人造成的危害是巨大的。但和直接侵犯公民个人人身和财产的犯罪相比，这些犯罪对个体的危害被稀释，或者不容易引起个体注意，因此导致其对个体的侵害性不那么明显。

在实践中，还存在针对社会机构、国家机构和公共机构的侵害行为。比如胡萨克教授认为：“危害指的是行为对个人或机构造成的影响。”① 这些公共机构包括国家机关、事业单位和团体组织，比如各级政府机关、医院、学校等，其都被赋予某种职能。比如学校的职能是育人，医院的职能是治病，国家机关的职能是从事管理。实践中的走私、逃税、扰乱教学秩序、扰乱交通

① Douglas Husak, Overcriminalization: The Limits of the Criminal Law, Oxford University Press, 2007, p. 70.

秩序、冲撞国家机关等行为，就妨碍了公共机构职能的履行。如果严重侵犯这些公共机构正常、合法的工作秩序的行为，不被视为危害，不受到刑法的禁止，则公民个人不能享有良性的实现自我发展的秩序。公民个人的某些权益，比如受教育的权利、被救治的权利等，也会受到侵害。所以在实践中，也应把不法侵害公共机构的行为视为危害，纳入刑法可能规制的范畴。

2. 附条件地把某些危害风险行为纳入危害原则规制的范畴

从概念看，范伯格和密尔的概念中涵涉了危害可能性，即危害风险行为。如范伯格在对危害进行论述时就认为其包括“企图造成的危害或者遭受的风险”。[①] 而密尔认为：“对他人利益的危害或危害可能性，是唯一使社会干预公民个人自由的正当理由。”[②] 所以密尔和范伯格的危害概念，不仅指对公民利益的实质危害，也包括危害可能性。后继者在对危害原则进行论述时，也没有排除危害原则包括危害性风险。如胡萨克教授在阐述该原则时就认为：“在所有合理解释中，危害限制不应该被解释为不允许国家禁止导致危害风险的行为。”[③] 范伯格和密尔论及的这种危害可能性或危害风险，也正是下文论及的英美法系刑法学者所称的间接危害。关于间接危害的概念、理论争鸣等，在下文进行专章论述，在此不详细展开。

---

① Itzhak Kugler, Direct and Oblique Intention in the Criminal Law: An Inquiry into Degrees of Blameworthiness, Ashgate, 2002, p. 57.

② J. S. Mill, On Liberty, J. M. Dent&Sons Ltd., 1910, p. 150.

③ Joel Feinberg, Harm to Others: The Moral Limits of Criminal Law, Oxford University Press, 1984, p. 70.

第三节　“危害原则”：刑法的道德底线及其法哲学意义

始源于密尔的危害原则并不是无涉道德的概念，而是以实体正义为前提，确定如何分配基本权利和义务，并决定通过何种标准合理分配利益和社会合作义务的正义原则。然而，非正义的典型状态就是公民之间的不法侵害，以及国家权力对公民的不法干预。要保护公民不受这两种不法侵害，一方面要限制国家权力的滥用，另一方面要禁止公民对其他公民的侵犯。基于此，危害原则的功能就是要合理分配权利和义务，保证公民不受这两种不法侵害。危害原则内涵的两个维度也达至此旨意：第一，限制国家刑罚权对公民自由的干预，保证公民享有自由，这是危害原则的核心要义；第二，禁止公民滥用自由不法侵害其他公民的利益，否则国家就有正当理由通过刑罚惩罚该公民。危害原则的这两个维度，为英美法系国家政策制定者如何对待普通公民，以及公民应如何对待其他公民设置了道德底线。换言之，危害原则为“公民享有自由”和“国家干预公民自由”设置了道德底线，且从两个维度限制了国家刑罚权的发动。

一、危害“他人”：国家刑罚权强制干预公民自由的唯一缘由

危害原则的第一个维度是只有当公民个人的行为不法损害了

他人的利益，国家才能干预公民的自由。这个维度主要表现在以下两个方面：

第一，反对刑法家长主义。危害原则强调的是对他人的危害，所以正如前述在对危害原则中的“危害”的规范定义进行阐述时提到的，不能依据家长主义的理念，把行为人对自己的危害行为视为犯罪，即使国家这样做的出发点是为了公民的“善”也不被允许。比如，密尔认为：“出于为公民个人的善，无论是身体的还是道德的善，都不是国家对公民使用权力的充要条件。”同样，根据该立场，自杀行为等，都不应视为犯罪，因为这些行为没有危害他人，仅仅是公民实施的危害自己权益的行为，属于公民自主权的范畴，刑法不应干预。如果国家介入这些应由公民个人主宰的空间，什么事情都强迫公民服从国家的旨意和安排，公民的任何事情都由国家做主，是典型的刑法家长主义的体现。而刑法家长主义会导致过多地干预公民的个人生活，损害个体自主权，是不应提倡的。

第二，不应惩罚没有危害的行为。危害原则的支持者安德鲁·冯·赫希在《合比例量刑一般原理探寻》一书中认为：“因没有危害后果的不法行为而监禁人们，是一种不公平且不适当的处理。”① 而在“无害”行为中，英美法系最有争议的是持有行为、不道德行为是否应视为犯罪。比如，持有枪支和毒品的行为，本身并没有损害他人权益。从实质看，持有枪支和毒品等持有行为本身，仅仅具有诱发危害的风险而已。因此，根据危害原

---

① Andrew von Hirsch & Andrew Ashworth, Proportionate Sentencing: Exploring the Principles, Oxford University Press, 2005, p. 86.

则的旨意，学者胡萨克对持有毒品行为，甚至是贩卖毒品等涉及毒品类的行为，力主其合法化。[①] 同理，对于单纯的不道德的行为（如见危不救行为），如果行为人不负有特殊的义务，亦不应犯罪化。密尔、范伯格以及诸多危害原则的追随者，比如哈特，都根据危害原则否定用刑罚镇压不道德行为的必要性，也否定用刑罚镇压一般违反社会秩序行为的必要性。

从实质上看，这个维度上的危害原则是划定国家不能干预的应由公民自己做主的区域，体现的是对个体自由的维护和对个体的宽容。因此，这个维度的危害原则是确定国家强制适用刑法的外部边界，判断刑法干预是否合法或合理。当然，这仅仅是刑法干预的道德底线问题，而非涵盖谨慎判断刑法确实对何种危害行为具有管辖权的范畴问题，因为后者才涉及解决如何平衡和排列危害行为的问题。比如范伯格在论述危害原则时，就明确指出其目的不是“确定立法机构应把何种行为纳入其理想中的智慧而有用的刑法典中，而是确定立法机构如果要进行选择，则何种行为可以纳入立法决定考量的范畴中”。[②] 虽然这个维度的危害原则仅仅是设置刑法强制干预的底线，但危害原则的构建，不仅能塑造刑法的正当性根据和法治精神，而且能确立一种私人空间，让公民在此空间中按照自己的选择发展。这个底线的设置，让公民有了质疑国家发动刑罚权的根据，也保证了公民在这个底线范畴之外享有不受国家刑罚权惩罚的权利。这种思路的基本框架，遵

---

① Douglas Husak, Drugs and Rights, Cambridge University Press, 1992; Douglas Husak, The Legalization of Drugs, Cambridge University Press, 2005.

② Joel Feinberg, The Moral Limits of the Criminal Law: Harm to Others, Oxford University Press, 1984, p. 4.

循的是“个体—国家”的二元博弈模式，排斥从根本上不分是非、善恶，为一切统治者服务的刑罚观。从这个角度讲，危害原则具有重要的批判性功能，而正是危害原则的这个批判性功能，保证了刑罚的正当性。

二、不危害“他人”：公民享有自由的道德底线

危害原则的第二个维度是公民不能实施危害他人的行为，否则国家惩罚公民就具有正当理由。比如密尔明确表示，社会期望公民的行为亦是“不危害他人利益”的行为。[①] 因此，危害原则亦界定了个体自由行动的范围。

把某种行为视为犯罪意味着该行为的法律后果是受刑罚惩罚，其必然产生对公民自由的限制。但是国家要对公民享有的自由进行干预和限制，必须证明该类自由应受到限制的充足理由。社会的存在和个体与他人相互联系应遵守的基本道德准则是：所有个体必须合作，而合作就是要个体在选择行为时必须考虑他人的利益。从实践看，个体行为中真正能得到社会积极回应的行为，也是考虑到他人利益的行为。但就社会实践中的个体而言，有一部分人不具备良好的素养，以至于在选择行为时不会考虑他人的利益。因此，总有一些行为人的行为没有遵守最低的道德准则。而要使这些个体在选择行为时亦考虑他人的利益，则需要通过外在的社会制裁来实现对基本道德准则的遵守。因此，对侵害他人基本利益的行为加以制裁，才能保证公民的自由选择在不危

① Stefan Collini, ed., John Stuart Mill: On Liberty and Other Writings, Cambridge University Press, 1989, p. 75.

害他人的限度内予以实现。

马克思和恩格斯认为：“正义不是一种独立存在的东西，而是在相互的交往活动中，在任何地方为了不伤害或不受害而订立的契约。”① 从这个维度分析，危害原则划清了刑法中的善恶和正义的界限。刑法是为了维护正义，应区分善恶，但正义和善恶并不是抽象的存在，其应以某种具体的原则为标准。而危害原则以给他人造成危害作为惩罚的起点和根据，强化了人性中的正义感。同时，只要行为人实施了危害他人的行为，则刑法就有管辖权，这是呼吁人们进一步分清善恶且扬善惩恶，并树立以善胜恶的信心。其更深刻的含义是：要求行为人向善，行为人不仅要尊重自己，也应尊重他人，这样才能真正享有自由。

三、危害原则作为刑法的道德底线之法哲学意义

（一）危害原则的显性法哲学意义：限制刑罚权和维护自由

危害原则的法哲学意义可以从显性和隐性两个维度上理解。首先，危害原则通过划定国家刑罚权的边界，从而达到对公民自由的维护，这是危害原则的显性法哲学意义。

自由对公民个体而言，具有重要的决定性意义。卢梭认为：“放弃自己的自由，就是放弃自己做人的资格，就是放弃人类的权利，甚至就是放弃自己的义务。”② 有学者甚至认为：“自由权

---

① 《马克思恩格斯全集（第40卷）》，人民出版社1982年版，第34页。

② ［法］卢梭：《社会契约论》，何兆武译，商务印书馆2008年版，第12页。

始终是人权的灵魂，是享有其他人权的基础。”[①] 因此，自由本身是好东西，是人必须享有的权利或资格之一，这是不容置疑的。但公民应享有自由并不必然意味着公民实然就享有自由，因为公民实然享有的自由受到内外部因素的干预和制约。而在刑法领域，最有可能侵蚀和侵犯公民本应享有的自由的，就是国家刑罚权。如果国家刑罚权的启动是肆意的、任性的，那么其不仅不能发挥保障功能，相反，还会对公民的自由造成重大侵害，扰乱公民生活的安宁。更有甚者，刑罚权还可成为暴政的工具：“刑权力可以为暴政提供最为有效的手段。”[②] 比如，封建社会肆意擅断的刑法就是国家暴政的工具，导致公民不享有自由。因此，要保障公民实然享有自由，则必须限制国家刑罚权。

正是看到了国家刑罚权对公民的巨大威胁，基于保护公民自由的需要，密尔提出以危害原则限制国家刑罚权对公民行为选择的强制干预。[③] 后继者哈特通过对德夫林代表的法律道德主义保守派的猛烈进攻，也明确赋予危害原则保护自由之目的。[④] 范伯格也视危害原则的旨意为保护自由。[⑤]

以危害原则限制国家刑罚权、保护公民自由是具有自然法上

---

① 熊万鹏：《人权的哲学基础》，商务印书馆 2013 年版，第 87 页。

② 苏惠渔、孙万怀：《论国家刑权力》，北京大学出版社 2006 年版，第 7 页。

③ J. S. Mill, On Liberty, J. M. Dent & Sons Ltd. , 1910, p. 74.

④ H. L. A. Hart, Law, Liberty, and Morality, Stanford University Press, 1963.

⑤ Joel Feinberg, The Moral Limits of the Criminal Law: Harm to Others, Oxford University Press, 1984; Joel Feinberg, The Moral Limits of the Criminal Law: Offense to Others, Oxford University Press, 1985; Joel Feinberg, The Moral Limits of the Criminal Law: Harm to Self, Oxford University Press, 1986; Joel Feinberg, The Moral Limits of the Criminal Law: Harmless Wrongdoing, Oxford University Press, 1990.

的哲学根据的。人们基于社会契约结束了自然的生活状态，并根据契约组建了国家。在建立国家之前的人类，虽过着孤独、贫穷、肮脏和野蛮的纯自然生活，但无政府的强制干预，特别是没有政府官员和警察干预人们想做的事。人们为了弥补纯自然状态生活的缺陷，在最大可能地保护昔日纯自然状态享有的自由的基础上，为了阻止人类互相残害而建立了国家。因此，组建国家的首要宗旨在于阻止人类互相残害。而相应地，如果公民行为没有伤害或者影响他人，则国家使命就不会牵涉进来。此时，人类纯自然状态下的自由法则仍具有效力，国家就不能干预公民的自由。

（二）危害原则的隐性法哲学意义：追求个体的尊严与发展

危害原则对公民自由的保护，就是给公民留下一个反思性或自主的活动领域，在这个领域内公民享有不受国家干预的权利，从而给人类和公民个体提供了更多的发展机会。从这个意义上看，危害原则还具有更深层次的法哲学意义：为刑法构建一种个人自主空间提供法理构想，从而保证与促进人之尊严与人之发展的高级意义功利的实现。

1. 边沁式功利主义及其隐含的危机

一提到功利便会联系到边沁的名字。但功利主义不是始于边沁，比如在古希腊的德谟克利特、昔勒尼学派、伊比鸠鲁的思想中，就已具有功利主义的影子。甚至英国的坎伯兰、洛克、休谟，意大利刑法学家贝卡利亚等，也都对功利主义进行过详细的论述。但因为边沁以功利主义作为信条开创了功利主义学派，所以一提到功利便会把其功利思想作为参照。边沁是功利主义的代表人物，其功利主义的核心观点是苦乐论、效果论和功利原则。首先，边沁功利主义最基本的观点是趋利避害论、苦乐论或最大幸福论，即边沁认为赞同还是不赞同某行为，应根据该行为是增加还是减少了主体的幸福进行判断，是否幸福应根据“至高无上的快乐与痛苦”原则进行衡量。但边沁的这种功利主义“是一种结果论，因而在其对行为的评价标准中，行为人的主观动机、意图、性格等并不重要”。[①] 也正因边沁的功利主义是结果主义，否认动机、意图、性格等主观要素的重要性，因此，其认为“苦乐”与“幸福”同人的主观意识无关，而只与结果有关。由此可知，作为一种好与坏、对与错的道德哲学原理，边沁的功利主义是在人之外寻找道德评价的客观依据。其次，边沁认为凡是能将效用最大化的事就是正确的、公正的。把这种思想适用于评价刑法立法会得出的当然结论是：“国家刑罚的预防效果的功利最大化，决定刑罚本身的正当性。”[②] 最后，边沁的功利原则虽是幸福论，但其幸福指向的是“最大多数人的最大幸福”。又因边沁的结果主义立场，所以其认为凡有效用的，皆是幸福的。

边沁的上述三项原理奠定了功利主义的基础。毫无疑问，边沁式功利主义“跟基督教神学神秘的、虚伪的道德评价标准相比，无疑具有一定的历史进步性”。[③] 但边沁式功利主义的缺陷

---

① 冀洋：《刑法主观主义：方法论与价值观的双重清理》，载《法制与社会发展》2016 年第 3 期，第 132 页。

② ［英］边沁：《政府片论》，沈叔平等译，商务印书馆 1995 年版，第 92 页。

③ 王文华、刘常春：《边沁功利主义评析》，载《武汉科技学院学报》2007 年第 7 期，第 82 页。

也非常明显，主要表现在：边沁的功利主义具有极强的“纪律”倾向，且这种“纪律”倾向缺乏实现的手段设计，导致其不能激发个体对社会进步的意想和共鸣。①

第一，其试图通过功利主义与控制思想紧密联系，并提供评估优越的政策或分配结果的计算模式。因此，从实质上看，边沁的古典功利主义模式是决定国家权力行使、提供评价人类关系与行为、决定具体行为过程的平衡点。边沁之功利主义虽是一种卓越的决策技术，但只是根据“赞扬和谴责、奖励和惩罚”使人们“人为地、因果式地”坚持功利主义，没有创造深层次的自然感情纽带。② 因此，其不能激发人们促进社会进步的意象。

第二，在边沁之功利主义判断成分中，亦没有包括维护秩序的充分根据，不能说明社会中规范性秩序的缘由和正当根据。基于人类利益的无穷尽和实现人类利益方式的无止境，刑法规范要构建社会秩序，则需要在个人与规范的关系范畴中，植入规范制裁，即刑罚制裁这一要素。而刑罚制裁作用的发挥和目的之实现，很大程度上并不取决于刑罚表面的威慑，而是取决于隐含而非明确的规范得以实施的背后力量：公民习惯性服从的动机是什么。如果仅把刑法规范视为既定的事实，这些问题当然不用回答。但如果要把刑法规范的存在与其所对应的人类行为的重要性关联起来，激发人类通过对刑法规范的服从而建立其对社会的进步意象，从而自发遵守刑法规范而达至社会秩序的维护，则需要

① ［英］韦恩·莫里森：《法理学——从古希腊到后现代》，李桂林等译，武汉大学出版社2002年版，第214页。

② ［英］韦恩·莫里森：《法理学——从古希腊到后现代》，李桂林等译，武汉大学出版社2002年版，第200页。

回答这个问题。因果式的客观幸福论，一方面导致边沁古典功利主义对人类社会基础的最终分析超出了科学合理的范围；另一方面亦没有为人类服从法律和社会整合创造条件，因为从个体与服从社会规则的关系看，个人需要发现自己的信仰和情感领域与服从社会规则之间的关系，才能真正服从社会规则。

第三，从公民个人行为选择看，边沁式功利主义根据苦乐论进行判断，但边沁是从快乐的量而不是从快乐的质进行判断，这是对古希腊亚里斯提卜等人享乐主义伦理观的沿袭，不利于培养公民的道德意识，甚至会导致精致的利己主义。

第四，边沁之功利主义的“最大多数人的最大幸福原则”，会导致国家基于整体幸福的最大化，甚至在一定程度上为了实现整体幸福的最大化，而把个人当工具导致牺牲个人利益。

基于上述诸种缺陷，古典的边沁式功利主义实际上隐含着巨大的危机。

2. 危害原则的功利主义对边沁的超越

危害原则的显性法哲学意义在于维护公民的自由，但其对自由的维护具有更深层次的功利主义思想，比如有学者认为密尔的危害原则“对自由的捍卫是基于功利”。[①] 同样，范伯格把危害原则作为刑法的道德底线从而保护公民的自由，其也是“源于更普遍的功利主义道德哲学”。[②] 因此，可以认为密尔和范伯格既是自由主义者，也是功利主义者。但是，危害原则中的自由主义

① 段元秀：《自由与民主的张力与平衡——密尔自由民主理论述评》，载《云南行政学院学报》2013 年第 3 期，第 30 页。

② Joel Feinberg, The Moral Limits of the Criminal Law: Harmless Wrongdoing, Oxford University Press, 1990, p. 189.

和功利主义是有层次性的。前述论及，限制国家刑罚权以维护公民自由是危害原则的显性法哲学意义。但之所以要维护公民的自由，无论是密尔还是范伯格均认为其旨意在于功利道德哲学。所以，危害原则的隐性法哲学意义是功利主义。

密尔和范伯格是功利主义者，二者的功利主义均修正、扩张或超越了边沁式的标准功利主义，或者摈弃了边沁式功利主义。概言之，二者的功利主义思想借助于危害原则超越了边沁式功利主义。范伯格明确拒绝边沁式功利主义。① 密尔与范伯格不同，在一定程度上认同边沁的功利论：“功利，亦即最大幸福原则认为，如果行为倾向于增加幸福，则行为正当；如倾向于减少幸福，则行为不正当。”② 但不同于边沁的是，密尔是以主观为根据，其根据行为人的主观感受进行判断，即如果公民经历的某种行为使其感受到了幸福，则这种行为就增加了公民的福祉，不具有危害性，国家不能干预；相反，如果该行为减少了公民的福祉，则是危害行为，属于国家干预的范畴。很显然这种幸福论的功利思想不同于边沁式“最大多数人的最大幸福”的幸福论，而是把公民个体感受的幸福视为一种幸福，尊重公民个体的价值和存在。根据这种观点，如果要把公民个人当作进步性存在，就应以其根本性利益为根据，而不是以社会整体之最大幸福掩盖公民个人的幸福。同样，密尔虽赞同边沁的苦乐论或趋利避害论，但其语境下的苦乐论或趋利避害论，也是从尊重公民个体主观维

---

① Joel Feinberg, The Moral Limits of the Criminal Law: Harmless Wrongdoing, Oxford University Press, 1990, p. 11.

② Roger Crisp, ed., J. S. Mill: Utilitarianism, Oxford University Press, 1998, p. 55.

度的感受进行分析。这种语境下的功利主义对边沁的不考虑行为人主观感受、唯客观的“效果论”和“最大多数人的最大幸福”的功利进行了修正。同时，这种语境下的危害原则要求国家在决定某种政策时，应以公民个体自己的价值决定是否能使公民个体生活更美好，而不是把国家的某种价值作为判断标准强加于公民。

范伯格在继承危害原则的基础上，也继承了密尔为危害原则注入的这种思想。因此，范伯格也同样反对刑法家长主义。从这个意义分析，密尔和范伯格的功利主义摈弃的是边沁式功利主义从国家立场出发束缚公民自由的“纪律”成分，是对自由的维护，其旨意是确定国家可以凌驾于个人之上的权威的限度。

3. 危害原则隐性法哲学思想的实质：维护自主权、实现人之发展

危害原则的隐性法哲学意义在于功利主义，但因密尔和范伯格担心边沁式功利主义中的制裁成分会限制和约束公民的自由，从而阻止公民为自己谋幸福和公民之发展，所以又摈弃了边沁式功利主义中的制裁成分。从实质上看，危害原则的隐性法哲学思想是：维护公民自主权，从而为现代社会创设能真正促使人类繁荣和幸福的条件。

在危害原则通过对自由的维护而维护公民自主权的命题下，还需要首先明白，自由和自主权是有区别但又有联系的两个概念。国内的刑法学者虽然也常使用这两个概念，但很少对这两个词语进行区分。从英语的表达看，自由是 freedom，而自主权是

autonomy。从《布莱克法律大辞典》对这两个词语的英文解释上看，[①] 自主权是指不受外界干扰和控制的行为能力或做决定的能力，而自由是指一种自在的或不受束缚的状态。当然，除了《布莱克法律大辞典》对自由的这种解释外，自由也可指主体不受外界因素控制地从事某种行为，比如说话、写作、读书等。可见，自由和自主权的显著区别是：自主权强调主体的“自主”能力，即自己管理其自身事务并且单独对其行为和命运负责的能力，重视自我满足和独立，追求意志自由和行为自由。而自由侧重的是不受约束，可为某行为或做某事的资格。自由和主体是否有能力为某种行为或享有某种资格无关，但自主权只有在主体能够承担权利和义务时才成为可能。比如三岁的孩子有结社自由，三个月的孩子有说话的自由，但与其是否有结社的能力或说话的能力无必然关系。

自由和自主权也是有联系的，这种联系首先是自主权和自由一样，均反对不必要或过分的限制性规范和规则，追求自由。其次是公民要享有自主权，首先应享有自由。如果连自由都没有，则不可能真正享有自主权。从这个意义上说，自由相较于自主权更具有表象性，而自主权更具有实质意义。从某种角度看，法律包括刑法对自由的保障，均是为了保护自由背后的自主权。尤其是从公民的发展和社会的发展来看，只有拥有自主权才能真正实现自己做主，保障自己这个特殊的生物体所具有的能力得到发

① 《布莱克法律大辞典》对 freedom 的解释是：a state of being free or liberated；对 autonomy 的解释是 the right of self-government 和 an individual's capacity of self-determination。参见 Bryan A. Garner，ed.，Black's Law Dictionary（9th Edition），Thomson Reuters，2009，pp. 154，735.

挥，为自己和社会谋福利，促进发展和推动进步。当然，这并不是说自由就无足轻重，相反对个体公民而言，一般权利的渊源在于对自由基本价值的首先拥有，否则其他任何权利都无法实现。甚至可以认为，自由是每个人能力考量的起点。换言之，只有享有充分正当自由的个体，才能享有选择自己的行为、自己的生活，处分自己的各项权利，为自己做主、谋福利等具有实质意义的自主权。因此，无论是尊严的维护还是自主权的获得，首先都要获得自由。

在现代民主与法治建设比较成功的社会，公民均享有广泛的自主权，从而使公民应得的利益与权利得到保护。危害原则隐含的这种高级功利思想具有重要的意义。一方面，在现代社会，不仅意味着世俗权威与精神权威的巨大分离，更意味着更大规模的发展和更多的正当自由。甚至可以认为，现代社会意味着人的更大解放和发展，意味着公民个人的潜能能得到更大的发展，从而实现自己的价值。危害原则对公民自主权的保护，就决定了个体应享有表达不同观点、决定不同生活模式和制定不同的生活计划的权利。因此，危害原则的深层次高级功利保证了个体被允许按照自己的选择实施行为，使个体能自我实现和自我满足。另一方面，与压制型社会的法治相比，现代社会的规范和命令的实现取决于其是否有能力建立和培养公民对其存在意义的普遍信念，从而让公民认同其存在的合法性。只有获得该合法性，才能使公民服从这些规范和命令。边沁式功利主义浓烈的“纪律性”成分，导致其不能对这种现代性提供指导性标准，因此其不适合现代社会。同样，基于相同的理由，家长主义式的立法也不适合现代社会。与之对应，危害原则从保护个体自主权出发，保护个体为自己谋福利的权利，就让公民个人与在此基础上构建的规范联系起来，认同规范的合法性和价值。也正是从这个意义出发，有学者认为危害原则所蕴含的深层次功利思想，拯救了功利主义伦理学，使它不再成为人们所指责的干巴巴的教条。[①] 而从规范获得信仰和遵从的角度看，危害原则内含的高级功利思想使构建于其基础上的刑法规范，更容易获得认同和遵守。

第四节　危害原则遭遇的其他原则挑战

虽然危害原则是英美法系刑法的核心原则，受到很多西方学者的推崇，但这并不意味着危害原则就没有受到过挑战。相反，危害原则本身就是在挑战与质疑中取得发展的。除了下文论及的风险社会等社会变化引起的危害原则受到的挑战外，危害原则还受到来自个体尊严原则和自主原则的挑战。

一、个体尊严原则和自主原则及其局限

美国学者梅尔·丹-科恩提出，应以维护人之尊严原则替代危害原则，限制刑法扩张。[②] 丹-科恩在《捍卫尊严》一书中认

① ［美］乔治·萨拜因：《政治学说史（下册）》，邓正来译，上海人民出版社2010年版，第400页。

② Meir Dan-Cohen, Defending Dignity, in Harmful Thoughts: Essays On Law, Self, And Morality, Princeton University Press, 2002, pp. 161-167.

为，从刑法的基本道德性和人类社会行为的道德性看，刑法的主要目标应该是维护每个人特有的尊严，制定刑法规范的最低价值取向和最终目的应是维护公民的尊严。另一位学者亚瑟尔·利普斯坦认为，既然刑法应尊重人的自我选择和决定权，那么可直接以自主原则限制刑法权的扩张，从而取代危害原则。[①] 自主原则同样反对刑法家长主义，即反对把行为人对自己而不是对别人的伤害行为视为犯罪，主张吸毒、自我伤残、自杀、赌博等属于公民自主权范畴的行为，应予以去罪化。因此，根据自主权理论，确实能保证公民享有一定的私人空间不受他人和国家的干涉。从目标的设定看，个人尊严原则与自主原则确实包含危害原则所追求的目标，表达还更为明朗直接，表面上似乎也很有说服力。

但是，这两项原则存在的问题也是很明显的。一方面，维护个人尊严原则的价值诉求是毫无争议的，甚至对人类尊严的维护还应是当代法治的实质内容。但该原则遭遇的问题在于：维护尊严是一般意义的原则，如何才能通过具体的措施达至此目的，才是具有实践意义的问题。换言之，维护个人尊严原则没有回答通过何种途径实现维护个人尊严的问题。如果国家权力和其他公民肆意侵害公民的尊严，但又没有路径限制国家和公民的侵害，很显然公民的自尊是无法得到维护的，在实然社会中公民也是不能享有尊严的。因此，公民个人尊严原则遗留的问题是：如何找到一种途径实现对人类尊严的维护。另一方面，自主原则主张公民应享有自主权，从而保证自身的发展成为可能，这也是非常具有

① Arthur Ripstein, Beyond the Harm Principle, Philosophy Public & Affairs, 2006, p. 216.

积极意义的。但如果仅仅提倡个人自主权，不仅无法为刑罚的施加提供正当理由，而且会导致个人主义。从社会和个人在实践中的关系看，单纯提倡个人自主具有无法回避的缺陷：没有对他人利益给予关注，缺乏尊重他人的道德原则。从平等对待每个人的视角看，刑法应保护个体的自治不受他人侵犯，同时亦禁止个人对他人的侵害。单纯提倡个人自主权，可能导致个人权利行使时道德约束的缺失而致个体自主权的滥用。因此，如果单纯把维护个人自主权作为限制刑法边界的理念，会导致大多数人专制的局面，并渐进地腐蚀自主权的人格基础。

二、危害原则保护个体尊严与自主权的可践行性

单纯依靠个体尊严原则维护公民的尊严是不具有实践性的，依靠自主原则维护公民自主权也因缺乏道德约束而导致其最终在实践中难以真正实现。而危害原则之所以能维护公民自主权，不仅是因为危害原则的实质是维护公民的自主权，而且危害原则通过限制国家刑罚权和禁止公民侵害他人这两个维度，为国家刑罚权干预公民的自主权设置了限制，也为自主权设置了边界。另外，也没有必要单独提出一个个体尊严原则来维护公民的尊严，因为对公民自主权的维护本身就包括对公民尊严的维护。

因此，危害原则通过对自主权的维护而维护了公民的尊严，弥补了单纯的个体尊严原则实现路径上的缺陷，同时还赋予了自主权道德约束——自主权的行使不能危害他人。这对于自主权具有重要的意义。

首先，危害原则使自主权的享有不会导致个人主义。自主权

的享有在一定程度上是实现个体的发展和最终社会整体功利最大化的最有效途径，但单纯自主权论会受到“导致个人主义”的质疑。自主权享有之目的是维护个体利益，促进个体发展，其核心是关注公民个人。这本无可厚非，无论是从个人本位出发，还是从集体本位和国家本位出发，社会生活毫无疑问都包含着个体利益的追求。并且，在正当享有自主权的基础上追求自己的利益和促进公民个人的发展，不必然会导致个人主义。美国学者帕森斯就认为，对个人利益只要“是以大大缓和人们之间潜在敌意的方式加以追求，则个人利益促进的正是共同利益与和睦共事，而不是相互的敌意与毁灭”。[①] 也就是说，如果追求个人利益的复杂行为是在一定原则框架内实施的，并不会诱发个人主义。而密尔和范伯格的危害原则，不仅保护公民自由从而保证公民享有自主权，同时，亦把个体实现自己利益的复杂行为限制在不危害他人的原则框架内。美国学者大卫·理查德在《行为理性原理》一书中也认为：“刑法中实行的自然义务所衍生的自主性原则要求：除非是在必要且合比例的自我防卫，或者是在一些公正的紧急避险或胁迫的极端案件中，否则个人不能故意、明知、轻率地对他人进行伤害。”[②] 因此，危害原则制定了公民享有自主权的德性边界，避免了享有自主权的公民堕化为个人主义者。

其次，被危害原则赋予德性的自主权具有实践性。一方面，从公民享有自主权的实践性看，自己想拥有自主权从而保证自己

① ［美］T. 帕森斯：《社会行动的结构》，张明德等译，译林出版社 2003 年版，第 314 页。

② David A. J. Richards, A Theory of Reasons for Action, Clarendon Press, 1971, p. 185.

能发挥潜能和促进自己的发展，维护自己的尊严，那么就应认识到这是每个人都想被对待的方式。康德认为，“我们以符合人类的尊严的方式对待他人和我们自己”，[①] 并且人类的理性思考能力也应支持这样的法则：“普遍法则形式是只依据那些你可以同时愿意它成为普遍法则的准则行动。”[②] 所以公民在实施某种行为的时候，还应思考其他公民是否也期望以这种方式被对待，以及公民自身是否愿意这种行为方式成为普遍法则。比如作虚假承诺是错误的，并且不是普遍为之的行为，因为每一个理性的人都不期望被这样对待，更不期望以这样的法则作为普遍行为准则。另一方面，从社会交往的法则看，一个人不能按照只是把人当作工具的准则来行为，而必须按照其他人不会禁止的规则行为，这是人与人相互尊重的基础。而危害原则的“不危害他人”要求，可被视为社会普遍法则，且一般理性人均认可其他人按照此法则实施行为，也期望被如此对待。同时，依照“不危害他人”的要求行为，是将他人视作目的而非仅仅是实现自己目的之工具，甚至在道德上也是无过错的行为。因此，在社会个体的交互作用下，公民的此类行为不会受到来自国家和其他公民的抵制，此种语境下的公民自主权的享有就具有了践行性。

最后，以“危害他人”作为可罚的起点，能铸造公民承担刑法义务的认同感。刑法立法设置刑法规范，一般主要是期望通过向社会公众宣示何种行为被禁止，或者引导社会公众遵守某种

---

① Carl Joachim Friedrich, ed., The Philosophy of Kant: Iimnanuel Kant´s Moral and Political Writings, The Modern Library, 1949, p. 140.

② O'Neill, ed., Constructions of Reason: Explorations of Kant´s Practical Philosophy, Cambridge University Press, 1989, p. 127.

行为范式，引导公众不实施刑法规范禁止的行为，进而构建一种秩序，达到对利益的保护。其实设置刑法规范也是在向公众宣示，如果不按照刑法规范要求的方式生活和行动，则会受到刑罚的惩罚。因此，从实质看，这是通过一种外在的方式强制公民按照刑法规范的要求行动，赋予公民某种义务。但外化的要求是否能转化为公民内在的行为准则，从而真正把“他律”转变为“自律”，尚需进一步论证。尤其是当刑法规范为公民设置的义务是过分的、不恰当的、不正当的时，这种外化的规范不仅不能引起公民内心的认同和信赖，相反，还会激起公众的反感和抵制，最终刑法规范也不能被有效执行。美国学者泰勒认为：“民主社会需要人们的规范认同才能保障自己的有效运转”，因此，“让人们对遵守法律产生规范性义务感是有必要的”。[①] 而危害原则不仅限制国家刑罚权，还要求公民不得侵害他人。如果行为人不遵守这个规范，则违反了社会认可的规范对其角色的期待，会导致让其对破坏社会一般规范的行为付出代价的后果。这实际也是一般的正义法则，能激发公民服从据此而制定的规范，接受据此设置的规范为公民设置的义务。因此，根据危害原则，刑法规范要求只有当行为侵害他人利益的时候，才可以发动刑罚权。这就使刑法规范宣示的规范意义与社会公民的正义感相契合，能激发公民对刑法规范的认同感。

① ［美］汤姆·R. 泰勒：《人们为什么遵守法律》，黄永译，中国法制出版社2015年版，第107页。

第五节 当代法治国家刑法立法确定罪质的根据：危害原则

危害原则体现了对法治精神和公民个人的尊重，并逐渐成为“普通法哲学划分道德和法律界限的重要原则”。[①] 危害原则不仅在英美法系的刑法中有重要的意义，其含义、体现的精神和价值取向，对各国刑法确定罪质或是否把某个行为予以犯罪化，均有重要的启迪意义。从实然看，在立法语境下，危害原则是确定罪质的根据。而各个法系确定罪质的原则均不同。前文已提及，在苏联和中国的传统刑法中，通说认为确定罪质的原则是社会危害性原则。在德日等大陆法系国家，确定罪质的原则是法益侵害原则。但在立法语境下，把危害原则作为刑法确定罪质的原则具有借鉴意义。

一、“危害原则”与“社会危害性原则”的比较

危害原则与中国刑法的“社会危害性”原则，在表面上具有相似性，因此，有学者认为：“我国语境下的‘社会危害性’与西方伤害原则的‘伤害’其实是一个意思。”[②] 这种观点是值

---

① Bernard E. Harcourt, The Collapse of the Harm Principle, 90 J. Crim. L. & Criminology, 1999, p. 131.

② 陈雨禾：《论犯罪化过程的阶层化构造——从社会危害性到法益侵害性的进阶》，载《犯罪研究》2014年第6期，第5页。该作者提及的“伤害”就是harm翻译过来的，但其不应翻译为伤害，翻译为“危害”更妥当。

得商榷的。从价值追求、内涵和法治精神看，“危害原则”与“社会危害性原则”是存在较大差别的。

（一）“利益侵害论” vs “社会关系侵害论”

无论是在我国刑法还是在苏联刑法中，社会危害性均具有核心地位，是两国刑法体系的基石。① 严格而论，我国刑法的社会危害性概念是从苏联刑法引进的。我国刑法学界对社会危害性进行了界定，比如高铭暄教授认为：“社会危害性是犯罪行为对我国刑法所保护的一定社会关系的侵犯。”② 马克昌教授认为：“社会危害性是指行为对我国的社会主义社会关系实际造成的损害或可能造成的损害。”③ 因此，我国刑法学界对社会危害性的通说解读是“社会关系侵害”论。苏联刑法学界对社会危害性的界定，也是社会关系侵害论。

前述论及，密尔和范伯格均对“危害”持利益侵害观。因此，从概念看，虽然危害原则和社会危害性都以危害作为惩罚起点，但二者指向的实质内容是不同的。危害原则中的危害指向的是对利益的侵害，而社会危害性中的危害指向的是对社会关系的侵害。“关系”一词的基本含义是事物之间相互作用、相互影响的状态，社会关系就是社会事物之间在共同活动中结成的相互作

---

① 陈兴良：《社会危害性——进一步的批判性清理》，载《中国法学》2006 年第 4 期，第 3 页；薛双喜：《苏俄刑法学关于社会危害性理论的论争》，载《中国刑事法杂志》2010 年第 3 期，第 1 页；陈兴良：《社会危害性——一个反思性思考》，载《法学研究》2000 年第 1 期，第 8 页。

② 高铭暄：《刑法学原理（第 1 卷）》，中国人民大学出版社 1993 年版，第 384 页。

③ 马克昌：《犯罪通论》，武汉大学出版社 1999 年版，第 20 页。

用、相互影响的各种关系的总称。因此，社会关系是一种抽象概念，其隐晦和抽象导致其很难担当起解释社会危害性的重担。据此，有学者对其进行了批判，认为其不利于“指导司法实践当中对犯罪行为性质的认定”。[①] 一方面，犯罪行为指向的对象必然是客观的存在，这种抽象的精神化概念，会导致犯罪对象指向的虚无。另一方面，从社会关系涵盖的范畴看，其是指人与人之间的关系。因此，社会关系说不能涵盖环境安全、食品安全等领域。何秉松教授就认为：“社会生产力和自然环境等这些因素，就不是用‘社会关系’所能全部涵盖的。”[②] 但从刑法应该保护的范畴看，却不能仅仅局限于对人与人之间关系的保护。

从实质看，社会关系是社会各参与者的各种利益的固化，其蕴含的利益才具有实质价值。如有学者认为：“社会关系最首要的表现是社会利益。”[③] 对某种社会关系的保护，实际上保护的是利益。作为寻求发展的人类，也是以永久的利益为基础。[④] 刑法应对人类的利益进行保护，而不是保护某种抽象的社会关系。因此，法之设置目的是服务于利益保护，刑法应在社会利益衡量的基础上设置刑事禁令。所以以利益侵害解释危害，更为合理和恰当。另外，社会的利益和个体的利益是不同的，比如个体有生命权，而社会是没有生命权的。用由个体组成的“社会”这样的群体性概念界定危害，是将危害视为对由个体组成的某个整体

① 汪火良、从其福：《论公民自由权的刑法保护》，载《湖北师范学院学报》2011 年第 6 期，第 23 页。

② 何秉松：《论犯罪客体》，载《北京大学学报》1987 年第 3 期，第 15 页。

③ 李晓明：《论对犯罪客体的质疑》，载《法学杂志》2001 年第 5 期，第 24 页。

④ J. S. Mill, On Liberty, J. M. Dent&Sons Ltd., 1910, p. 70.

的侵害，这会导致对个体侵害的忽略或对个体的降格，从而导致对个体权益的忽视或降格，使社会危害性缺乏人权保障机能。

（二）个人本位 vs 国家/社会本位

危害原则体现的是个人本位思想，该思想主要体现在两个方面。首先，危害原则的旨意是保护公民自由，限制国家刑罚权的发动。密尔的论述、哈特对德夫林的论战及范伯格把危害原则视为对刑法的道德限制，均是围绕此旨意展开的。其次，危害原则的个人本位思想还体现在其把对公民个人利益的保护放在首要位置，其全称“危害他人”而不是“危害社会”的表述，就体现了这种思想。不仅如此，危害原则影响下的英美法系刑法，也体现了这种思想，比如《美国模范刑法典》分则的章节排列是：侵犯人身安全的犯罪、侵犯财产的犯罪、侵害家庭的犯罪、侵害公共管理的犯罪、侵害公共秩序和有伤风化的犯罪。① 可见，《美国模范刑法典》是把侵害个人权益的犯罪排在首位。不仅如此，美国各个州的刑法也是把侵害公民个人利益的犯罪排在前面，体现了对公民个人权益的高度重视。

“社会危害性”的“社会”修饰语，明显是社会本位或国家本位思想，这导致其首先考虑的是对国家和社会的保护，追求的是社会秩序。虽然按照“社会危害”构建的中国刑法和苏联刑法，亦会惩罚侵犯公民个体利益的行为，但这会导致价值位阶的不同：国家、集体或社会利益在先，公民个人利益居于次要地位。这种价值追求也反映在刑法分则的体系构建上，比如我国刑

① 《美国模范刑法典》，刘仁文译，法律出版社2005年版，目录第6-10页。

法分则体系规定的犯罪依次为危害国家安全罪、危害公共安全罪、破坏社会主义市场经济秩序罪、侵犯公民人身权利、民主权利罪、侵犯财产罪、妨害社会管理秩序罪、危害国防利益罪、贪污贿赂罪、渎职罪、军人违反职责罪。在此排列中，首先规定的是侵犯国家、集体或社会利益的犯罪，针对公民个人权益的犯罪居后。因此，我国刑法分则体系就体现了“社会危害”这种国家本位、集体本位思想的影响。

二、法益侵害原则可否作为立法确定罪质的根据

法益（保护）原则是德日刑法确定罪质的核心原则，也是其刑法确定某个行为是否可罚的条件。从历史渊源看，法益侵害说是在取代权利侵害说、义务违反说、文化规范违反说、伦理道德违反说等学说的基础上发展而来的，对大陆法系产生了重大影响。就目前中国学界对法益的理解看，无论有多少种解读，但一般均认为“法益必须和法有关”，[①] 进而认为，既然是法益，则“离不开法的利益；某种利益尽管能满足主体的需要，但它并不受到法保护时，无论如何亦不能称之为法益”。[②] 文明国家的各种法律均保护法益，而刑法语境中的法益就是“刑法保护的人的生活利益”。[③] 因此，从刑法语境的法益概念看，某种利益是否能被称为法益，以是否已是被刑法保护的利益为判断标准。如果某种利益没有被刑法保护，即使是重要的利益，亦不能视为法

---

① 张明楷：《法益初论》，中国政法大学出版社 2004 年版，第 163 页。
② 张明楷：《法益初论》，中国政法大学出版社 2004 年版，第 163 页。
③ 张明楷：《法益初论》，中国政法大学出版社 2004 年版，第 167 页。

益。因此，法益存在于刑法立法之后，而在立法之前是不存在法益的。张明楷教授认为："如果认为'法益'在刑事立法之前就已经存在，立法者只不过是在规定保护法益，则很不符合现实。"① 因此，法益必须是刑法预先设定的某种利益。这与德国刑法中法益的基本含义相同。在德国刑法中，亦只允许保护刑法预先设定的利益："刑法仅仅应当保护确定的预先规定的'利益'，例如生命（第 211 条以下），身体的完整性（第 223 条以下），荣誉（第 185 条以下），法律义务（第 153 条），等等。"② 德国学者詹姆斯·戈尔德斯密特、埃里克·沃尔夫和埃伯哈特·施密特等亦认为："刑法应当保护预定的法益。"③ 我国学者陈兴良教授亦认为："法益侵害是以刑法评价为前提的，具有规范性。某种行为未经刑法评价，就不存在法益侵害的问题。"④ 据此，在刑法语境中言说法益，可以解读为：有刑法才有法益。

根据最初的法益概念，法益仅仅指个体的利益，比如财产、生命和健康。所以按照最初的法益概念，刑法应"排除违反秩序的行为"。⑤ 据此，将犯罪行为与违反秩序的行为进行区分亦是徒劳的。由此导致的结果是：现行违反秩序而被犯罪化的行为没有侵犯法益，不是犯罪。但诸多违反秩序的行为，比如交通肇事

① 张明楷：《法益初论》，中国政法大学出版社 2004 年版，第 163 页。

② ［德］克劳斯·罗克辛：《德国刑法学总论——犯罪原理的基础构造（第 1 卷）》，王世洲译，法律出版社 2005 年版，第 12 页。

③ ［德］克劳斯·罗克辛：《德国刑法学总论——犯罪原理的基础构造（第 1 卷）》，王世洲译，法律出版社 2005 年版，第 13 页。

④ 陈兴良：《社会危害性：一个反思性思考》，载《法学研究》2000 年第 1 期，第 14 页。

⑤ ［德］克劳斯·罗克辛：《德国刑法学总论——犯罪原理的基础构造（第 1 卷）》，王世洲译，法律出版社 2005 年版，第 13 页。

罪是违反秩序的犯罪，构成交通肇事罪的行为肯定损害了具体的预先规定的法益。与之相同，在经济、税收和环境领域也存在许多类似违法行为：“虽然这些行为的对象需要国家规定才能形成，但是，人们却不能认真地怀疑对这些行为处罚的必要性。在现代社会中，面对国家职责和任何对生命所具有的重要意义，人们还不十分清楚，例如，‘行政管理不受侵犯的功能’，为什么不应当允许看成是法益。”① 罗克辛认为，如果对这些违反秩序犯罪从方法论上进行解释，这种方法性法益概念可被理解为：“这种立场只能理解为是在为‘具体刑法条文的意义和目的’提供一种概括性的思想方式，是一种‘目的性思考的缩写词’，以及是具体行为构成的‘法律意义’。”② 因此，这种法益概念在刑事政策上是没有意义的，因为这种概念实际上消解了犯罪概念。每个刑法条文肯定是具有目的的，当然就具有法益了，某种行为被视为犯罪与社会危害就没有关联了。

另外，这种方法性的法益概念从规范目的及法律意义方面进行理解，则赋予了公民遵守这些规范的义务。因此，这种方法性法益概念导致公民的义务也是法益的内容。也就是说，这种法益观意味着法益不是公民的某种利益，而是一种强制的法律义务。因此，该方法性法益概念无法区分某种行为是否具有刑事可罚性。费尔巴哈的权利说虽然有缺陷，不能解释刑法中的所有犯罪，但其有一个重要的功能：限制刑罚权。法益侵害说虽能解释

① ［德］克劳斯·罗克辛：《德国刑法学总论——犯罪原理的基础构造（第1卷）》，王世洲译，法律出版社2005年版，第14页。

② ［德］克劳斯·罗克辛：《德国刑法学总论——犯罪原理的基础构造（第1卷）》，王世洲译，法律出版社2005年版，第14页。

所有的犯罪，但却不能限制刑罚权，甚至有学者评价法益侵害说“没有任何功能”①。法益概念本身的界定“至今仍然没有得到成功而明确的说明”②，因此，其“不能提供一个可以在法律上当作基础的和内容上令人满意的界限”。③ 罗克辛为了使法益概念成为刑事政策上具有拘束力的概念，对法益概念进行了界定：“法益是以个人及其自由发展为目标进行建设的社会整体制度范围之内，有益于个人及其自由发展的，或者是有益于这个制度本身功能的一种现实或者目标设定。”④ 该法益概念是从宪法维度导出的法益概念。在罗克辛的法益概念中，用“现实和目标设定”取代了“利益”。但同样，这个概念仍然不能脱离已经被法现实发现的状态以及同样由法才能创设的遵守规范的义务。我国学者张明楷教授亦从宪法维度进行过界定：“法益，是根据宪法的基本原则，由法所保护的、客观上可能受到侵害或者威胁的人的生活利益。”⑤ 该概念也认为法应事先预设保护的利益，否则就不是法益。因此，即使是从宪法导出的法益概念，提供的亦“仅仅是一种为了对法律材料（Rechtsstoff）进行详细说明的评价标准，一种立法者和法律适用者在制定和解释各种具体条文时都必须

① 徐德臣：《论刑法与侵权法的分界标准》，载《河北法学》2013 年第 2 期，第 150 页。

② ［德］克劳斯·罗克辛：《德国刑法学总论——犯罪原理的基础构造（第 1 卷）》，王世洲译，法律出版社 2005 年版，第 14 页。

③ ［德］克劳斯·罗克辛：《德国刑法学总论——犯罪原理的基础构造（第 1 卷）》，王世洲译，法律出版社 2005 年版，第 14 页。

④ ［德］克劳斯·罗克辛：《德国刑法学总论——犯罪原理的基础构造（第 1 卷）》，王世洲译，法律出版社 2005 年版，第 15 页。

⑤ 张明楷：《刑法学（第 4 版）》，法律出版社 2011 年版，第 64 页。

引用的评价准则”。[①] 也就是说，法益概念是对既有刑法条文进行解释的标准，但是对于是否应设定某种新规范，却没有指导意义。

同时需要注意的是，保护法益的手段并不是只有刑法手段，即使是从宪法导出的法益概念，也不能解决所有情况下国家立法机关应把某种行为置于国家刑罚权规制之下的问题。即使在宪法中，也不存在确定犯罪化的具体原则。在立法或者决定是否应予以犯罪化阶段，法益概念并不具有影响力。正如有学者评价的："因此，在限制刑法的边界方面，规范主义下的法益的意义远远大于实证主义下的法益。”[②] 除上述法益概念外，还有学者认为法益是“社会有价值的生命利益”“法律价值”“法律利益”等。[③] 因此，“只要对根据有价值的事实提出的尊重要求做出了不能允许的违反，国家机关就要适用法律后果对之做出反应。”[④] 但是，由于经常很难确定不同法益的范畴，因此，学界对法益概念比较一致的观点是法益的刑法保护任务是“建立在很不可靠的基础上”，且法益概念属于“刑法中最不精确地得到说明的基础问题”。[⑤] 因此，从立法犯罪化角度看，法益侵害说的固有缺陷，导致其并不具有批判功能，无法对立法者构成有效的限制。法益

---

① ［德］克劳斯·罗克辛：《德国刑法学总论——犯罪原理的基础构造（第1卷）》，王世洲译，法律出版社2005年版，第17页。

② 徐德臣：《论刑法与侵权法的分界标准》，载《河北法学》2013年第2期，第150页。

③ ［德］克劳斯·罗克辛：《德国刑法学总论——犯罪原理的基础构造（第1卷）》，王世洲译，法律出版社2005年版，第26页。

④ ［德］克劳斯·罗克辛：《德国刑法学总论——犯罪原理的基础构造（第1卷）》，王世洲译，法律出版社2005年版，第26页。

⑤ ［德］克劳斯·罗克辛：《德国刑法学总论——犯罪原理的基础构造（第1卷）》，王世洲译，法律出版社2005年版，第26页。

侵害对刑法禁止的证立是一种循环论证，其对刑罚权的限制也是没有意义的。

三、以危害原则作为刑法立法确定罪质的根据

无论是在法治国家，还是在正走向法治的国家，都始终存在社会秩序和个人自由之间的博弈。这场博弈指向的根本问题是：在社会秩序与个人自由很难两全的困境下，国家如何平衡与取舍才具有正当性？在现代自由社会，道德模糊不清，行为模式多元，因此，刑法必须确立一个选择原则或标准，决定哪些行为应被国家强制干预，并保证这种干预的合理性和正当性。而在犯罪化趋势凸显的背景下，刑法维护秩序与保护公民自由之间的博弈将更加激烈，这就更需要一个可以保障刑法能正当确定罪质的根据。前述已论及，社会危害性原则和法益侵害原则，在立法语境中均不适合作为确定罪质的根据。在当代文明、民主和法治语境下，应把危害原则的法治精神和价值取向作为指导刑法立法确定罪质的根据。

（一）法治国家语境下刑法立法确定罪质的应然价值诉求

当代刑法立法所处的时代背景是21世纪，而21世纪“是走向权利的世纪，是弘扬人格尊严和自由的世纪，所以21世纪的时代精神应该是对人的尊严和自由的保护”①。在21世纪进行的刑法立法中的犯罪化，其价值也应体现对个人尊严的尊重和对个

① 王利明：《21世纪法律遇到最严峻的挑战是如何强化对个人隐私的保护》，http：//www.cnfazhi.net/fznj/2016/0830/58097.html，最后访问时间：2016年9月2日。

人自由的保护。刑法是管理社会的工具之一，也应践行维护个人尊严、保护个人自主权、调动个人主观能动性等价值取向，从而为促进人的发展和解放创造条件。因此，刑法侧重于维护社会秩序和社会防卫的价值诉求，与当代的精神和价值追求并不相符。即使刑法表面上是在维护公共和社会秩序，但对秩序的维护并不是刑法唯一本质的价值取向。换言之，即使刑法是统治者对社会进行有序管理的手段或工具，也不能据此推定国家的价值诉求就是纯粹地追求秩序和进行管制。尤其是在现代文明法治国家，国家动用刑法的旨意显然不同于封建国家或专制型国家把刑法视为镇压或统治的工具，而应把刑法看作为公民和社会谋福利的手段。因此，在民主法治语境下，刑法立法应从 21 世纪的时代特征出发，贯彻保障自由、促进公民个人发展、维护公民的尊严等精神，并把这种精神和价值诉求作为刑法的内在价值诉求。

（二）危害原则的价值诉求：捍卫公民自由、不能危害他人利益

从危害原则的旨意看，危害原则是扩大公民自主权的政府管理模式，这种管理模式“追求一种刑法上的价值评价独立于国家与社会，从被侵害的对象本身去考察行为的特征”。[①] 这种设定刑法边界的思维模式所要考察的是，以国家强力作为后盾的刑法应受到何种限制，刑法作为独立部门法对公民个人权利干预的正当界限是什么。从实质上看，危害原则的追随者们在探讨维护社

① 姜敏：《英美刑法中的“危害原则研究”——兼与社会危害性比较》，载《比较法研究》2016 年第 4 期，第 73 页。

会秩序和保护公民自由如何平衡的时候，是从人类的实际情况与法律的可能情况出发，寻求某种合法而确切的规则。而这种规则努力把权力许可和利益要求结合在一起，以便使正义和功利能和谐相处。危害原则既为构建社会秩序找到了根据，亦为个人实现发展设定了行为模式。因此，危害原则不仅规制人类行为正当化，也能促进人的个体发展，从两个维度保证了刑法领域的权力和权利关系建立在理性化的制度基础之上。

危害原则的思想使其有减少个体正当行为被惩罚的风险，增加个人实现自我价值之机会的功能。从实质看，危害原则的本质就在于尊重个体的自主性。大卫·理查德评价了危害原则的这种道德性："以危害原则为基础的道德性戒律只有在必要保护牵涉他人的权益时，才能限制个体自主权，否则个体应拥有自主性的一般权利。"① 但同时，危害原则亦暗示公民在行使自己权利的时候，不能危害他人的利益。因此，危害原则既是对国家行为的限制，亦是对公民个人行为的限制，即危害原则在限制国家刑罚权的同时，也限制公民的不当行为。危害原则不仅在实质上体现了对自主权的尊重，同时还对自主权进行道德约束——自主权的行使不能危害他人，否则国家刑罚权的施加就是正当的。换句话说，国家对公民生活，包括行为选择的干预，被限制在防止危害他人的范围内。危害原则作为一种法律控制最低限度的道德的理论，在充分尊重个体选择和自由的基础上，明确国家强制干预的范畴，实现了法治国家刑法的中心任务：在国家秩序和个人自由

① David A. J. Richards, Human Rights and Moral Ideals: An Essay on the Moral Theory of Liberalism, 5 Social Theory and Practice Tallahassee, 1979, p. 461.

之间实现利益平衡。

在法治语境中，“应尽可能防止腐烂本身对自由的伤害，最大限度尊重个人的自由意志及在此支配下的行为”①。这首先就要求刑法应削弱其秩序维护的工具主义色彩，增加维护公民寻求幸福和自我发展的正当自主权。特别是对犯罪化还是非犯罪化进行回答时，应尊重社会中的独立个体，尊重个体追求幸福和实现自己价值的诉求。正如卢梭所认为的，“不危害他人地寻求快乐、避免痛苦是一种自然权利”，这是一条“不言而喻的绝对准则”，如果不遵守该准则，任何人“不能被认为是犯罪”。② 公民在实现自己的价值诉求时，其前提条件是享有决定自己命运的权利，即自我实现的自主权。如果没有这个基本前提，一切皆空。从国家存在的应然价值看，国家不能禁止公民实现自身的价值和追求自己向往的幸福。因此，刑法在决定是否把某种现象视为犯罪时，应借鉴危害原则的不干预公民正当自主权的精神，避免对个体自主性人格的腐蚀。另外，作为一种扩大公民自主权的政府管理模式，危害原则追求刑法上的价值评价独立于国家与社会，从被侵害的对象本身去考察行为的特征。其不需要以某种国家理论为基础，直接考察以国家强制为后盾的刑法应受到何种限制，以及刑法作为独立部门法对公民个人权利干预的正当性界限是什么的问题。所以危害原则也体现了平等对待每个人，尊重个体寻求实现他们目的的基本能力。

---

① 姜敏：《刑法修正案犯罪化及限制》，中国法制出版社 2015 年版，第 189 页。

② Jean-Jacques Rousseau, La Nouvelle Heloise Judith H. McDowell, trans., Pennsylvania State Univ. Press, 1968, p. 264.

（三）危害原则是刑法立法确定罪质的道德底线

某种行为具有危害，仅是施加刑事责任的必要条件而非充要条件。无论是密尔还是范伯格，均持这种观点。[①] 这意味着如果公民的行为具有危害性，会落入国家可通过强制力干预的范畴，但国家是否进行强制干预取决于多种因素。比如，刑法禁止是一种法律强制，但真正的实现需要实践可能性。并不是所有法律强制都具有可践行性，许多事物不适合作为法律强制的对象。所以落入危害原则的危害行为最终是否应被刑法规制，必须考虑其在实践中的可行性问题。从此意义看，危害原则是“解决国家刑罚管辖权问题，而非解决国家何时适用权力的问题”。[②] 换言之，危害原则是确定罪质的道德底线。因此，危害原则仅限制政府，而非赋予政府义务。范伯格在论述危害原则时，亦明确指出其目的“不是要确定具体应把何种行为纳入理想的智慧而有用的刑法典中，而是确定：假如刑法的立法决定要受道德约束，则刑法应包括哪些行为?”[③] 换言之，危害原则仅是思考是否对公民行为施加刑罚限制的始点，而不能提供刑罚强制的所有正当事由。因此，如果刑法坚守最低的道德限制，在公民自由和国家权力博弈

---

① Jorge Menezes Oliveira, Harm and Offence in Mill's Conception of Liberty, http://www.trinitinture.com/documents/oliveira.pdf, p. 3，最后访问时间：2016年4月13日。Joel Feinberg, Harm to Others: The Moral Limits of Criminal Law, Oxford University Press, 1984, p. 10.

② Gerald Dworkin, Devlin Was Right: Law and the Enforcement of Morality, 40 William and Mary Law Review, 1999, p. 934.

③ Joel Feinberg, Harm to Others: The Moral Limits of Criminal Law, Oxford University Press, 1984, p. 4.

之间合理取舍，维护刑法的正当性，则危害原则划定的刑法可干预的范畴，一定大于或等于刑法最终确定的犯罪圈的范畴。

危害原则要求刑法应禁止的行为是从危害原则划定的范畴中进行选择，这是刑法应坚持的最低道德限制。但危害原则的非充要性特征决定了危害原则和与其具有对等身份的德国的法益侵害原则一样，不是提供刑罚正当性的唯一原则：“正如赫尔希教授所指出，无论是德国刑法中的法益概念，还是英美刑法中的危害原则，都不能独自完成为刑事惩罚提供根据的任务，还需要有其他原则的辅助。”[①] 因此，在危害原则划定的边界内，刑法应选择哪种危害行为作为犯罪，是各种力量博弈的结果。在博弈的过程中，刑法到底选择哪种行为作为犯罪，很难用一种判断标准得出结论。罗尔斯曾提出“合理多元主义”——国家权力正当适用的问题，适用单一的学说永远不可能解决分歧的存在，因为公民永远不会通过一个全面的学说而形成共识。[②] 比如，中国刑法在把危害原则作为最低道德底线的前提下，对于某种新危害现象或新危害行为到底是否应予以犯罪化，则应综合参考各种学说，考量涉及的各种因素。即对于某种新危害现象或新危害行为，刑法修正案是否进行犯罪化，应考量外部限制和内部限制，在综合衡量下做出正当合理的决定。[③] 但无论如何，遵守危害原则划定的刑法外部边界，都是刑法及其修正案必须坚守的最低道德底线。

---

① 陈兴良：《风险刑法理论的法教义学批判》，载《中外法学》2014 年第 1 期，第 113 页。

② John Rawls, Political Liberalism, Columbia University Press, 1993, pp. 3-11. 转引自姜敏：《刑法修正案犯罪化及限制》，中国法制出版社 2015 年版，第 189 页。

③ 姜敏：《刑法修正案犯罪化及限制》，中国法制出版社 2015 年版，第 245-247 页。

第三章　间接危害行为：概念和犯罪化依据

危害原则是限制国家刑罚权的原则，也是刑法的道德边界。但随着社会构成因素和社会结构的变化和发展，特别是随着风险社会与犯罪高频发生的叠加，仅凭核心犯罪打击和预防犯罪，便只是黄粱美梦。基于对此现实的正视，立法者把没有实害结果且距离实害结果有距离的行为予以了犯罪化，以先发制人之术防患于未然。比如，危险驾驶罪和持有型犯罪便是这类犯罪的典型。危险驾驶行为和持有行为等是没有实害结果的行为，中国刑法学界笼统地将其称为风险行为，但英美法系一些学者把其称为间接危害（the remote harm）行为。① 间接危害行为概念的提出，使危害原则的内涵和外延都在一定程度上有所扩大，并导致惩罚范

① 间接危害对应的英语是 remote harm。关于其翻译参见姜敏：《英美刑法中的“危害原则”研究——兼与“社会危害性”比较》，载《比较法研究》2016 年第 4 期。同时，有英美学者在阐述该概念时，还适用了另外一个词“indirect（间接的）”，即在 remote harm 语境中，remote 和 indirect 含义相近。因此，remote harm 应翻译为间接危害。

围的扩大。对于此类没有实害结果行为的犯罪化及其导致的惩罚范畴的扩大，使间接危害行为的犯罪化受到了质疑。有英美法系刑法学者认为，间接危害行为的犯罪化是对危害原则的挑战。但是，也有学者认为其是对危害原则的发展。

从危害原则的发展史看，无论是密尔还是范伯格，在界定危害原则时，均包含了间接危害的内容。[①] 因此，可以说间接危害行为衍生于危害原则。而中国刑法学界通常以“风险行为”甚至“风险刑法”等术语，分析没有实害结果行为的犯罪化问题，但因风险行为术语出身的非刑法血统性和其具有的两面性，决定了反对论和支持论似乎均有理的局面。同时，又因风险刑法观仅为犯罪化提供了社会背景根据和原因，从宏观角度阐述了该类行为犯罪化的必要性，但其本身的不成熟和宏大叙说性，使其无法真正落到实处并指导犯罪化。从下文论及的风险行为和间接危害行为概念及对二者进行的比较看，间接危害行为不具有两面性及其与危害原则的血统关系，使其本身就是刑法术语且有危害原则为其背书。因此，引入间接危害行为分析对没有实害结果且距离实害结果有距离之行为的犯罪化，能消解风险行为/刑法理论的诸多分歧，且能让对没有实害结果行为的犯罪化的论证，进一步落到实处。

当然，这不是说适用间接危害行为指代和分析该类行为的犯罪化，就不会有理论分歧和博弈。同样，间接危害行为的犯罪化是对传统以标准危害原则为分析工具确定设罪与否理念的突破。

---

① 姜敏：《英美刑法中的“危害原则”研究——兼与“社会危害性”比较》，载《比较法研究》2016 年第 4 期。

其犯罪化之目的、犯罪化后设置之罪的构造与核心犯罪之构造的差异，以及立法者把刑法的触角过度伸及实害结果之前的空间等，导致间接危害行为的犯罪化也受到质疑和诟病。间接危害行为的犯罪化，可能产生的两个主要问题是：第一，因果联系不支持某些间接危害行为分担刑事责任。如果没有进一步的干预行为——行为人自己或第三者进一步的干预行为，某些间接危害行为，比如持有枪支行为，是不会产生严重危害的。从因果关系看，进一步的干预行为对实害结果才具有决定性意义，其才应被惩罚且承担刑事责任。因此，进一步地干预行为的参与，切断了其与实害结果的因果关系，也由此免除了间接危害行为者的刑事责任。第二，本身不具有危害性的行为不应承担刑事责任，除非行为人至少具有实施严重犯罪的故意，但目前某些间接危害行为的犯罪化，却使本身不具有危害性且行为人也没有进一步实施严重犯罪故意的行为，承担了刑事责任。此类刑事责任的分担是否公正？上述两个问题，实质上追问的是一个问题：对其归责是否公平和符合法治精神？因此，在承认间接危害行为犯罪化必要性的前提下，还必须对其犯罪化进行限制，从而达至公平归责。

第一节　间接危害行为的概念及与关联概念的区分

一、间接危害行为的概念

间接危害的概念衍生于危害原则，英美法系学者对间接危害行为进行了界定。

（一）安德鲁·阿什沃斯的“机会创设论”

安德鲁·阿什沃斯认为：“间接危害行为是指本身不具有过错和危害，但为最终导致严重危害结果创造了机会的行为。”①根据阿什沃斯的“机会创设论”，间接危害行为为最终实害结果的出现创造了机会。如某些持有枪支和毒品的行为，虽然持有行为本身没有危害，而且行为人也没有征表出将要实施犯罪的主观心态，但持有这些物品的行为却为实施严重犯罪提供了机会或平台。同样，某些中立的帮助行为等，也为犯罪提供了机会。虽然中立的帮助行为人本身没有实施严重犯罪的动机或主观心态，但其帮助行为均属于间接危害行为。从阿什沃斯的界定看，没有明确阐述间接危害行为就是风险行为。

① Andrew Ashworth, Principles of Criminal Law 49 (5th ed), Oxford University Press, 2006.

（二）安德鲁·冯·赫希的"风险行为"论

安德鲁·冯·赫希在《危害原则扩张研究：间接危害和公平归责》一文中的定义则明确认为间接危害行为就是风险行为："间接危害行为是涉及多种偶然性因素的风险行为。"① 间接危害（remote harm）中的"remote"本意是指距离实害结果有一定时空距离，但赫希认为当把"remote"和"harm"联系起来时，"remote"不是指时空距离。之所以认为其是"remote"，是从其可能导致实害结果发生的角度分析的。② 很显然，赫希认为间接危害行为就是风险行为，持"风险行为"论。

（三）丹尼斯·贝克的"犯罪诱因论"

丹尼斯·贝克对间接危害行为的界定是："如果行为人的行为不具有危害，但事实上诱使其他独立主体实施具有危害性的犯罪行为，则该行为是间接危害行为。"③ 从该定义分析看，贝克虽然认为间接危害行为不具有实害，但却把间接危害行为视为实害结果的诱因行为。贝克对间接危害行为的定义进行界定后，还举例进行了阐述：当 X 这一无害行为导致 Y 决定实施犯罪行为时，X 便是间接危害行为；X 与直接的（主要的）危害之间只是存在间接的联系，因为其对引起的由 Y 独立选择实施犯罪的决定

---

① Andrew Von Hirsch, Extending the Harm Principle: "Remote" Harms and Fair Imputation, in A. P. Simester & A. T. H. Smith (ed) Harm and Culpability, 1996, p. 263.

② Andrew Von Hirsch, Extending the Harm Principle: "Remote" Harms and Fair Imputation, in A. P. Simester & A. T. H. Smith (ed) Harm and Culpability, 1996, p. 263.

③ Dennis J. Baker. The moral limits of criminalizing remote harms, 3 New Criminal Law Review (Summer), 2007, p. 370.

而言，只是偶然因素。再如，当 X 给 Y 一张传单，Y 基于自己独立的选择将该传单扔到大街上而污染了环境，X 的行为所产生的危害就是间接危害。因为环境污染这种直接危害的产生，是取决于 Y 随意丢弃垃圾的自由选择，但 X 派发传单本身是无害的。[①]

从上述界定看，学者对间接危害行为的界定是有区别的。但是，无论学者的界定有何区别，有个共识却不容置疑：间接危害行为是没有实害结果的行为。根据间接危害行为的概念、共识性特征以及实践中的犯罪化情况，间接危害行为确实有不同样态。正因为其样态不同，距离实害结果远近不同等，导致间接危害行为犯罪化后生成的罪不同，其诱发的法治危机也不同。

二、间接危害行为与风险行为及危险行为的区别

间接危害行为被一些学者界定为没有造成实害结果的风险行为，但并不意味着间接危害行为和风险行为可以等同。[②] 间接危害（remote harm）中的“harm”的英文含义是：“injury，loss，damage，material or tangible detriment（伤害、损失、毁坏，物质的或具体的毁坏）”。[③] 从解释看，其都带有恶害性。权威的汉

---

① Dennis J. Baker. The moral limits of criminalizing remote harms，3 New Criminal Law Review（Summer），2007，p. 372.

② 姜敏：《危险驾驶行为犯罪化研究——从间接危害行为的视角》，载《现代法学》2016 年第 6 期，第 137 页。

③ Bryan A. Garner（ed），Black's Law Dictionary（9th edition），Thomason Business，1999，p. 784.

语词典对“危害”的解释是“损害，使受破坏”。[①] 所以从翻译的汉语意思看，其也带有恶害性。因此，无论是“harm principle”（危害原则）和“remote harm”（间接危害）中的“harm”（危害），还是翻译的“危害”，其基本含义都是“使受破坏，损害”。因此，间接危害行为不具有两面性，没有“利”的一面，其中的“危害”不具有可容忍性。风险行为中的“风险”，在英语中的表达是“risk”。而无论是中文“风险”还是英文“risk”，都仅仅意味着可能性。如权威汉语词典对风险的解释是：“有可能发生的危险。”[②] 权威的英语词典对 risk 的解释是：“the uncertainty of a result，happening，or loss；the chance of injury，damage，or loss（某种结果、发生或损失的不确定；伤害、损害或损失的机会）。”[③] 因此，风险意味着某种结果的可能性，当然也包括某种伤害、破坏或损失的可能性。这也就意味着风险行为有两面性——损害的一面和无损害的一面。而无损害的这一面还意味着其可能是有“利”的一面。既然风险行为具有两面性，那么有些风险行为就具有可容忍性。特别是作为概率或者可能性的风险与利益关联时，就不得不在一定程度上容许其存在。

二者的范畴大小亦有区别。间接危害行为是具有“害”这一面的风险行为，其“害”的内涵便是“危险性”。换言之，风

---

① 《新华汉语词典（第 1 版）》，湖北长江出版集团崇文书局 2006 年版，第 911 页。

② 《新华汉语词典（第 1 版）》，湖北长江出版集团崇文书局 2006 年版，第 246 页。

③ Bryan A. Garner（ed），Black's Law Dictionary（9th edition），Thomason Business，1999，p. 144.

险行为的范畴大于间接危害行为的范畴，其只是具有高度“危险性”的风险行为。“危险是一种根据科学视角和社会大众的一般生活经验认为刑法所保护的法益处于负面的、可能会遭到破坏的危急状态。”[①] 正因为这个缘故，刑法将其犯罪化从而打击和抑制其“危险性”。当某种行为被视为具有“危险性”时，则意味着该行为不具有“利”的价值而只有负价值。比如，站在陡壁悬崖上的行为，是非常“危险”的行为，这种行为只有“害”，并无“利”。因此，有学者在区分危险行为与风险行为时，把危险行为视为没有“社会利益盈余”的风险行为。[②] 而风险行为仅是具有“害”之可能性的行为，其本身并不一定就具有“危险性”。比如经济领域的投资行为，可被视为风险行为，但其本身并不必然具有“危险性”，因其还具有“利”的性质或说是有“社会利益盈余”的行为。因此，正当的投资行为显然不应考虑是否应被纳入刑法范畴的问题，把其称为危险行为也难以接受。换言之，某行为是风险行为，不意味着该行为就应入罪。甚至从某种意义上看，风险行为具有高价值，如前述提及的商业投资行为，所以有学者认为风险行为并非人们谈之色变的恶魔，恰恰相反，风险是获取更高安全标准的钥匙。[③] 简言之，间接危害行为是风险行为中的仅剩下“危险性”且没有“社会利益盈余”那部分行为，范畴小于风险行为。

---

① 胡彦涛：《风险刑法的理论错位》，载《环球法律评论》2016 年第 5 期，第 69 页。

② 梁宾：《危险驾驶罪研究》，中国人民公安大学出版社 2016 年版，第 18 页。

③ 胡彦涛：《风险刑法的理论错位》，载《环球法律评论》2016 年第 5 期，第 62 页。

风险行为与间接危害行为虽有联系，但不宜互相替用。在刑法学界，因“风险刑法”概念的出现，使风险行为几乎成了学者们的口头语，无处不在，随时可用，甚至到了滥用或混用的境地。但日本学者甲斐克在《论法律中的危险和风险之区别》一文中分析了“风险”的一般使用场合：“如果检索日语中的报刊用语，会发现‘风险’一词经常在经济与商务（金融、投资、保险等）中使用。并且在表示企业及个人的经济的危害可能性方面占据了绝大多数，但在环境问题上基本不采用该词。”① 从这个现象看，风险一词多用于经济方面。如前述提及的，投资可视为风险行为，但一般很难接受把站在险崖峭壁的行为称为风险行为。当然，不可否认的是间接危害行为和风险行为是有联系的。从时间上看，风险行为分为风险创设行为和风险现实化行为。如果某种风险行为不是“有利”可能性的风险行为，而是“有害”可能性的风险行为，则其“害”之实现并不总是一步到位，而是有个发展过程，即从风险到实害的发展过程。从这个过程看，间接危害行为是具有“害”之风险行为的“害”的进一步现实化的行为。据此，间接危害行为和风险行为的联系可更精确地表述为：间接危害行为是有害风险的现实化行为，即风险已转变为危险。所以可以说风险是概率性概念，而间接危害都是有害风险的现实化概念。只不过这种现实化与实质危害对行为之风险的现实化相比，具有程度上的区别。正因为如此，间接危害行为和风险行为虽然具有联系，但仍有巨大差别。

---

① 甲斐克：刑法におけるリスクと危険性の区別，法政理論，2013（第4号）：87-88.

前述提及，间接危害行为是具有危险性的那部分风险行为。因此，还需要追问一个问题：当把间接危害行为视为危险性行为时，是否可用危险性行为替代间接危害行为？毫无疑问，危险性是间接危害行为的特征，但要互相替代不是很妥当。首先，间接危害行为是英美学者冯·赫希等提出的一个学术概念，而危险行为仅是这类行为的特征，不能用概念的特征替代概念。其次，间接危害行为衍生于危害原则。因此，从渊源上看，用“危害”（harm）比用“危险”（danger）更能体现其与危害原则（harm principle）的渊源关系。最后，间接危害（remote/indirect harm）中的“remote/indirect”是与标准危害原则中的直接危害（direct harm）或最终危害（ultimate harm）相对应的，其直观且形象地描述了该类仅具有危险性的行为与最终实害结果的距离、与最终实害结果的关系以及对最终实害结果加功的大小。因此，不宜用危险性行为代替间接危害行为。

第二节　间接危害行为的类型及其犯罪化的根据

间接危害行为虽然均是没有实害结果的行为，但不同的间接危害行为有不同的特点，且有较大差异。比如，前述提及的危险驾驶行为和持有行为，就属于不同的类型。不同类型的间接危害行为，其犯罪化会直面不同的问题。

一、间接危害行为的类型

安德鲁·冯·赫希不仅对间接危害行为进行了界定，同时还进一步列举了间接危害行为的类型。[①] 具体而言，大致包括以下三类：

第一类，抽象危险行为。赫希认为这类情况包括血液中酒精含量高的驾驶行为。由于大多数街道是车辆频至的，而且大多数人在酒精浓度如此高的情况下是无法正常驾驶的，所以这种驾驶行为通常是危险行为。该类行为被视为间接危害行为被予以了犯罪化。

第二类，需要进一步介入性行为才会导致危险或严重后果的行为。基于对严重危害后果风险的担忧，立法者把某些本身不会产生危害后果，但可能通过行为人自身或第三者的进一步行为，诱发或导致严重危害或危害风险的行为予以犯罪化。持有枪支行为就属于这种情况：通常而言，只有当枪支持有人（或第三者）以某些方式操作或使用该枪支时，危险才会变为现实。因此，严重危害后果的出现还需要一个介入性因素：进一步操作或使用该枪支。但是，立法者还是把这种需要进一步介入性因素才会产生风险或严重后果的行为予以了犯罪化。

第三类，联结型/累积型危害行为。该类行为在英语中的表达有两种，即联结型危害（conjunctive harm）和累积型危害（accumulative harm），也均是赫希在不同的著述中使用的术语，

---

① Super note 4，pp. 263-265.

且指的是同一内容。[①] 但无论用语有何差异，均是指某些风险行为只有与其他人的类似行为相结合或累积时，才会造成令人担心的严重危害。比如，向河流中倾倒生活垃圾，被视为会对健康造成危害的风险行为，但只有当许多其他人也这样做的时候，该行为才会实际上危害健康。在这种情况下，被禁止的行为只是累积性危害行为的一个代表。

冯·赫希对间接危害行为的分类具有代表性。但对于第一种情况，赫希仅把其限于抽象危险行为。实际上，具体危险行为也是没有实际危害的高危险行为，也是间接危害行为。因此，本书认为，第一类行为应扩大至危险行为。从立法实践看，立法对没有造成实害结果的行为的犯罪化，大致可以归入上述三类。比如，我国刑法中的危险驾驶罪，就属于第一类。持有型犯罪、预备型犯罪、帮助型犯罪和成员身份型犯罪等，属于第二类。《德国刑法典》第 324 条第 1 款规定的"水污染犯罪"，我国《刑法》第 338 条规定的污染环境罪，属于第三类。虽然累积犯一般是在生态环境犯罪中存在，但学者对累积犯的适用范围作出了实质性拓展。特别是德国学者黑芬戴尔，主张把累积犯适用于对制度信赖法益的保护。某些保护制度信赖法益的犯罪，比如，保障货币的流通功能与公共信用的伪造货币罪，保护资本市场正常运行的内幕交易罪，就是累积犯，[②] 也属于第三类。无论三类间接

---

① accumulative harm（累积型危害）出现在 Super note 4，p. 265；conjunctive harm（联结型危害）出现在 A. P. Simester & Andrew Von Hirsch，crimes，harms，and wrongs—on the principles of criminalization，Hart Publishing，2011，p. 59.

② 张志钢：《论累积犯的法理——以污染环境罪为中心》，载《环球法律评论》2017 年第 2 期。

危害行为有何区别，其犯罪化对于控制风险和维护安全，均具有积极意义。

二、三类间接危害行为犯罪化必须直面的归责问题

从立法实践看，间接危害行为犯罪化的典型情况包括的事实有：（1）被犯罪化的当前行为是A行为——间接危害行为；（2）立法机关推断或以经验判断，A行为能创设或者帮助创设某种可能导致最终严重危害后果的不可接受风险；（3）刑法规定的主观罪过仅是行为人针对当前实施的A行为的故意，行为人对A行为是否可能会引起最终实害结果，可能不明知；（4）行为A与最终实害结果犯罪有一段“距离”；（5）行为A与实害结果并不必然具有因果关系，或因果关系会被切断。间接危害行为犯罪化的上述情形，就会引发质疑：上述第一种情形引发的问题是：没有实害结果的A行为，为什么被犯罪化？其被犯罪化的正当根据是什么？第二种情形引起的质疑是：立法机关的推断和检验判断是否可靠？并且，多大危险才可入刑？第三种情形被质疑的是：行为人为什么应对其无意识的实害结果分担责任？第四种情形中的“距离”到底应是多远？立法可以无限延展吗？第五种情形导致的问题是：因果关系如果切断，则行为人不应对后续结果承担责任。但立法依然把行为人的行为予以犯罪化，意味着必然被分担责任。因果关系切断还被分配责任，是否违背罪责自负原则？在立法实践中，虽然有必要且应把某些间接危害行为予以犯罪化，但因上述情况引发的问题和质疑，没有得到很好的解决，从而诱发了下文论及的法治危机。

当然，尽管前述三类间接危害行为都是没有实害结果的行为，但除此共性外，还是有极大差别。因此，各自直面的问题也不同。但无论是哪种类型，其犯罪化均是为了避免严重危害后果，如果其他问题的解决能使其避免法治危机，则犯罪化间接危害行为具有正当性。但除此之外，对于第一类行为，危险行为的犯罪化还包括了上述第二种情形。因此，该类行为的犯罪化，必须回答多大危险的行为才应入罪，以及立法机关的推定或经验判断是否可靠的问题对于该类情况所涉及的问题，如下文论及的，通过危害原则标准分析，就可以限缩其犯罪化，保证其正当性。第二类情况和第三类情况，则几乎包括典型情况中的所有事实要素。因此，如果不受到限制，会引起更多理论讨伐，比如刑法谦抑原则和罪责自负原则等的讨伐。该两类行为的犯罪化，除了直面第一类行为犯罪化必须面对的问题外，还应直面因果关系问题、规范卷入问题和罪责自负问题等的考量。因此，对于该两类情况，单凭危害原则标准分析方式，难以解困，还必须寻找其他路径，保证其分配责任的公正性。从实然看，正因当前很多间接危害行为的犯罪化，没有通过原则对其进行限制，也就没有解决上述论及的这些问题，导致其犯罪化不符合法治精神。

第三节　间接危害行为犯罪化的必要性和依据

传统刑法基于报应正义，一般是在实害结果出现后或者行为具有侵害性时才施加惩罚，即犯罪化具有实质“危害后果”的行为。基于此，传统刑法秉承的理念被视为消极刑法观。消极刑法观诉求的主要价值是自由，侧重于事后打击犯罪。而间接危害行为犯罪化则体现的是积极刑法观，其不同于消极刑法观，是以“安全”或“秩序”为主要价值诉求。简言之，消极刑法观是把刑罚惩罚点定于实害结果所在的时空点，而积极刑法观则把惩罚点移动至实害结果之前。基于“社会转型”和“风险社会”的社会背景及风险的严重隐患，有必要对间接危害行为予以犯罪化。

一、间接危害行为犯罪化是回应型刑法立法

“随着现代社会发展所导致法益侵害风险的增加，刑法不再耐心等待损害结果的出现，越来越多刑法规范着重于行为的非价值判断，以制裁手段恫吓、震慑带有社会风险的行为。”① 不仅如此，刑法对行为不法的评价从以“侵害性”为标准到以“风险”或“损害可能性”为标准。此种立法突破了传统刑法惩罚实害结果行为的窠臼，是和“当代”相吻合的回应性立法，具有现实依据。

（一）社会根基：治理风险社会和回应社会变化的需要

法律命题只是现实社会的规范写照，“人们之所以要创造一定的法律命题，是因为现实的社会生活提出了这种要求。如果现实中并不存在这种要求，就不可能为保障其实现而提出法律”。② 间接危害行为犯罪化，也是这种唯物法治观的体现。首先，我们

① 何荣功：《社会治理过度刑法化法哲学批判》，载《中外法学》2015年第2期。
② 何荣功：《预防刑法的扩张及其限度》，载《法学研究》2017年第4期。

所处的当代社会的突出形貌——无论是国外社会还是中国社会，都可以用风险社会予以描述。尤其是中国当代的风险形势更为严峻，贝克就曾对中国的情况进行了深刻的剖析："中国由于正在全面迈向现代化，用30年的时间走完西方两三百年现代化的里程，其间社会转型的痛苦、震荡是不可避免的，宛如一个饥肠辘辘的人快吃一盒压缩饼干，短时间可能还尚无饱意，但不久肠胃胀痛与不适就会接踵而来。因此，中国也即将进入'高风险社会'。"① 在风险社会语境下，人类在享受精神文明和物质文明的同时，也有更多的焦虑、忧思和恐惧。科技的发展、社会问题的凸显、犯罪样态的翻新等，带来了更多的未知性和不确定性。人们被事故、技术错误、生态灾难等扰得心虚不安，如传染病问题、计算机网络问题、生物安全问题、环境污染问题、产品质量问题和通信电信诱发的问题等，使人们不断深思如何规避风险，如何更好地解决这些问题。其次，当代社会的结构出现了整体性和根本性变化，包括社会政治、经济结构、文化形态、价值观念等各方面都在经历深刻的革命性变革。这意味着社会各个构成要素的转型，各个要素的博弈和重组等。而这会导致很多问题，如社会结构的失衡、资源分散化、失衡结构的分层化、利益格局的多元化、思想观念的差异化、经济差距的两极化和价值的多元化等。这些变化会诱发新的犯罪原因和犯罪现象。

面对复杂且变化的社会，如果法律不能随之应变，就会出现

① ［德］乌尔里希·贝克：《什么是全球化？全球主义的曲解——应对全球化》，常和芳译，华东师范大学出版社2008年版，代序第5页。

矛盾：既有的法律难以和变化的社会对接，出现法律与社会的隔阂。[①] 因此，社会变化和风险社会必然使各种法律发生重大变化。风险社会理论和社会变化理论既是当代社会本身的宏观理论，也是关涉法律运作逻辑的理论。风险社会理论中的风险、社会变化中的矛盾和冲突作为一种现实存在，改变了人类对当代社会的态度和认识。从这个层面看，风险社会理论和社会变化理论具有启示作用，尤其是风险社会带来的不安、恐惧和担忧，转型社会出现的新问题，宣告了传统社会思想体系视为圭臬的普遍性、必然性、客观性与确定性的破灭。刑法作为法律的一种，其必然不会是例外。特别是风险社会导致的新犯罪问题，也需要刑法作出回应。由此，更深层次的意义在于，风险社会理论改变了人类的知识论和价值论的路向。一个时代的刑法应具有这个时代的特色，应回应这个时代的要求，且应是该时代的经验和实践的积累和反应。因注重安定性与确定性的传统刑法无法解决出现的不确定性问题以及由其引出的犯罪新问题，使得刑法开始由注重事后惩罚转为注重事前预防，所以前移设罪位置的积极刑法观，也是风险社会和转型社会作用力的结果。

（二）民众倾向：安全逐渐成为公众的重要价值诉求

从公众的感知看，间接危害行为犯罪化所显示的积极刑法观也是对公众安全诉求的回应。风险引发的重大事故，如恐怖事件、重大公共卫生事件和核泄漏事件等，使当代公民对安全感到

---

① 陈金钊：《法律如何调整变化的社会——对“持法达变”思维模式的诠释》，载《清华法学》2018 年第 6 期。

格外忧虑和恐惧。而各种社会矛盾最终也会演化为重大事件或是重大事故的风险源，加剧这种忧虑和恐惧。公众忧虑和恐惧的这种主观心态会影响对风险的判断，甚至还具有建构性。比如有学者在分析技术风险时就认为："公众对技术风险的感知虽基于客观事实，但在很大程度上存在一定的'主观构建性'。"① 甚至有观点认为"风险实际上并没有增多，也没有加剧，只是被察觉、被意识到的风险增多和加剧了。"② 此观点虽然有些偏颇，但有一点是正确的，即风险本身就是以公众的感知为基础，甚至人们对风险的主观感知和想象在很大程度上形塑着现代风险。

基于客观存在和主观形塑，风险使公众重视安全的维护。风险已是"恐惧"和"不安全"的代名词，且使公众陷入一种"时刻处于非常可怕事件之中"的感知。这导致公众开始对追求自由和放任风险不管的法律制度的正当性进行质疑，并衍生对政府的信任危机。③ 公众对风险感知的此种建构性，使公众重视安全并呼吁立法保护安全。这导致刑法作为一种法律，呈现出这样一种规律：在社会心理越是焦虑的社会，国家就越是强势地透过刑法限制个人自由，因社会大众相信，国家越限制个人自由，社会就越安全。最终，公众对风险的忧虑和恐惧之感也要求"刑法应提前介入以防范社会风险，应主动扩张以强化公众安全感。"④

---

① 孙仕珍：《风险治理与和谐社会构建——风险感知视角下科技决策面临的挑战与优化研究》，中国社会科学出版社 2016 年版，第 1 页。

② ［英］斯科特·拉什：《风险社会与风险文化》，王武龙编译，载《马克思主义与现实》2002 年第 4 期。

③ 孙仕珍：《风险治理与和谐社会构建——风险感知视角下科技决策面临的挑战与优化研究》，中国社会科学出版社 2016 年版，第 7 页。

④ 魏汉涛：《风险社会的刑法风险及其防范》，载《北方法学》2012 年第 6 期。

同时，由于“民众也极易从新罪名中实现对安全的价值诉求，获得情绪安抚”，所以积极刑法观很有群众基础。[①] 而间接危害行为的犯罪化，恰好就满足了公众对安全的需要。因此，其不仅得到立法者的青睐，也得到了公众的认同。

二、内卷化及刑法内卷化的负面效果

“社会不是以法律为基础的，那是法学家的幻想，相反，法律应该以社会为基础。”[②] 既定时空下的法律制度反映当下社会的样貌，解决当下社会的问题，其理论和规范也反映当下的物质世界。如前论所述，已然变化的社会会衍生许多新要素，产生很多新问题。因此，随着时间推移和社会的巨大变化，新要素和新问题会逐渐增多；与之对应，旧的法律制度和理论就会变得滞后。但既有的法律制度和理论一旦形成，其就具有标准的作用。在实践中，其不仅会发挥作用，而且会形成一定的惯势。当面对新要求和新问题时，具有滞后性的法律及其理论就会与当下社会产生巨大的鸿沟。甚至在某些情况下，旧的法律制度和理论面对新问题，会表现得格外保守，不愿意突破旧的理念和功能的窠臼，而是维护既有的范式和模型。

学界常用“内卷化”描述前述事物在发展过程中呈现的迹象。“内卷化”已是一个学术概念，且已是一个较“热”的术

① 刘艳红：《象征性立法对刑法功能的损害》，载《政治与法律》2017 年第 3 期。

② ［德］卡尔·马克思：《对民主主义者莱茵区域委员会的审判》，中央编辑局译，载《马克思恩格斯全集（第 6 卷）》，人民出版社 1961 年版，第 291-292 页。

语，并有特定的含义："'内卷化'（involution），又译为'过密化'，它源于拉丁语 involutum，原意是'转或卷起来'。"[①] 最早使用这一术语的是康德，是指"复归""衰退"或"退行"之意。[②]后来，美国人类学家亚历山大·戈登威泽（Alexander Goldenweiser）对"内卷化"这个术语进行了诠释，并用这个概念描述一种文化："当达到了某种最终的形态以后，既没有办法稳定下来，也没有办法使自己转变到新的形态，取而代之的是不断地在内部变得更加复杂"的情况。[③] 但是，让"内卷化"这个学术概念系统化的是格尔茨（Clifford Geertz）。无论如何界定内卷化，从词源学上看，其主要强调变迁过程中所存在的过去和现在的密切关系。

一般而言，"内卷化"具有三个表现：一是事物发展过程中的功能锁定；二是事物发展过程中的路径依赖；三是事物发展过程中的目标替代。[④] 其中，"功能锁定"是指事物在发展到一定程度后，出现的偏离上升轨道的无休止的复制或自我繁殖，从而导致自身的体系仅有外延扩展而无内涵发展的状态。"内卷化"导致事物进入功能锁定状态后，该事物的内部结构更迭很难实现，新因素难以进入系统，制度创新也就难以发生。"路径依

---

① 计亚萍：《"内卷化"理论研究综述》，载《长春工业大学学报（社会科学版）》2010 年第 3 期。

② 王晓华：《"内卷化"及其反面》，载《社会科学报》2021 年 1 月 7 日，第 8 版。

③ 转引自刘世定、邱泽奇：《"内卷化"概念辨析》，载《社会学研究》2004 年第 5 期。

④ 朱文辉：《学术治理的内卷化：内涵表征、生成机理与破解之道》，载《高等教育研究》2020 年第 6 期。

赖”是指事物因内部结构的固化和约束，使事物习惯于因袭旧的路径，缺乏手段创新；同时，基于体系各个因素而致的惯性力量极强，导致事物难以走出固定的路径。“目标替代”是在事物发展过程中，起始的目标被其他目标所替代，甚至某些手段凌驾于目标之上成为新的目标。内卷化之所以有这些特征，是因事物发展到一定阶段之后，内部各个要素不断往返重复，从而使内部构造越来越精细、越来越复杂。这种没有创新和适应社会的重复，使事物成为一个封闭的系统。简言之，内卷化使事物功能固化、路径固化和目标固化，并使事物维持旧框架和旧格局。

事物的内卷化会产生极大的负价值，即事物在内卷化的时候，通过功能锁定、路径依赖和目标替代使事物形成一个封闭系统，致使其无法吐故纳新，并最终使事物本身的发展陷入僵局或死局。事物的功能、运作路径和目标的实现，都是通过事物的组成要素、结构，以及要素与要素、要素与结构之间的互动完成的。但当事物发展到一定阶段，不能吐故纳新而陷入内卷化后，其更侧重于内部的细致与修饰，侧重于琐碎的技术与重复运作。由此，事物的内部不断复杂化但却没有创新，致使其停滞不前或无法适应新现象。最终，内卷化使事物——比如社会、知识体系或文化模式等，无法扩展或改变，只能朝着内在复杂性的方向发展，但事物本身的发展已无法实现飞跃和质变。所以，有学者认为“内卷化”是没有发展的增长。[①] 不仅如此，还有学者如格尔茨、克利福德在《农业革命：印度尼西亚的生态变革之旅》一

① 罗成：《从“内卷”走向“轴心”》，载《社会科学报》2021年1月7日，第8版。

书中对“内卷化”进行了这样的评价：“对我们而言，我们只要一个分析性的概念，即一个既有的形态，由于内部细节过分的精细而使得形态本身获得了刚性。”[①] 换言之，内卷化过度关注固化的“形态”，比如旧的功能、旧的目标、旧的路径，以及实现这些功能、目标和维护这些路径的要素的“形态”，且使这些“形态”成了刚性的要求。但外在的环境已然改天换日，内卷化使事物无法从变化的外界获得充足的能量并吸收新元素，最终使事物故步自封、运行效率降低，目标偏移当代社会所需且逐渐远离当下时代。

在新社会环境下，忽略社会现实而留恋传统刑法知识体系的桃花源，只会阻止刑法知识体系本身的发展。相反，刑法知识体系应回应社会需求，外拓道路而避免不断地重复的简单再生产。就中国当前的社会现实和犯罪现实看，还有必要进一步严密刑事法网。因此，已有学者主张“鉴于中国当下整体法网和个罪法网都不够严密的现实，刑法需要相对积极主动地介入社会生活”。[②] 当旧的刑法策略已经不能解决当前的社会课题，就应该摸索新的方法。这就需要针对传统刑法知识的内卷化，给出清晰的应对方案。间接危害行为立法所凸显的积极刑法观，就以“去内卷化”的方法突破了传统刑法观的窠臼，回应了社会需求。

---

① Geertz, Clifford, Agricultural Involution . The Process of Ecological Change in Indonesia, University of California Press, 1963, p. 77.

② 付立庆：《论积极主义刑法观》，载《政法论坛》2019 年第 1 期。

三、间接危害行为犯罪化的必要性：克服传统刑法的“内卷化”

间接危害行为犯罪化突破了传统刑法立法的窠臼，从而也克服了传统刑法的内卷化。从宏观上看，间接危害行为犯罪化对传统刑法内卷化的克服，主要表现在保护对象的扩张和刑罚功能的变化。

（一）与传统刑法侧重保护个人权益相比，间接危害行为主要侧重保护集体权益

传统刑法侧重保护个人权益且有社会根基。在传统刑法中，核心犯罪是主轴，且其主要是保护个人法益。这有当时的时代背景为其作注，也有封建刑法的反动性映衬。因此，其有坚实的社会基础和民意支持。尤其是传统刑法是在反封建刑法的压迫性、专断性、剥夺性、不平等性等的基础上建立起来的，其反对封建统治者的刑罚特权，并基于担心封建刑法侵害“犯罪人”或“犯罪嫌疑人”的权利，提倡刑法保障自由和人权。因此，“犯罪人”“犯罪嫌疑人”等处于权利保障的核心位置。在当时，封建刑罚权的恣意和专断给公民造成了严重侵害，甚至所谓的“犯罪人”或“犯罪嫌疑人”并不是真正的犯罪人，而仅是对封建统治有威胁的公民。在这种社会背景下，侧重保护个人权益是有其必要性的，且有合理根据。由此，刑法提倡和侧重保护个体权益，且形成了这样的惯势思维。

间接危害行为犯罪化立法几乎全是保护集体权益。从各国刑

法看，间接危害行为犯罪化立法主要集中在安全生产、食品药品管理、金融秩序、市场秩序和公共卫生等集体权益领域。当然，也包括下文详细分析的交通犯罪领域。保护集体权益具有积极意义，因为“传统上以个人权益保护为中心的刑法，无法有效回应现代社会的各种风险和挑战”。[①] 从这个层面看，间接危害行为扩张对集体权益的保护，突破本源性的对个人权益的保护，也是克服刑法知识内卷化的重要表现。因此，保护权益从个人权益扩张到集体权益，并不必然具有非正义性。相反，内卷化以及当代社会变迁引起的新因素，本身就需要刑法适当调整并进行知识更新。

（二）从功能上突破，针对重要领域的重大权益进行积极预防

从功能上看，在传统刑法中，无论是一般预防还是特殊预防，均是消极预防。传统刑法基于报应正义，把实害结果犯作为打击目标。具体而言，传统刑罚惩罚的焦点是结果无价值，其预防也是等到实害结果出现才施加刑罚，并通过心理强制实现，即以刑罚威慑行为人不再犯罪或不犯罪。在消极预防中，强调刑罚的教育作用，且主张刑罚不能与目的挂钩，因把犯罪人视为预防犯罪的手段，与保护人的尊严的要求不相符合。同时，基于刑法是反对封建特权的一种手段，所以刑罚一般不回应社会现实的需要。[②]

---

① 孙国祥：《集体法益的刑法保护及其边界》，载《法学研究》2018 年第 6 期。
② 陈金林：《积极一般预防理论研究》，武汉大学出版社 2013 年版，第 49 页。

间接危害行为犯罪化体现的是积极预防功能。积极刑法观的核心要义是积极预防，即没有等到实害结果出现就予以刑罚治理，从而预防严重后果。与消极预防不同，积极预防是通过一种规范意识来预防犯罪，而不是依靠刑罚的威慑和心理强制。因此，从策略上看，积极预防依靠的是规范训练法的忠诚，对法秩序、法效力及法贯彻力的信赖，并强调刑法的安抚效果，从而最终达到对犯罪的预防。积极预防强调刑罚之目的在于积极回应社会需求，把公众价值作为影响犯罪预防的重要因素。① 施加刑罚也不是为了报应，而是为了回应公众对规范的期待。基于此，间接危害行为犯罪化在惩罚基点的选择上，行为无价值是具有优势的判断标准。换言之，间接危害行为犯罪化体现的是不法的基准逐渐从结果无价值前移到行为无价值，体现的是不以后果而是以行为为导向作为入罪的根据。

四、间接危害行为犯罪化体现的预防正义应得到认可

间接危害行为犯罪化体现的是积极刑法观。基于当代社会特征，有学者认为："积极刑法观开发了描述具有时代特征的风险刑法、安全刑法、功能刑法以及预防刑法等理论概念，将其作为分析和评判立法的工具，进而作为未来刑法发展的基本立场。"② 还有学者认为："每个场域都规定了各自特定的价值观，拥有各自特有的调控原则，而且各自特有的逻辑和必然性也不可化约成

① 陈金林：《积极一般预防理论研究》，武汉大学出版社2013年版，第123页。

② 孙国祥：《新时代刑法发展的基本立场》，载《法学家》2019年第6期。

支配其他场域运作的那些逻辑和必然性。”① 与传统社会相比，风险社会和转型社会不仅有不同的内容，而且也应有不同的价值诉求。此场域及其价值诉求作为一种客观的物质存在，必然会影响当代人的行为模式和价值观念。刑法作为人类思想的产物，也必然会对此进行反应，在价值诉求上也会有调整。

间接危害行为追求预防正义。“预防”犯罪并不是新理念，在传统刑法中就有。如贝卡里亚提出：“刑罚的目的仅仅在于：阻止罪犯再重新侵害公民，并规诫其他人不要重蹈覆辙。”② 边沁也认为：“惩罚的首要目的是防止发生类似的犯罪。过去发生的毕竟只有一个行为，而未来则未可限量。”③ 这便是刑罚目的论中的“预防”理念，即对犯罪施加刑罚之目的在于预防犯罪。传统刑罚目的论还把预防分为一般预防和特殊预防，前者是针对潜在的犯罪人，后者是针对已经犯罪的人。但无论是一般预防还是特殊预防，刑罚的施加多是针对犯罪人已造成严重后果的犯罪，即预防犯罪是通过“事后”后顾性的惩罚措施，威慑犯罪人或潜在的犯罪人不再犯罪。因此，传统刑法立法是以报应理念为指引，把实害行为作为设罪的位置和分配刑事责任的界点。

间接危害行为犯罪化是典型的预防性立法，且前置刑法打击目标以预防犯罪。但间接危害行为犯罪化的立法之“预防”与

---

① ［法］布迪厄、［美］华康德：《实践与反思：反思社会学导引》，李猛译，中央编译出版社 1998 年版，第 142 页。

② ［意］切萨雷·贝卡里亚：《论犯罪与刑罚》，黄风译，北京大学出版社 2014 年版，第 36 页。

③ ［英］吉米·边沁：《立法理论——刑法典原理》，孙力等译，中国人民公安大学出版社 1993 年版，第 26 页。

刑罚目的论中的“预防”，既有相同点也有差异。二者最大的相同点是“预防犯罪”，但如果以此来理解间接危害行为的犯罪化，则会把整部刑法均视为预防性立法的产物。从前述的间接危害行为的概念以及其犯罪化的实质看，二者的差异也很明显。间接危害行为犯罪化之“预防”是通过管控重大风险而预防犯罪，其策略是在立法技术上前移设罪位置，通过对没有实害的行为进行犯罪化，从而切断无实害行为演化为实害犯的路线。因此，间接危害行为犯罪化是以预防理念为指引，“事前”施加前瞻性的预防责任以预防犯罪。二者的理念和立法技术不同，最终使传统责任遭遇挑战。

间接危害行为犯罪化属于积极性立法，从价值层面看，其诉求是实现预防正义。前述论及，积极刑法与消极刑法的实质差别在于前者在实害结果之前采取策略预防，即积极主动防御犯罪，所以其诉求应是预防正义。以实害结果作为立法基点的刑法立法，不防范和化解风险，也不把预防作为基本的功能。因此，这类传统刑法的构成要素、理念、原则等是围绕实害犯展开，其重要的价值诉求是实现报应主义。古典传统刑法中甚至反对预防正义，因其把行为人作为预防犯罪的手段而不是目的。即使强调刑罚有预防的功能，也是以报应正义为前提。但对间接危害行为犯罪化是积极预防，其与传统的报应正义不同，其实质是预防性的，被犯罪化的行为无实害结果，且是否有引起恶果的可能性也不确定。换言之，其是以预防正义为根据。“突破现代性的视界，我们会发现，必须来一次道德革命，人类才能走出危机。”[①] 同样，在正义诉求维度，刑法也应进行一些革新，以丰富其诉求的正义内容。因此，当代刑法不能一味以报应正义指导立法，而应在保证正当性的前提下接受预防正义。

① 卢风：《应用伦理学——现代生活方式的哲学反思》，中央编译出版社 2004 年版，导言。

第四章　间接危害行为犯罪化的法治危机和公平归责路径

间接危害行为犯罪化立法，依然带有刑法双面刃的特征，即依然存在权力和权利的博弈。因此，间接危害行为犯罪化尽管具有必要性和依据，但同时，其具有的回应性特征使其易受到舆论等的影响，而公众舆情不可避免地带有强烈的主观情绪和单纯地进行情绪宣泄的成分,[①] 这也有诱发情绪性立法的可能。间接危害行为的积极预防，应以保护和促进个体和社会发展为内涵，且这才是其终极诉求。因此，尽管社会变迁引起了间接危害行为犯罪化的需求，但刑法应遵循道德底线的限制以维护其理性。从根本上看，就应通过承认间接危害行为犯罪化的积极价值和限制其构成要素，使其在扩权和限权之间找到平衡点以保证理性立法。

① 姜敏：《〈刑法修正案（十一）〉新增最低刑龄条款的正当根据与司法适用》，载《中国刑事法杂志》2021 年第 3 期。

第一节 间接危害行为犯罪化对罪的要素的简化

间接危害行为的犯罪化，导致“刑罚干预的危害结果包含了距离实害结果较为遥远的侵害，这就使得‘行为’与‘危害结果’间出现了分离”。[①] 不仅如此，这也导致危害原则中“危害”范畴的扩大，即危害不仅包括实害，还包括实害可能性（风险）。尽管间接危害行为诱发了法治危机，被学者质疑，但实践中依然把各类间接危害行为予以了犯罪化，而且学者也并不是绝对反对间接危害行为的犯罪化。因此，为了回应立法实践，并保证间接危害行为犯罪化的公正性，学者们对间接危害行为犯罪化的归责，提出了诸多学说。

一、聚焦于关联行为，剥离实害结果要素或行为的侵害性要素

间接危害行为犯罪化后的罪是没有结果要件的。在传统的核心犯罪中，除行为外还有结果要素。但在间接危害行为犯罪化立法中，立法者关注的是被禁止的行为与拟阻止的严重后果之间的引发可能性。由于前置了设罪位置，导致结果要件已被虚化，这使引发可能性的判断也是依据经验法则。在真实的案件中，间接

① Bernard E. Harcout, The Collapse of the Harm Principle, 90 J. Crim. L. & Criminology, 1999, p. 109.

危害行为是否真的能行至实行阶段而导致严重后果，是不确定的。但根据实践得到的经验法则，这些行为确实与严重后果具有关联性。因此，基于谨慎和保守，立法者把其予以犯罪化。

间接危害行为侧重行为的风险性，不重视行为的侵害性。从广义层面看，风险是指某种可能性。从这个角度看，间接危害行为是风险性行为，因从经验法则看，其均有引发严重后果的可能性。尽管有些传统犯罪在没有结果要件时也已入罪，比如行为犯中的绑架罪、颠覆国家政权罪等，但这些行为本身具有严重的侵害性。即立法者设置行为犯的标准与预防性立法选择行为的标准并不相同：预防性立法以有无诱发或引起严重后果的风险为标准，行为犯则是以行为本身所具有的侵害性标准。也就是说，预防性立法聚焦于行为的风险性，导致立法以风险性为惩罚根据。但风险的两面性和下文论及的风险大小和级别区分等，会导致预防性立法的边界不确定，这也是预防性立法实践的最大困境。

二、消解针对实害结果的主观罪过要素

在传统罪过理论中，罪过是指行为人针对危害结果的主观心态，且个体的罪过决定了其行为是否具有主观可责罚性。这种主观可责罚性具有强烈的道德性特征，且与事后消极防御有关："传统刑法秉承消极预防观，侧重事后预防，且一般是以刑罚的当罚、报应和道德罪责为基础的……关注行为人针对实害结果的主观罪过。"[①] 但在预防型犯罪中，较少或者不涉及行为人对可

---

① 姜敏：《间接危害行为犯罪化一般限制原则研究》，载《政治与法律》2019年第5期，第101页。

能导致的实害结果的主观心态。在预防型犯罪中，取而代之的是：只要行为人认识到是在实施这些预防型犯罪禁止的行为，就认为其有罪过。因此，尽管间接危害行为犯罪化后设置的罪依然有罪过要素，但其内涵已发生变化，即不是针对实害结果的罪过。

传统罪过要素的消解，使刑事责任理念发生了转变：从以传统罪过为核心的道德责任，转向对未来负责的前瞻性责任。责任一词有多种含义，比如角色责任、因果责任、应付责任和能力责任等。[①] 同时，责任也有多种类型，比如道义责任、社会责任和规范责任。[②] 传统刑事责任属于道义责任的范畴，也属于因果责任的范畴。预防性立法施加的责任不属于这两类责任的范畴，但传统罪过的消解，加之显性实害结果或侵害性的剥离，使预防性立法施加的责任间接化、分散化，特别是朝前的终点也缺乏一种物质性的标示，导致预防性立法的触角到底该延展至何处变得扑朔迷离。正因如此，预防性立法有过度扩张的可能，并可能陷入惩罚无辜的法治风险。

三、关联关系取代因果关系

在间接危害行为的犯罪化立法中，结果的消解和传统罪过的改变，最终也消解了行为与结果之间的因果关系。根据传统的罪责自负原则，只有行为人的行为与实害结果有刑法中的因果关系

① 张文显：《二十世纪西方法哲学思潮研究》，法律出版社 2006 年版，第 396-464 页。

② 张文显：《法哲学范畴研究》，中国政法大学出版社 2001 年版，第 124-127 页。

时，才会对结果承担刑事责任。在预防性立法中，尽管是出于预防实害而犯罪化关联行为，但关联行为到底是否能引起实害结果并不确定，仅仅是被立法者推定为有引起实害结果的可能。比如，被刑法禁止的危险行为是否必然引起严重后果？行为人实施了预备行为，但是否会坚持到最后的实行阶段？行为人实施了煽动行为，但被煽动者是否会去实施被煽动的罪？行为人持有某种武器，是否必然会用其实施犯罪？答案是不确定的。但从经验法则看，预防性立法禁止的这些行为与可能引起的实害结果之间是具有关联关系的。因此，针对实害结果而言，在预防性立法中，因果关系被关联关系取代。但因关联关系末端的结果是不确定的，所以在行为和拟预防的结果之间会介入何种因素，诸多关联行为中的“谁”才是真正决定性的因素，也是不确定的。如果这些不确定性不能消解，则会导致预防性立法的过度扩张而诱发法治危机。

第二节 间接危害行为犯罪化诱发的法治困境

任何一个国家、社会或个体，均希望预防犯罪，因此，从宏观角度看，间接危害行为犯罪化的初衷并不应被诟病。但是，从具体设罪的微观维度看，间接危害行为犯罪化把设罪规范位置移到最终实害结果之前，甚至更远的位置，可能导致刑事责任分配的不公或不当，使其被质疑和诟病。

一、轻微不法/不文明的行为或日常生活行为被惩罚

刑法是社会的最后一道防线，刑罚的施加也仅能针对具有严重不法或严重后果的情况。轻微不法行为或日常生活行为入刑法，违背了刑法的最后手段和谦抑原则。但如前论及，该行为是否具有风险，是由立法机关予以推定。基于防范风险，立法者格外保守，把诸多行为推定为风险行为，进而把其犯罪化。比如前述提及的被动乞讨行为，其仅是轻微不文明行为，甚至不具有不法性。在某些情况下，被动乞讨行为甚至是公民的谋生行为，因此不应被犯罪化。而对于贝克论及的被动乞讨行为而言，其仅是主流社会所谓的不文明行为，本身并不具有不法性，不应被刑法规制。因此，间接危害行为的犯罪化如果不受限制，就会导致其违背刑法最后手段性原则和谦抑原则。

二、设罪不当而致惩罚过度，殃及清白无辜行为

设置抽象危险犯把某种危险行为予以犯罪化，就会面临这种质疑。以危险驾驶行为入罪为例，一般而言，某些危险驾驶行为确实会导致严重危害后果，且其本身也具有高度危险性。因此，从宏观上看，把危险驾驶行为犯罪化，具有合理性和必要性。但是，具体到某个犯罪，则并不必然如此。比如，行为人十分清楚街道上空寂无人，喝酒之后在该空无一人的街道上驾车；或者行为人自己酒量特别好，喝酒之后仍然如同正常人一样开车。但是，根据法条规定，行为人的行为还是会受到惩罚。设置抽象危险犯的立法，担心的是风险，且这种风险通常并没有规定在法条

中。换言之，法律只规定禁止达到特定血液酒精浓度的驾驶员的驾车行为，并推定其具有应被禁止的风险，无须在法条中明文规定是否具有某种风险。也就是说，有些国家的立法者在设置抽象危险犯时，会把刑事责任施加于一些可能不具有危险的行为；但是，由于某些行为人实施该类行为可能危及他人，因此，立法者仍然对该类行为予以禁止。冯·赫希以瑞典为例，对此进行了阐述：瑞典对血液中的酒精浓度相当低的驾车行为予以禁止（即0.2 pro mil或以上）。大多数人在这种酒精浓度下仍然能够非常安全地驾驶，只有极少数酒量不好的人不能正常驾驶。但是，为了使少数人不至危及他人，立法者还是设置此罪，禁止公民从事这种危险程度相当低的行为。该类犯罪一旦设置，则适用于所有人，即使某些人实施这些行为根本不会产生任何危险，但也予以禁止。对于这些人，刑罚的施加就是殃及无辜。因此，对于这种行为的犯罪化，必须有足够的理由证成其正当性，否则也是对法治精神的侵害。

三、让初始行为者对自己或第三人将来之行为承担刑事责任

冯·赫希分类中的第二类，即“需要进一步介入性行为才会创设危险或严重后果的行为之犯罪化”就属于这种情况。持有型犯罪是其中的典型，比如，某人为了防身而持有枪支，自身并没有犯罪的故意，也没有为第三人提供枪支进行犯罪的故意。就持有枪支本身的现状而言，仅可能是为自己或他人将来使用枪支犯罪，无意识地构建了一个“平台”。但根据现有规定，其仍然会

被惩罚。实际上，立法者之所以将这种行为予以犯罪化，是担心随后的介入因素导致严重犯罪。但是，随后的介入性因素，只有在少数情况下才可能发生。比如，大多数持有枪支的人不会滥用枪支，行为人自身并不必然会有进一步介入性行为。同样，第三者是否会有进一步的介入性行为，也并不确定。但从实践经验看，介入性因素确实会偶然发生。因此，立法者基于预防将来发生严重后果的考虑，便把持有枪支的行为予以犯罪化。实际上，这是让持有者对自己或第三者将来的行为分担刑事责任。

四、累积犯立法无法在各个累积危害行为之间划清道德界限

对累积危害行为的犯罪化，产生的是累积犯。从前述冯·赫希对累积危害行为的描述看，单独的累积危害行为不会产生实质危害，也不具有造成实质危害结果的可能。比如，单独的公民个体向河流倾倒一次污水的行为，并不会导致河流被污染的严重后果。但是，如果不禁止该类行为，公众却又有足够的理由相信现实中有诸多类似的行为，其累积会对河流造成严重的污染。因此，立法者基于避免河流被严重污染的考虑，对这类行为予以犯罪化。这种行为之所以被犯罪化，主要在于其与其他人的类似行为累积，便会产生累积效应：严重实害后果。从立法现状看，累积犯是一种特殊的犯罪形式，并不是刑法立法设置的常态犯罪。一般而言，“累积犯集中于环境犯罪和经济犯罪领域”[①]。累积行

① 张志钢：《论累积犯的法理——以污染环境罪为中心》，载《环球法律评论》2017 年第 2 期。

为犯罪化，是刑法最为极端的扩张形式。[①] 因此，累积行为的犯罪化饱受质疑。比如，有学者认为处罚累积犯的“理论基础是脆弱的”。[②] 也有学者认为对累积犯的惩罚，是集体责任的体现，违背罪责自负原则。[③] 姑且不论其是否属于集体责任，单就累积危害行为犯罪化而言，确实使行为人无法在自己的行为，与促成该实质危害的其他人行为之间，划清道德界线。还需要澄清的一点是，该种情况与必须有行为人自己或第三人的介入性行为，实质危害结果才会发生的风险行为的犯罪化不同：对于后者，行为本身是不具有危害或危害风险的，其仍然被犯罪化主要是因为其被推测可能会引起或诱发自己或第三者实施进一步的危害行为；在累积性风险行为中，被犯罪化的行为本身具有一定的风险，但程度较轻，只有与其他人的类似行为结合，才可能产生实质性结果。因此，二者引发的主要问题也是不同的。

因上述法治困境，间接危害行为的犯罪化遭遇反对和质疑。比如，丹尼斯·贝克质疑其“违背了公平和罪责自负原则的要求”[④]。伯纳德·E. 哈考特对间接危害行为的犯罪化也表示了担忧：“当危害原则的适用范围被扩大至包含更加间接的危害行为时，事情就改变了——因为我们所为的各种表面上看来清白无辜的行为，可能最终均会引起危害性后果。”[⑤] 冯·赫希等也极为

---

① 黎宏：《法益论的研究现状和展望》，载《人民检察》2013 年第 7 期。

② 姚贝、王拓：《法益保护前置化问题研究》，载《中国刑事法杂志》2012 年第 1 期。

③ 王永茜：《论现代刑法扩张的新手段——法益保护的提前化和刑事处罚的前置化》，载《法学杂志》2013 年第 6 期。

④ Super note 6.

⑤ Super note 20，p. 105.

担忧："当涉及更加间接的风险时，使行为人对可能的有害结果承担责任，就变得更成问题。"[①] 但无论理论如何质疑和忧患，立法实践是谨慎而义无反顾地把诸多间接危害行为予以了犯罪化。因此，间接危害行为的犯罪化，是成熟的犯罪化理论必须重视的客观事实，甚至其本身已是成熟的犯罪化理论的重要内容。实质上，学者担心的并不是间接危害行为犯罪化本身，也不是质疑其犯罪化的必要性，而是担心由此而产生的不公正。因此，真正具有实际意义的，便是探寻保证其犯罪化符合法治精神的路径，把其犯罪化限制在公平与法治的框架内。

第三节　间接危害行为犯罪化归责的各学说梳理

一、乔尔·范伯格：危害原则+调和准则

范伯格不仅使危害原则在刑法中发展成熟，而且也认识到对于刑法规范这种强制性禁令，危害原则既非必要条件也非充分条件。[②] 为此，范伯格认为，为了使危害原则在面对一些反例时，不会过于窘迫，特别是面对轻微的危害、可能的危害、合理及不合理危害风险、综合危害、可以阻止却须以过分损害其他利益为

---

① Super note 18, A. P. Simester & Andrew Von Hirsch, p. 54.

② ［美］乔尔·范伯格：《刑法的道德限制》，方泉译，商务印书馆 2013 年版，第 210 页。

代价的危害、结构性冲突的损害、累积损害、模拟损害等情形时，依然能用危害原则解决问题，就必须借助于其他补充性原则。这些补充性原则包括道德论及公正准则，即以公正作为指示刑法界碑的标杆，公平地估算出应归责于各方行为的损害或危险；另外，一些准则关注被危及的受法律保护的利益，直接评估其范围及重要程度，并对利益进行比较，继而与义务人的利益进行比较——范伯格以“调和准则”作为概括性术语，指代前述这些参考因素。①

在“调和准则”中要考量：

第一，危害的大小。该调和准则秉承“法律不理琐事”的法谚，而根据正在于危害原则本身：对轻微滋扰进行干涉带来的损害大于其所保护的利益，其原理源自损害原则本来的精神。②由此视角观之，损害大小的考量源于功利主义道德哲学——功利主义的道德哲学意味着，无论是普通公民还是立法者，都应将利益最大化、损害最小化。因此，禁止某种行为所保护的利益是否重大，对是否应予以禁止有举足轻重的作用：如果保护的利益小，则没有造成实害结果的行为犯罪化的可能性就小；反之，犯罪化的可能性就大。据此衡量，我国刑法修正案增设的某些预防型犯罪是必要的，比如危险驾驶罪的设置就有其合理性。危险驾驶行为被刑法禁止是为了保护交通公共安全，即不特定多数人的生命、健康和财产权。这是重大利益，因此，刑法禁止危险驾驶

① 乔尔·范伯格：《刑法的道德限制》，方泉译，商务印书馆 2013 年版，第 210-211 页。

② 乔尔·范伯格：《刑法的道德限制》，方泉译，商务印书馆 2013 年版，第 211 页。

行为是有根据的。从这个角度出发，预防恐怖主义和极端主义的持有宣扬恐怖主义、极端主义物品罪，也是有根据的。

第二，考量损害发生的可能性。[①] 即如果发生的可能性很大，则受到刑事禁止的可能性就高，反之，受到刑事禁止的可能性就低；如果被禁止的某种行为连最低的危害可能性都没有，则将其犯罪化是白白牺牲公民的自由，是没有必要的。同样以危险驾驶罪为例，从实践情况看，危险驾驶行为导致最终的实害结果的可能性极大，实践中的很多严重交通事故，均是由危险驾驶行为比如醉酒驾驶或超速驾驶等行为引起的。这也是民众呼吁通过刑法禁止危险驾驶行为的重大原因。

第三，整体性损害。该类情况是指：在一些具体情况中，一般的有害行为本身有时其实无害。在这种情况下，一律禁止尽管（可能）会消除或减少一般性损害，却要以阻止无害或有益行为作为代价。[②] 之所以在整体上被认为是危险的，是因为有少数人会滥用某种自由。[③] 比如，饮酒行为，有些人饮酒是为了聚会放松，或者饮酒就是为了舒缓压力，这并不会给他人造成损害。但有些人饮酒确实会给他人或者社会带来危险，如饮酒后驾车的行为。因此，该情况是最具有争议性的情况。当然，该种情况中的不同类型的行为，还是具有不同的特征。比如，持有枪支行为和饮酒行为就有微妙的差异。持有枪支行为具有内在危险性，因武

---

① 乔尔·范伯格：《刑法的道德限制》，方泉译，商务印书馆 2013 年版，第 213 页。

② 乔尔·范伯格：《刑法的道德限制》，方泉译，商务印书馆 2013 年版，第 217 页。

③ 乔尔·范伯格：《刑法的道德限制》，方泉译，商务印书馆 2013 年版，第 221 页。

器弹药具有内在危险性；而饮酒的行为则不同，因酒精饮料不太可能有“内在”危险。从现实经验看，一把装有子弹的手枪确实很容易走火，且会让人身权利遭受严重伤害。但酒精饮料似乎没有这么大的伤害性，不会突然或直接产生严重的人身伤害。但这种判断也具有相对性，因持有枪支与饮酒行为相比，内在危险性在某种情况下，也仅仅是程度问题。比如，对于一些不负责任的成年人，常常因醉酒而制造事端、犯下罪行。对此情况，范伯格主张对具有内在危险性的行为“应予以禁止，而只对值得信任且有特殊需要的少数人予以特许”，即以刑法禁止或特许证的方式规制这种情况。① 换言之，不一律允许也不一律予以刑法禁止。

第四，统计歧视与损害净减。无论是损害可能性，还是整体性损害等涉及的评价或估量，均与统计有关。但统计经常具有偏见，因其预先的判断，实质是在没有任何直接证据证明的情况下，仅凭某个群体共有的间接证据，将某种特性归结到某个人身上。并且统计的主观性也难以避免，比如统计可以用于支持全面禁止酒精饮料，其依据是饮酒者作为一个群体，比非饮酒者全体制造了更多损害性事故。假如有足够的执行力，只要一律禁止，严重死伤的数目可能极其显著地下降。② 很显然，依照这种统计制定的刑事禁令，除非付出巨大的社会成本，否则无法执行下去，美国的“禁酒令”之命运就是典型的范例。因此，以带有

① 乔尔·范伯格：《刑法的道德限制》，方泉译，商务印书馆 2013 年版，第 221 页。

② 乔尔·范伯格：《刑法的道德限制》，方泉译，商务印书馆 2013 年版，第 223 页。

歧视或主观性的统计作为根据的刑法禁令，并不一定具有正当性，也不一定具有可靠性。对于这种情况，被统计群体的成员与特定行为之间并不必然具有相互关系，也即群体中的每个成员与该行为之间并不存在因果联系。同时，某人是某个统计的危险群体的一员，也不应怀疑其就与危险存在因果联系。范伯格认为该种情况的第一要义是，无论何时，立法者意欲依据群体与危险倾向之间的统计联系剥夺许可资格，则首先必须尽可能找到该危险倾向与群体的常见特性之间的因果关系，且直接针对特性进行立法。[①]

第五，损害的相对重要性。这类情况主要是指："某类行为往往会对相对人造成损害，但禁止行为会让那些在该行为中包含利益的人受到损害，对自由（甚至是杀人的自由）的约束不仅在某些微不足道的方面对受约束者造成'仅此而已'的损害，更令其他实质利益也一并受到妨碍。"[②] 在日常生活或社会中，这种情况非常常见。比如新闻报道与个人保护自己隐私，存在满足公众知情利益与个人隐私权之间的冲突；非法侵入住宅与家庭宁静生活的利益之间，存在侵入住宅者的相关利益与公民安宁生活利益之间的冲突；高速驾驶者高速驾驶获得的高速交通利益，与安全的交通秩序利益之间的冲突；禁止公务员的巨额财产来源不明，存在公务员隐私权利益与保护公务廉洁性利益之间的冲突等。对此类利益冲突，范伯格提出"优先保护确定受损的利益，

① 乔尔·范伯格：《刑法的道德限制》，方泉译，商务印书馆 2013 年版，第 225 页。

② 乔尔·范伯格：《刑法的道德限制》，方泉译，商务印书馆 2013 年版，第 227 页。

而非仅凭猜测确定损害的利益，更重要的是我们应该阻止对某个利益的整体损害，而不是阻止对另一个利益的轻微损害。”① 范伯格还详细论述到，要考量利益的重要性，应从三个方面入手：“（1）致命性；（2）它们受到其他利益——公共利益或个人利益——的强化程度；（3）内在道德性。”有些利益衡量确实较为容易评价，比如生命对伤害、生命对财产和生命对命运等。但是，这也仅是一般性原则，因为并无足够的依据可以将所有应受保护的正常利益按照某个客观的道德标尺逐个论资排辈。但无论如何，有些情形中的利益，正常人都有所共识，除了与其他利益的联系，某些利益根本不值得保护。比如，了解明星婚姻生活的亲密细节或许是某些道德低下的偷窥癖者的利益，但这种利益根本就不值得保护。②

第六，自由利益在天平上的位置。基于自由利益是个体发展和谋求幸福的基础，因此“自由利益被视为一项基本的福利性利益”。③ 范伯格在论述自由时认为：“自由利益——和我们可以自由或不自由地行事当中包含的其他利益相比——是指我们有尽可能多的选择去作为、不作为或持有当中包含的利益。”④ 为了说明其概念，范伯格还很生动地论述道：“我们可以把生活看作是

① 乔尔·范伯格：《刑法的道德限制》，方泉译，商务印书馆 2013 年版，第 228 页。

② 乔尔·范伯格：《刑法的道德限制》，方泉译，商务印书馆 2013 年版，第 230 页。

③ 乔尔·范伯格：《刑法的道德限制》，方泉译，商务印书馆 2013 年版，第 230 页。

④ 乔尔·范伯格：《刑法的道德限制》，方泉译，商务印书馆 2013 年版，第 232 页。

纵横交错、布满岔道的铁轨组成的迷宫。若哪个岔道没锁死，就既可能通往这条道，也可能通往另外一条道，这就是‘开放式选项’；若某个位置的岔道已经锁死，那么那个选项就‘关闭’了。当我们轧轧作响地在迷宫中轨道上缓缓行驶时，其他人正忙着锁住或者打开道岔，也即忙着打开或关闭选项，增加或减少我们继续前行的各种可能。”[①] 这就是范伯格对自由的“自由选项论”。从该立场看，范伯格对自由的观点不同于一般的自由观——自由是指自由意志，无论其内容如何，不加妨碍的理论更合理。“自由选项论”意味着选项的意义不同，有些选项会导向更多的选项，而有些选项则导向更少的选项：“导向更多的选项可称之为‘繁衍’选项；那些相对没有繁衍力的可称之为‘有限’选项。在其他条件相同的情况下，关闭‘繁衍’选项比关闭‘有限’选项是对自由的更大约束。”[②] 因此，封死不同的“道岔”，对个体选择的影响不同。有些道岔的封死，意味着我们无法到达某条主干线，且该主干线连接着众多道岔，并导向不同方向的支线，那么我们的自由遭受了严重剥夺，我们不仅不能在此转向，还失去了其他支线上的选项。以此论为基础，范伯格赞同这样的立场：“自由是一个有着实实在在价值的东西，但并不是唯一有价值的东西，尤其当自由与幸福或意愿等被绝大多数人赋予很高

---

① 乔尔·范伯格：《刑法的道德限制》，方泉译，商务印书馆 2013 年版，第 232 页。

② 乔尔·范伯格：《刑法的道德限制》，方泉译，商务印书馆 2013 年版，第 233 页。

价值的其他状态相比时更是如此”①，“刑法能扩大自由”② 以及“无论如何，当利益发生冲突时，优先考虑的总是其他受影响的利益而非自由”。③ 在此还必须提及的是，范伯格有些观点和前述论及的邓普希的观点相似。邓普希认为对引诱嫖娼行为予以禁止，并没有剥夺公民获得非商业性的对方真正同意的性行为的权利；同样，范伯格认为虽然某些刑事禁令会限制公民的自由，但实质上对公民自由的干预程度却不大。强奸罪对众多男性而言，“不过关闭了一个小小的有限选项”，但对“所有女性的衍生性选项受到保护而不必以牺牲其他自由为代价”——显然只有自由的净增。④

二、丹尼斯·贝克：三步归责原则

前述论及，丹尼斯·贝克并不完全否定间接危害行为的犯罪化，但为什么否定被动乞讨行为的犯罪化？这牵涉贝克公平地犯罪化间接危害行为的标准。丹尼斯·贝克提出了对间接危害行为进行公平归责的三个步骤，第一步：间接危害行为是否与直接损害存在“条件因果”关系？犯罪行为是一种危害他人的行为，如果不存在实证经验上的联系（相当因果关系），就不存在对间

① 乔尔·范伯格：《刑法的道德限制》，方泉译，商务印书馆 2013 年版，第 235 页。

② 乔尔·范伯格：《刑法的道德限制》，方泉译，商务印书馆 2013 年版，第 238 页。

③ 乔尔·范伯格：《刑法的道德限制》，方泉译，商务印书馆 2013 年版，第 239 页。

④ 乔尔·范伯格：《刑法的道德限制》，方泉译，商务印书馆 2013 年版，第 239 页。

接危害行为进行犯罪化的基础。第二步：实施间接危害行为的人是否规范性卷入了实质危害行为犯罪？如果在实害结果犯罪与间接危害行为之间存在规范性，还需要考虑第三步：是否存在相反的理由可推翻公平性？一般而言，阻止更严重的危害具有紧迫性，则可推翻公平归责。

根据贝克的“三步归责”论，乞讨行为是否应予以犯罪化？其犯罪化是否符合“三步归责”？立法者把被动乞讨行为予以犯罪化，其依据的是“破窗效应”理论。“破窗效应”理论认识到被动乞讨行为在某些情况下，确实和犯罪行为之间存在因果关系。贝克在《间接危害行为犯罪化的道德限制》一文中论及：“被动乞讨行为是一种间接危害行为，因为根据破窗理论者所述，在乞讨和犯罪行为之间存在着因果关系。”① 但贝克在乞讨行为与破窗领域的严重犯罪之间是否存在经验上的因果关系的问题上，否定破窗理论，认为事实经验证据表明，在该问题上的破窗理论，在经验上是虚假的。任何事实经验证据在被作为犯罪化的基础之前都应该进行充分的审查和甄别，并在此基础上决定是否予以采纳。但英国和美国被用来证明乞讨行为犯罪化的正当性的破窗理论，在事实经验上几乎不能提供任何理论支持。英国政府主张对轻微的不文明行为零容忍，且运用破窗理论来为惩罚乞讨行为提供正当化依据，甚至英国政府内政大臣向英国议会提交的白皮书中引用破窗理论来研究反社会行为，并认为社区忽略轻微的不礼貌行为为其他更严重的刑事犯罪行为打开方便之门。破窗

---

① Dennis J. Baker. The moral limits of criminalizing remote harms, 3 New Criminal Law Review (Summer), 2007, p. 370.

理论声称被废弃的杂草丛生、聚众酗酒、乱扔垃圾、行乞者以及妓女遍布的社区更容易引发更严重的犯罪。本质上，破窗理论的基本前提是社区混乱、物理腐烂、涂鸦、乱扔垃圾以及诸如故意行乞这样的轻微不文明行为。如对这种轻微行为不加限制，将会为潜在的罪犯传递一种信息，即该领域对犯罪行为来讲是毫无防备的对象，因为没人在乎。但贝克否认这种事实，并坚持“到目前为止，没有事实经验上的证据表明对秩序混乱的社区不加限制的话会产生犯罪”①，“破窗理论缺乏可信性”的立场②。“与破窗理论相反，轻微扰乱社会秩序的行为与抢劫以外的犯罪行为之间不存在必然的联系”③，“促使犯罪发生的因素是社会结构的缺陷和集体效应的弱化，而不是扰乱社会秩序的行为”④。因此，贝克认为破窗理论并不能为乞讨行为犯罪化提供任何实质的有力

① 参见哈考特的《反思对威慑的社会影响、破窗理论和秩序维护政策的纽约模式的批判》一文，Bernard E. Harcourt, Reflecting on the Subject: A Critique of the Social Influence Conception of Deterrence, the Broken Windows Theory, and Order Maintenance Policing New York Style, 97 Mich. L. Rev., 1998, p. 291.

② 参见博顿斯的《不文明行为、犯罪和社会秩序》一文，Anthony E. Bottoms, Incivilities, Offence, and Social Order in Residential Communities in Incivilities: Regulating Offensive Behavior, Andrew von Hirsch A. &Andrew P. Simester eds. 2006, pp. 268-269.

③ 参见桑普森、劳登布什和厄尔斯的论文《邻居和暴力犯罪》以及桑普森和劳登布什的论文《公共空间的系统性社会观察》，Robert J. Sampson, Stephen W. Raudenbush & Felton Earls, Neighborhood and Violent Crime: A Multilevel Study of Collective Efficacy, 277 Sci., 1997, p. 918; Robert J. Sampson & Stephen W. Raudenbush, Systematic Social Observation of Public Spaces: A New Look at Disorder in Urban Neighborhoods, 105 Am. J. Soc., 1999, p. 603.

④ 参见桑普森、劳登布什和厄尔斯的论文《邻居和暴力犯罪》以及桑普森和劳登布什的论文《公共空间的系统性社会观察》，Robert J. Sampson, Stephen W. Raudenbush & Felton Earls, Neighborhood and Violent Crime: A Multilevel Study of Collective Efficacy, 277 Sci. 1997, p. 918; Robert J. Sampson & Stephen W. Raudenbush, Systematic Social Observation of Public Spaces: A New Look at Disorder in Urban Neighborhoods, 105 Am. J. Soc., 1999, p. 638.

支持，乞讨行为与犯罪行为之间缺乏经验上的事实因果关系。据此，对乞讨行为予以犯罪化缺乏公平归责的第一个要件。

乞讨行为的犯罪化是否符合“规范上的参与”要件呢？贝克认为答案也是否定的。贝克清醒地认识到：“公平归责不能仅仅通过考虑行为人的主观犯罪意图以及间接危害行为（如乞讨行为）与直接危害（破损的窗户）之间的因果关系来决定。”① 被动乞讨行为的犯罪化不仅有破窗理论的支撑，同时还被认为被动行乞者对乞讨行为具有故意，因此，乞讨者应该对其乞讨行为承担责任。但丹尼斯·贝克否认这种观点，并提出：“只有当某人与其卷入其他人的犯罪行为具有规范性联系时，才应该对其他人的犯罪行为承担责任。从事前预防的角度让某人对促使他人实施的犯罪行为承担刑事责任，必须具有道德上的公正性，而该道德上的公正性的具备，则需要规范性的理由。该要件的满足，能使对该类行为的犯罪化具有表面上的根据。我认为：当某人明知他人犯罪予以帮助或故意鼓励他人犯罪，则行为人是规范性卷入了他人犯罪。此外，当行为人对他人犯罪予以资助，则也可视为规范性卷入了他人的犯罪行为。”② 行乞者并不是故意或有意引诱其他独立个体在破窗领域实施危害行为。即使是故意或有意引诱其他独立个体实施“破坏窗户”的犯罪行为，如果行为人的行为是合法行为，则行为人也没有规范性卷入他人的犯罪。行乞者本身并不是煽动者、帮助者和教唆者，而且也没有规范性地卷入

① Dennis J. Baker. The moral limits of criminalizing remote harms, 3 New Criminal Law Review (Summer), 2007, p. 375.

② Dennis J. Baker. The moral limits of criminalizing remote harms, 3 New Criminal Law Review (Summer), 2007, p. 370.

他人犯罪，所以间接危害行为与直接危害之间虽然具有事实因果关系，但不是对其归责或视为犯罪的充要条件。当然，在贝克的该立场中，有个核心问题必须予以回答，即“规范参与的含义是什么?”冯·赫希认为：“最初实施间接危害行为的人，在某种意义上通过其行为承认或帮助犯罪者随后实施的犯罪行为。”① 贝克也认同这种规范性参与的认定标准，不仅如此，贝克还认为“行为人可以通过‘鼓励’或者‘影响’其他人实施犯罪而规范性地参与到他人的犯罪中”。② 但在这种情况下，贝克认为尽管行为人的行为对他人犯罪有“鼓励”或“影响”意义，如果行为人在主观上只有“明知”还不足以与他人犯罪建立规范上的联系。在行为人的行为对他人犯罪有“鼓励”或“影响”的情况中，其与“帮助”“煽动”或“教唆”他人实施犯罪不同，除了行为人主观上“明知”之外，还需要其他证据来证明其规范性地参与了他人犯罪。对此，贝克赞成格伦威尔·威廉姆斯的“目的”论：“在‘影响犯罪’的情形下，具有‘特定目的’是建立规范联系的非常重要的决定因素。仅仅因为行为人应当‘预见’其合法的间接行为对主要危害产生有影响，而对其进行谴责是不符合道德法则的。”③ 据此，乞讨行为的犯罪化对于严重犯罪而言，既不具有鼓励、煽动或帮助的故意，同时也缺乏影响其他人犯罪的“目的”，显然乞讨行为缺乏“规范性卷入”要件，

① 转引自 Dennis J. Baker. The moral limits of criminalizing remote harms, 3 New Criminal Law Review (Summer), 2007, p. 382.

② Dennis J. Baker. The moral limits of criminalizing remote harms, 3 New Criminal Law Review (Summer), 2007, p. 384.

③ Glanville L. Williams, Complicity, Purpose and the Draft Code—1, 4 Crim. L. R., 1990, p. 10.

而不应予以犯罪化。

乞讨行为是否符合推翻“公平归责”的条件呢？要回答此问题，首先应弄明白排除公平归责原则适用的理由。在某些情况下，存在很强的事实经验证据表明间接危害行为与实际危害结果之间具有“条件”原因关系，但并不存在规范性联系。为了防止实际危害结果的发生，将该类间接危害行为予以犯罪化是有必要的。但在这种情况下——不存在规范参与的情况下，对间接危害行为予以犯罪化如何才能与道德法则相吻合？推翻公平归责原则与道德责任和道德谴责的道德判断矛盾，因此，要推翻公平归责原则极其困难。但在特殊情况下，还是有必要推翻公平归责原则，比如，德沃金认为公平归责限制原则，在特殊情况下可以排除适用。[①] 德沃金认为：“社会成本不仅逐渐增加，而且该成本超出了授予原有权利的成本——该巨大的成本，足以让无论对尊严和平等造成何种侵犯都具有正当性，那么就可以优先于基本权利予以考量。”[②] 德沃金进一步阐述：“如果国家处于战时状态，政策审查便是正当的，尽管其会侵犯公民表达自己对某些政治争论发表看法的言论自由。但是这种紧急状态必须是真实存在的，且必须存在像霍姆斯所描述的那种真实且现实的巨大危险。”[③] 即即使会侵犯公民的言论自由，但在战争状态下，为了避免巨大的现实的危险，也必须禁止公民的言论自由。安德鲁·冯·赫希

① Ronald Dworkin, Taking Rights Seriously, Harvard University Press, 1978, p. 200.

② Ronald Dworkin, Taking Rights Seriously, Harvard University Press, 1978, p. 200.

③ Ronald Dworkin, Taking Rights Seriously, Harvard University Press, 1978, p. 200.

和安德鲁·阿什沃斯认为："推翻公平原则主要适用于这种情况：为了避免灾难性的结果，不得已弱化公民权利的情况。"① 为了防止更严重的损害发生，公共突发事件通常要求紧急行动。在公共突发事件的紧急情况下，基于公共利益的需要，也有必要排除公平归责原则的约束；携带禽流感病毒会对公共卫生造成重大威胁，也允许突破公平归责原则的约束。因此，只要有合理需要，就应该允许对禽流感病毒携带者进行强制隔离。贝克赞成这种观点，并且认为："立法者并不能证明将乞讨行为犯罪化，对防止特别严重的损害是必要的，且指向的特别严重的损害是现实的或非常紧迫的。"② 因此，根据第三个判断要件，犯罪化乞讨行为不符合排除公平归责原则约束的先决条件，不应排斥公平归责原则把其犯罪化："我还认为，只能基于防止非常严重的危害发生，才可以推翻公平限制原则，但具有'破窗效应'的危害并不符合该要件。"③

三、安德鲁·冯·赫希：危害原则标准分析范式+"公平归责"原则

安德鲁·冯·赫希认识到犯罪化间接危害行为遭遇的困境和问题，并且亦认为犯罪化必须受到限制，以保证犯罪化的公平

---

① Andrew von Hirsch & Andrew Ashworth, Proportionate Sentencing: Exploring the Principles, 2005, pp. 53-54.

② Dennis J. Baker. The moral limits of criminalizing remote harms, 3 New Criminal Law Review (Summer), 2007, p. 390.

③ Dennis J. Baker. The moral limits of criminalizing remote harms, 3 New Criminal Law Review (Summer), 2007, p. 370.

性。其认为："应根据危害原则的标准，确定某特定类型的风险行为是否满足危害原则的必要条件。"这就是所谓的"危害原则"的标准分析范式，其分析包含下列步骤："第一步：考虑最终危害的严重程度及其可能性。严重程度越高，可能性越大，其犯罪化的可能性就越大。第二步：权衡和评估没有犯罪化前行为的社会价值以及犯罪化将对行为人自由选择的侵犯程度。行为的社会价值越高，或者犯罪化产生的刑法禁令对自由的限制越大，则不应犯罪化的理由就越充分。第三步：考量某些将会阻却犯罪化的边际约束。例如，禁令不应该侵犯隐私权或自由表达权。"①

上述三个步骤就是安德鲁·冯·赫希之"危害原则"的标准分析范式的主要内容。根据该评判标准，最终危害如果将立即发生，则意味着危害发生的可能性很大，所以对这种情况可予以犯罪化。因此，对于醉态驾车则有犯罪化的充分理由，因严重危害结果发生的可能性很大，一旦严重危害发生，就会危及生命等重大法益，且危害程度严重。所以立法者禁止这种没有造成实害结果但具有极大危害风险的间接危害行为。但对于醉态的步行却不予以禁止，因严重危害发生的可能性和程度均很小。

赫希认同危害原则标准分析，但其补充阐述道："'危害原则'的标准分析范式并不要求行为一旦满足其标准就会自动被犯罪化。现行的刑法禁令足可以解答这个问题。还需要考虑刑事禁令执行的潜在困难与成本。"② 不仅如此，赫希认为要解决间接

---

① A. P. Simester & Andrew Von Hirsch, crimes, harms, and wrongs—on the principles of criminalization, Hart Publishing, 2011, p. 55.

② A. P. Simester & Andrew Von Hirsch, crimes, harms, and wrongs—on the principles of criminalization, Hart Publishing, 2011, p. 55.

危害行为遇到的特殊问题，还需要扩大的危害分析。对于间接危害行为的犯罪化，有必要追问潜在的可能危害后果是否以及基于何种理由应该公正地由行为人承担责任。标准的危害分析将使犯罪化的考量在很大程度上聚焦于这种实害结果发生的可能性与大小之预估。危害可能性和危害大小的评估，仅仅是用作评价是否应限制自由的要素。但自由仅是衡量是否应予以犯罪化的因素之一，其意味着：危害可能性越高，危害程度越大，则被限制自由的可能性就越大。但在以下两种情况下，单纯地依赖标准危害分析将会忽视基本的公正归责问题：第一，实害结果不是由行为人自己的行为造成的，而是由随后的行为人无法控制的第三方的介入行为造成的。在这种情况下，使该行为犯罪化引起的问题是：该行为为什么是不正当的？行为人为什么应该为这种本身不会造成危害结果的行为受到惩罚？难道仅仅因其可能影响其他人作出可能有害的行为之决定？但事实是：行为人的行为可能以各种各样的方式影响其他人的自主性的选择。第二，这也不是传统的犯罪意图问题：行为人对间接危害行为（如持有毒品的行为）具有故意。相当地，问题在于归罪环节：行为人应该对产生于其他实施者之选择的潜在危害后果承担责任，以至于行为人最初的行为能够被视为不正当的吗？

涉及这种间接危害行为时，对危害可能性或大小的考量，解决的仅仅是被禁止的行为与不被期望的后果之间的经验联系问题。但是，规范联系——为什么以及在何种程度上，实施某个行为的行为人，应当对间接危害后果或风险承担刑事责任，或者因其而被刑法谴责？危害原则是没有解决该问题的。比如，对于危险驾驶行为，标准危害原则就没有解决某些原则问题：禁止酒后驾车的适用范围包括了酒后不能正常驾驶的人，但同时也覆盖了那些在摄取了禁止性酒精量之后仍然能够小心正常驾驶的人。因此，禁止酒后驾车的刑法禁令，对于那些“安全的”饮酒者为什么以及在何种程度上，应该有义务在这样设置的框架内进行合作？如果他们违反了禁止酒后驾驶的刑法规则，刑法的规定也会使他们成为应受谴责的犯罪者。刑法之所以禁止酒后驾车，仅与犯罪化的一个可能根据有关：酒后驾车行为有创设间接风险的倾向。显然，危害原则的标准分析不能解决该问题。当然，这不意味着危害原则就应被抛弃，而是该原则不能孤立地解决这个问题。换言之，要解决间接危害行为犯罪化引发的问题，除了使用危害原则外，还需要其他的原则作为补充原则。① 这就需要用公正归责原则，作为扩大的危害原则的一部分，并以此来处理间接危害行为涉及的归责问题。②

安德鲁·冯·赫希提出的作为危害原则补充的“公平归责”，并不是单一的简单原则。赫希构建的“公平归责”原则，包括以下内容：③

第一，一般性原则限制。该原则又包括以下两个方面：

1. 一般性要件：行为本身具有不法性。该要件意味着：被犯罪化的行为必须具有不法性。该要件源于刑法固有的可责罚性

---

① A. P. Simester & Andrew Von Hirsch, crimes, harms, and wrongs—on the principles of criminalization, Hart Publishing, 2011, p. 56.

② A. P. Simester & Andrew Von Hirsch, crimes, harms, and wrongs—on the principles of criminalization, Hart Publishing, 2011, p. 69.

③ A. P. Simester & Andrew Von Hirsch, crimes, harms, and wrongs—on the principles of criminalization, Hart Publishing, 2011, pp. 73-74.

特征，因此，除非行为人所做的事情是不法的，否则刑法不能予以惩罚。

2. 直接禁止约束。在基本的不法性要件之外，至少还有一个原则，该原则特别约束间接危害行为犯罪化的合法性。该原则要求：对间接危害行为进行犯罪化时，其预防的潜在的最终危害自身，必须满足危害原则标准中所包含的标准。除非国家对不法地造成同样危害的行为的直接禁止具有道德上的正当性，否则，国家不应该对间接危害行为予以禁止。也就是说，间接危害行为犯罪化拟避免的危害后果的种类和严重性，必须符合危害原则中的危害标准。

第二，针对不同类型的间接危害行为，设置不同的指导原则。间接危害行为距离实害结果远近不同，行为类型不同，其引起的原则性问题也不同，必须设定不同的指导原则。对此，在下文会进一步论及，在此不再详细论述。

四、米歇尔·M. 登普西：危害原则标准分析范式+“需要创设”论

前文论及，米歇尔·M. 登普西把教唆嫖娼视为间接危害行为，并且认为其应被附条件地予以犯罪化。把该行为犯罪化，设立的是抽象危险犯，因为“该行为的风险取决于意外事件（即卖淫者是否被强迫参与卖淫），并且嫖娼者不知道这个意外事件是不是真的会发生。换言之，嫖娼者并不知道是否有强迫的压力施加于卖淫者身上，而且其对‘卖淫者的主观心理状态也没有任何直接了解……’，也不能判断是否有外界压力使卖淫者表面上

的同意并不是真心的”。[①] 在登普西话语下，教唆嫖娼是具有引起强奸风险的行为，且嫖娼者不能知道意外事件是否会发生，因为强迫卖淫者参与卖淫的因素先发生。例如，如果虐待卖淫者的同伙或者拉皮条者威胁卖淫者，如果卖淫者不去卖淫就会被打；在威胁下，卖淫者认为其不能享有对卖淫予以拒绝的自由。在这种情况下，卖淫者就非常有可能在嫖客面前表现出自己是自愿卖淫的样子。这就使卖淫者在嫖娼者面前的表现，不能为嫖娼者判断出其是否真正自愿卖淫提供充足的依据：卖淫者表面的同意仅仅是表象，其实卖淫者并不真正同意——这就存在造成强奸的可能性。[②] 但这种严重犯罪风险的存在，是否意味着该行为必须进行犯罪化？登普西是持否定态度的：“仅仅因行为人对行为的风险不明知或者行为人不可能明知的事实，就是充足的把该行为犯罪化且设置抽象危险犯的理由。相反，被提议的犯罪化必须满足危害原则的分析标准，并且对风险性的危害归责必须是公平归责。”[③]

对间接危害行为是否应予以犯罪化，登普西还是坚持必须符合公平原则，且和安德鲁·冯·赫希一样，坚持以“危害原则”标准分析范式为路径。第一步，考虑危害的严重性和可能性。强奸的危害是极其严重的，并且传统刑法都将强奸视为最严重的危害之一。因此，符合危害原则标准分析的第一步。第二步，针对

① Michelle M. Dempsey, Rethinking Wolfenden: Prostitute Use, Criminal Law, and Remote Harm, 2005 Crim L. R. 450.

② Michelle M. Dempsey, Rethinking Wolfenden: Prostitute Use, Criminal Law, and Remote Harm, 2005 Crim L. R. 450.

③ Michelle M. Dempsey, Rethinking Wolfenden: Prostitute Use, Criminal Law, and Remote Harm, 2005 Crim L. R. 451.

以下两个因素，权衡危害的严重性和可能性："该行为的社会价值"和"嫖娼者被纳入犯罪，对个体选择的入侵程度"。① 对此，登普西还进一步通过比较的方式进行分析，并认为嫖娼行为的社会价值较低。其将类似基因治疗的人类基因实验的应用与嫖娼相比较，认为两种行为都将产生重大危害风险，但基因实验有嫖娼所没有的社会价值，因为这种实验为治疗可怕的疾病带来了希望，而嫖娼却主要是作为嫖娼者的一种性发泄方式。鉴于基因实验拥有的治疗疾病进而减轻人类痛苦的潜在可能性，其被认为是具有较高社会价值的行为，但嫖娼行为却相反。而对主体的干预程度方面，登普西认为："即使禁止引诱嫖娼行为确实是一种阻碍行为人得到性满足的手段，但这种禁止仍然留给嫖娼者很多种其他被允许的满足性的选择——尤其是不触犯刑法的选择有寻找取得别人真正同意的性交，或者手淫这样的选择。"② 如前述论及，赫希的第三步是考虑犯罪化间接危害行为的边际性限制，比如对隐私权或者言论自由的限制。对于引诱或教唆嫖娼这种间接危害行为的犯罪化，是否有这样的风险？登普西认为："首先，隐私这种边际约束，仍可无可否认地排除我的观点在非商业性引诱或教唆性交行为中的适用——尽管非商业性性交行为也极为可能造成完全相同的危害（即强奸的危害）风险。与之相对，引诱性嫖娼却可引诱、教唆商业性性交易。因此，作为一种公开行为，引诱或教唆嫖娼行为并不享有隐私这种边际约束的保护。其

---

① Michelle M. Dempsey, Rethinking Wolfenden: Prostitute Use, Criminal Law, and Remote Harm, 2005 Crim L. R. 451.

② Michelle M. Dempsey, Rethinking Wolfenden: Prostitute Use, Criminal Law, and Remote Harm, 2005 Crim L. R. 451.

次，尽管言论自由可作为一种边际约束，以犯罪化色情会衍生表达性危害为根据，排除色情犯罪化。但是，对引诱或教唆嫖娼行为的犯罪化，却没有这种边际约束的限制。因为我的立论是把引诱或教唆嫖娼行为作为一种抽象危险概念，而不是把其视为表达性危害概念。”[①] 因此，边际约束也不能阻止引诱教唆行为的犯罪化。

邓普西虽然坚持危害原则的标准分析，但也认识到仅以危害原则的标准分析为根据，并不意味着就对引诱或教唆嫖娼行为进行了公平归责。而之所以应对该类行为进行犯罪化，且具有公平性，是因为行为人的这种行为创设了“需要”，而正是这种“需要”的创设让引诱嫖娼行为与严重危害后果之间具有了规范性联系：“在特定情形下，公平将最终危害归咎于间接危害行为的实施者，是基于朴素的理念：间接危害者创设了‘需要’，其诱发直接危害行为的产生。”而“那些使用妓女的行为应该被犯罪化，因为在某种情况下妓女会在卖淫过程中受到伤害，妓女并没有真正地同意该行为。被迫进行卖淫的妓女所承受的损害，应该公平地归咎于所有的嫖客，因为他们创造了卖淫市场。”[②] 邓普西不仅把其犯罪化的原因归结为与强奸这种严重危害结果具有规范联系，而且认为正是“需要”的创设，决定应对其予以犯罪化。在关于儿童色情的问题上，邓普西得出了类似的结论：“儿童色情作品的使用者不仅创造了这些物品的市场，而且刺激了恋

① Michelle M. Dempsey, Rethinking Wolfenden: Prostitute Use, Criminal Law, and Remote Harm, 2005 Crim L. R. 452.

② Michelle M. Dempsey, Rethinking Wolfenden: Prostitute Use, Criminal Law, and Remote Harm, 2005 Crim L. R. 454.

童癖者和奸商们通过虐待儿童来满足市场的需要。”[①] 但邓普西“需要创设论”的深层次原因还在于对赫希合作义务的坚持。赫希认为：“对某种最终实害结果风险预测的合作义务，应被分配到与所涉行为关系最为密切的人身上，这是最合乎逻辑的。”[②] 引诱或教唆嫖娼者是否有这样的合作义务？邓普西认为，从两个方面可以看出，其有这样的合作义务：“（1）嫖娼者作为商业性行为者的角色；（2）嫖娼者在创造商业性行为‘需要’中所起的作用。”[③] 对于所涉及的强奸这种严重危害，嫖娼者作为性行为实施者，可使强奸严重危害的风险实质化。因此，对于这种严重危害，嫖娼者与其有一种特殊关系。换言之，这种“特殊关系”就是行为人与最终实害结果——强奸之间的规范联系，而且行为人也是赫希所谓的“与所涉行为关系最为密切的人”，所以其应对严重后果分担一定的刑事责任，即将预先阻止这种危害的责任，分配给最紧密关系者。不仅如此，邓普西认为嫖娼者在创造商业性性行为的需求中所起的作用，也使其在归咎时处于应被分配责任的位置。

---

① Michelle M. Dempsey，Rethinking Wolfenden：Prostitute Use，Criminal Law，and Remote Harm，2005 Crim L. R. 453-454.

② Andrew Von Hirsch，Extending the Harm Principle：“Remote” Harms and Fair Imputation，in A. P. Simester & A. T. H. Smith（ed）Harm and Culpability，1996，p. 272.

③ Michelle M. Dempsey，Rethinking Wolfenden：Prostitute Use，Criminal Law，and Remote Harm，2005 Crim L. R. 453.

第四节　间接危害行为犯罪化的道德限制

在风险社会语境下，间接危害行为犯罪化涉及的实质问题是：如何把对间接危害行为施加的罪责，限制在公平归责的范畴内？犯罪化应具有道德限制，这决定了对间接危害行为的犯罪化或施加刑事责任，必须符合道德法则。换言之，只有存在重大的道德理由时，行为人的间接行为才能被认为是犯罪行为。弗雷德里克·波洛克认为："道德法则是对人类有约束力的规则的总和。到目前为止，无论在普通的还是特殊的社会环境中，道德法则是辨别正确与错误的标准。但这也意味着根据特定社会中的主流感情或观念，特定的社会成员确实应遵守这些道德法则。"① 范伯格也认为："只有当行为在道德上不正当地危害或者侵犯了其他人时才能被犯罪化。"② 前述论及的各位学者对间接危害行为犯罪化提出的各种学说，也是为了保证其归责符合公平正义法则。从实质看，间接危害行为的犯罪化，是让间接危害行为分担最终实害结果犯罪的刑事责任。而根据刑事责任原理，行为人对自己造成的某种结果负责，才是其"本分"和"该当的"。因此，即使要给间接危害行为分配刑事责任，也应是分配其本应承担的责任。这样的责任分配才符合正义法则，才符合法治精神。一般而

① 转引自 Dennis J. Baker. The moral limits of criminalizing remote harms, 3 New Criminal Law Review (Summer), 2007, p. 371.

② Joel Feinberg, The Moral Limits of the Criminal Law: Harm to Others, 1984, pp. 187-90.

言，要使间接危害行为犯罪化受到道德法则的限制，从而保证其归责的正当性，就应遵守接下来论及的各个原则。

一、坚守“危害原则标准分析范式”

间接危害行为衍生于危害原则，其应践行危害原则的法哲学意义。而要践行危害原则的法哲学意义，就必然铭记危害原则是划定刑法合理范畴的限制自由原则。因此，必须坚守“危害原则标准分析范式”——危害原则+调和准则。前述论及的学者，如冯·赫希和米歇尔·M. 登普西等，均坚持了“危害原则标准分析范式”。危害原则标准分析范式，实际上就是“范伯格”范式，其主要针对的是危害原则在面对某些棘手或疑难问题时，如何进行选择和决策。在范伯格的话语体系中，没有明确提出间接危害行为这个概念，但涉及相关的问题。范伯格清醒地认识到，如果要让危害原则解决这些棘手和疑难的问题，就必须借助于其他补充性原则对危害原则予以补充和完善，即前述论及的“调和准则”。范伯格除了论及实害行为犯罪化外，也关涉实践中出现的、危害原则必须面对的一些反例，比如轻微危害、可能危害、合理及不合理危害风险、综合危害、可以阻止却须以过分损害其他利益为代价的危害、结构性冲突的危害、累积危害、模拟危害等情形，其中已包含间接危害行为，比如累积危害就是间接危害的一种。依靠危害原则标准分析范式，能解决某些类型的间接危害行为的犯罪化问题，特别是危险行为的犯罪化问题。对于部分累积型危害行为是否应予以犯罪化的问题，根据危害原则标准分析范式，也能获得答案。比如，在公共场所高昂激扬地吹唢呐的行为，如果汇聚众多，会造成公共秩序的混乱。其虽属于累积危害行为，但和向河流倾倒污水的行为不同：从经验和常识看，前者发生的可能性和频率均很低，而后者却很高。因此，前者不应犯罪化，后者应被犯罪化。

确实，附加了“调和准则”的危害原则及其内涵，不仅能解决实害行为的犯罪化问题，也能解决部分间接危害行为的犯罪化问题。但是，危害原则及其“调和准则”主要是针对实害结果行为及部分危险/风险行为的犯罪化，并不是直接针对间接危害行为的犯罪化，因此，其并不能解决所有间接危害行为的犯罪化问题。比如，危害原则标准分析范式难以解决持有行为的犯罪化问题，尤其是在面对为什么犯罪化持有枪支的行为，而不犯罪化持有刀具等行为的诘问时，显得捉襟见肘。具言之，对如冯·赫希论及的“介入干预型”犯罪和某些累积型犯罪，单凭危害原则标准分析范式，是无法圆满解决问题的，还必须寻找别的限制路径。

二、被禁止的行为本身应具有不法性

被禁止的行为本身应具有不法性，源于刑法固有的可责罚性特征。刑法是一种复杂的、权威的、谴责性的手段，其通过犯罪化宣示某种行为是应受责备的不法行为。立法者将某行为犯罪化，就是对该行为不法的质的评价。[①] 而行为之不法的质是指行为人有罪过地实施的某行为，具有应受刑罚惩罚性。从表现看，

① 严明华、张少林、赵宁：《刑法分则条文罪状的理解与相应法定刑配置关系研究》，载《政治与法律》2010 年第 12 期，第 150 页。

应受刑罚惩罚的行为，客观上有危害或有危险，不应被容忍，而行为人主观上也具有罪过，应被责罚。因此，根据不法性要件，行为人无意中实施的某个风险行为，虽引起了严重后果，但不能把这种风险行为犯罪化。同样，从客观上看，如行为人的行为本身是合法行为、可容忍行为，即使具有诱发严重犯罪的可能，亦不宜犯罪化。比如，销售菜刀的行为，销售者知道购买者购买菜刀之目的是去杀人，仍然把菜刀销售给购买者。但因销售菜刀是合法行为，虽然把菜刀销售给购买者会助功其杀人行为，亦不宜予以犯罪化。当然，在实践中，某些行为在客观方面的不法，并不是一下就征表出来，其不法是在一定的过程中慢慢展现。对于这种情况，就需要等到行为已征表出不法时，才应予以犯罪化。一般而言，客观行为要征表出不法性，行为人要有朝向实害结果的实质步骤，即只有行为人的主观和实施的行为已具有实质意义，导致行为人将来的选择不再对危害结果是否发生具有决定性作用时，才可认为行为人的行为具有不法性。比如持有菜刀、石头和木棒的行为，是否具有不法性？很显然，仅持有这些物品本身，无论是从行为人主观方面看，还是从行为的危险性角度看，均不具备不法性。同时，这些行为本身并不能决定严重后果必然发生，相反，是行为人将来进一步的行为决定严重后果是否发生。就当前的持有状态看，严重后果是否会发生具有极大偶然性。因此，对于这种状态下的对普通物品的持有，还不具有不法性，不应予以犯罪化。

但同样是持有行为，为什么持有枪支的行为被犯罪化了，且在一定的文化语境下，还具有极高的认同度？持有枪支的行为，虽然也属于需要进一步的介入因素才可能导致严重后果的行为，行为人也没有征表出实施犯罪的故意和朝向严重危害的实质步骤。但与持有前述物品的行为相比，还是有不同的。对于持有枪支这种行为，范伯格把其放入“整体性危害”予以论证。按照经验推定，该类行为确实有害，但实际本身还无害。在这种情况下，一律禁止尽管（可能）会消除或减少一般性损害，却要以阻止无害或有益行为作为代价。[①] 之所以在整体上被认为是有危险的，是因为有少数人会滥用某种自由。[②] 持有枪支行为本身并不一定就有损害或损害风险，有些人可能会用持有的枪支实施犯罪，有些人持有枪支则是为了防身。因此，对于持有枪支到底是否应予以刑法禁止，就会处于进退维谷的境地。但最终这一行为仍被犯罪化，是因持有枪支行为具有内在危险性，这种内在危险性使其具有不法性。从现实经验看，一把装有子弹的手枪确实很容易走火，且会让人身权利遭受严重侵害。对此情况，范伯格主张对具有内在危险性的行为“应予以禁止，而只对值得信任且有特殊需要的少数人予以特许”，即以刑法禁止或特许证的方式规制这种情况。[③] 换言之，不一律允许，也不一律予以刑法禁止。即对于普通公民持有枪支的行为，因其具有内在危险性，予以刑法禁止，而对于特殊人群，比如猎人等，采用许可证的方式予以允许。

---

① 乔尔·范伯格：《刑法的道德限制》，方泉译，商务印书馆 2013 年版，第 217 页。

② 乔尔·范伯格：《刑法的道德限制》，方泉译，商务印书馆 2013 年版，第 221 页。

③ 乔尔·范伯格：《刑法的道德限制》，方泉译，商务印书馆 2013 年版，第 221 页。

三、阻止的最终危害必须是重大危害

刑法要把某类间接危害行为予以犯罪化，必然会限制行为人的部分自由。以限制自由的方式早期干预公民没有实害结果的行为，阻止的最终危害必须是重大危害，这样才能使这种早期干预具有正当性。该限制原则其实已包含在危害原则标准分析范式中，但当专门论述间接危害行为的犯罪化时，有必要把其单独作为一个一般限制原理提出来，突出其在间接危害行为犯罪化中的重要性。很多学者在论及犯罪化时，均认为刑法阻止的最终危害应是重大危害。胡萨克认为国家让公民承担刑事责任，其原因必须在于阻止重大危害，且把该要件视为犯罪化的内部限制原则。① 而间接危害行为的犯罪化，是把不具有实害结果的行为予以犯罪化，更应是为了阻止重大危害，才能使其犯罪化具有正当性。登普西在分析间接危害行为的犯罪化时，也认为应考虑危害的严重性。其把引诱嫖娼行为视为间接危害行为，并认为其应被犯罪化，首要原因便是其可能导致强奸罪的发生，而强奸的危害是极其严重的，并且传统的刑法都将强奸的危害视为最严重的危害之一。② 因此，把引诱嫖娼行为犯罪化，符合阻止重大危害的旨意。基于此原理考察，把恐怖犯罪领域、公共安全犯罪领域、食品安全犯罪领域和国家安全犯罪领域的间接危害行为犯罪化，也是有根据的。

---

① ［美］道格拉斯·胡萨克：《过罪化及刑法的限制》，姜敏译，中国法制出版社2015年版，第189页。

② Michelle M. Dempsey, Rethinking Wolfenden: Prostitute Use, Criminal Law, and Remote Harm, 2005 Crim. L. R. 449.

四、被禁止的间接危害行为，应与拟阻止的严重犯罪具有规范性联系

现代法治国家一般均应秉承罪责自负的原则，这要求应把刑事责任分配给应该担当之人。而在间接危害行为犯罪化中，立法的旨意明显是因要避免最终危害结果，才将其予以犯罪化。从实质意义上看，其分担的是最终实害结果行为的刑事责任。间接危害行为为何应分担不是自己本身造成的最终实害结果的刑事责任？根据罪责自负原则，间接危害行为不应分担和其自身毫无关联的最终实害结果的刑事责任。即使要给某些间接危害行为分配刑事责任，分配的也应是其本身就应承担的刑事责任，即承担的是其自身对严重犯罪的“加功”作用所对应部分的刑事责任。这样的责任分配才是公平的责任分配，如冯·赫希就认为：“应以行为人在危害风险创设中扮演的角色为根据，对行为人公平分配合作义务。”① 贝克也认为：“因为其他人的行为而被犯罪化，这在道德上是没有正当理由的，这忽略了每个人作为一个承担责任的、自主性的个体，具有的独立性。”② 因此，对间接危害行为的犯罪化，还必须限于与后续严重犯罪具有牵连的范畴内。

但该牵连关系，不是任何牵连关系，而是“规范性卷入”关联关系。贝克明确提出，间接危害行为犯罪化必须符合规范性

---

① Andrew Von Hirsch, Extending the Harm Principle: “Remote” Harms and Fair Imputation, in A. P. Simester & A. T. H. Smith (ed) Harm and Culpability, 1996, p. 269.

② Dennis J. Baker. The moral limits of criminalizing remote harms, 3 New Criminal Law Review (Summer), 2007, pp. 372-373.

卷入要件："只有当某人与其他人的犯罪行为，具有规范卷入关联关系时，才应该对其他人的犯罪行为承担责任。"① 前述论及，虽贝克认为被动乞讨行为是间接危害行为，但反对其犯罪化，原因在于其与"破窗效应"没有规范性卷入关联关系："与破窗理论相反，轻微扰乱社会秩序的行为，与抢劫以外的犯罪行为之间，不存在必然的联系。"② 并且，贝克通过剖析犯罪发生的原因，否定被动乞讨行为与严重扰乱社会秩序的犯罪之间的经验因果关系，进一步否定规范性卷入关系的存在："促使犯罪发生的因素，是社会结构的缺陷和集体效应的弱化，而不是扰乱社会秩序的行为。"③ "行为人实施的间接危害行为，只有在对直接实施犯罪者的后续犯罪选择，具有相当的归咎于他的谴责理由时，才应该承担刑事责任。"④ 而"相当的归责理由"，当然包括规范性卷入这一要件。间接危害行为的犯罪化，明显体现的是功利主义，其被立法实践采纳的重要原因在于其犯罪化可以降低整体的犯罪率。亦因为间接危害行为犯罪化明显的功利主义色彩，而被理论界质疑。但贝克认为："如果有足够的规范性理由，对该类间接危

---

① Dennis J. Baker. The moral limits of criminalizing remote harms, 3 New Criminal Law Review (Summer), 2007, p. 370.

② Robert J. Sampson, Stephen W. Raudenbush & Felton Earls, Neighborhood and Violent Crime: A Multilevel Study of Collective Efficacy, 277, Sci. 1997, p. 918; Robert J. Sampson & Stephen W. Raudenbush, Systematic Social Observation of Public Spaces: A New Look at Disorder in Urban Neighborhoods, 105 Am. J. Soc., 1999, p. 603.

③ Robert J. Sampson, Stephen W. Raudenbush & Felton Earls, Neighborhood and Violent Crime: A Multilevel Study of Collective Efficacy, 277 Sci., 1997, p. 918; Robert J. Sampson & Stephen W. Raudenbush, Systematic Social Observation of Public Spaces: A New Look at Disorder in Urban Neighborhoods, 105 Am. J. Soc., 1999, p. 638.

④ Dennis J. Baker. The moral limits of criminalizing remote harms, 3 New Criminal Law Review (Summer), 2007, p. 372.

害行为的犯罪化以追求功利，也是可容许的。”[①] 贝克支持的原因在于，如间接危害行为与最终严重后果犯罪有规范联系，那么对其归责便是公平的。换言之，某种间接危害行为与最终实害结果具有规范性卷入关联，意味着间接危害行为犯罪化的功利目的，是以报应为基础的——行为人对最终实害犯罪，具有指使、实施、预谋、计划或者积极鼓励的行为，因此，对其归责是该当的。

但是，“规范性卷入”关联关系，仅是一个概括性概念。就实践而言，其有不同的表现形式。同时，不同的间接危害行为类型，对最终实害的加功作用力或因果力不同，距离远近也不同，甚至主观罪责程度也不同，因此，其与最终实害结果的规范联系、方式和程度等也不同。但无论何种类型，规范性卷入关联关系均包括客观和主观两方面的因素。前者如“帮助”“教唆”“计划”和“鼓励”等行为，后者如“明知”和格伦威尔·威廉姆斯提出的“特定目的论”[②] 等。一般而言，在“帮助”“煽动”或“教唆”他人实施犯罪中，如果要把“帮助”“煽动”或“教唆”予以犯罪化，则行为人主观上应“明知”。但在研判某些其他间接危害行为是否应予以犯罪化时，行为人在实施间接危害行为时，仅有明知是不充分的。比如，某种间接危害行为的发生，仅可能会“影响”后续的某些严重后果。这种情况下，行为人仅有“明知”是不够的。针对此种情况，威廉姆斯提出了“特定目的论”：“在‘影响犯罪’的情形下，具有‘特定目的’是建立规范联系

---

① Dennis J. Baker. The moral limits of criminalizing remote harms, 3 New Criminal Law Review (Summer), 2007, p. 373, note 6.

② Glanville L. Williams, Complicity, Purpose and the Draft Code—1, 1990 Crim. L. R. 1990, p. 10.

的非常重要的决定因素。仅仅因为行为人应当‘预见’其合法的间接行为对主要危害产生有影响，而对其进行谴责是不符合道德法则的。”[①] 贝克论证的被动乞讨行为，也属于这种情况。被动乞讨行为对他人犯罪有“影响”意义，但如果行为人在主观上只有“明知”，还不足以与他人犯罪建立规范上的联系。从被动乞讨者本身看，其不具有“特定目的”，其与后续可能的严重犯罪不能建立规范联系，因此，被动乞讨行为不能予以犯罪化。当然，针对不同的间接危害行为，还有其他的规范卷入判断标准。这需要立法者在把间接危害行为予以犯罪化时，找出恰当的规范卷入因素，把间接危害行为的犯罪化限制在公平归责的范畴内。

概言之，通过前述四个原则，能限制间接危害行为的犯罪化。首先，对“危害原则标准分析范式”和“被禁止的行为本身应具有不法性”的坚守，可以排除不具有危害或重大危险的行为进入犯罪圈。同时，对该两个原则的坚守，也使“微害”行为、不文明行为或合法行为，不能被纳入犯罪圈。其次，“拟阻止的危害必须是重大危害”及“与拟阻止的严重犯罪具有规范性联系”限制原则，保证其不受到因果法则和刑法谦抑原则的讨伐，也避免了行为人因自己或第三人的将来行为承担责任的不公平现象发生。尤其是规范性联系原则，保证了行为人对拟阻止的严重犯罪有罪过，且对拟阻止的严重犯罪具有加功作用。简言之，通过上述限制原则，能保证间接危害行为犯罪化对刑事责任的分配具有公正性。

---

① Glanville L. Williams, Complicity, Purpose and the Draft Code—1, 1990 Crim. L. R. 1990, p. 10.

第五章　交通犯罪领域的间接危害行为及其犯罪化思考

当今的时代不同于农耕的传统社会，社会生态演化复杂。因此，间接危害行为的犯罪化有时代背景和特色为其背书，也是顺应社会发展之需要。特别是在很多涉及公共法益的领域，刑罚权基于公共政策和风险管理的需要，把一些间接危害行为予以犯罪化。这些公共法益领域，就包括交通犯罪领域。因此，交通领域间接危害行为的犯罪化，从宏观上看，具有必要性和合理性。但这并不意味着交通领域间接危害行为的犯罪化，就不会面临法治拷问。另外，前述已详细论证到，我国交通犯罪领域的间接危害行为还应进一步犯罪化，以严密交通犯罪刑事法网。因此，在本章中，主要分析交通犯罪领域的间接危害行为及其犯罪化涉及的问题。

第一节 交通犯罪领域的间接危害行为之范畴

交通领域有无数的风险行为，且给交通严重事故带来诸多的隐患。但并不是所有的交通风险行为均应被考量是否应纳入间接危害行为的范畴；同样，也并不是所有的交通风险行为，均是间接危害行为。因此，在论及交通领域间接危害行为的犯罪化之前，首先应限定间接危害行为查选的范畴。继之后，确定间接危害行为的甄别标准。

要严密刑法规制交通犯罪的刑事法网，尤其是要严密规制没有实害结果的交通犯罪刑事法网，就必须先确定其间接危害行为的范畴。一方面，不具有可责罚性，对社会还具有积极意义的交通风险行为，不应纳入刑法范畴。另一方面，交通领域是一个庞大的系统，涉及的行为众多。并不是所有的给交通安全创设危险的行为，均纳入交通犯罪的犯罪圈。因此，也有必要对交通犯罪领域的间接危害行为范畴予以确定或限制。

一、交通犯罪领域的间接危害行为应是违反交通管理法规的行为

前述论及风险行为与间接危害行为的区别时，已分析到：间接危害行为是高危险行为。但并不是交通领域发生的所有危险行为，均纳入交通犯罪领域中的间接危害行为范畴。比如，对交通

运输中的道路、桥梁等的危险行为，就不应是交通犯罪中的间接危害行为。再如，毁坏或者破坏交通工具的行为，也不应纳入交通犯罪领域的间接危害行为的范畴。那么，到底该如何确定交通犯罪领域的间接危害行为的范畴？

对于该如何确定交通犯罪领域的间接危害行为范畴的问题，首先应以交通管理法规为前提。从这个角度看，我国危险驾驶罪规制的间接危害行为范畴，没有突破这个范畴。危险驾驶罪规制的酗酒驾驶、驾车竞驶、公路上从事客运业务严重超过额定成员载客、严重超过时速行驶、违反危险化学品安全管理规定运输危险化学品的行为，均属于违反交通管理法规的行为。之所以要把"应是违反交通管理法规的行为"作为交通犯罪领域的间接危害行为的选择范畴，是因为该限制能保证所筛选的风险行为已属于交通犯罪领域。汽车工业的发展确实为交通领域带来了高风险，并由此衍生了许多高风险的行为。因此，从汽车生产到汽车在道路上行驶，这个过程的风险行为均可能导致或诱发交通事故。比如制造汽车的行为就是具有风险的行为，而且是非常典型的风险行为，其能诱发交通事故。但很显然，其不能视为交通犯罪领域的间接危害行为。如何把这种"诱发"交通事故的行为排除在讨论范畴之外？很显然其不是违反交通管理法规的行为，因此，不应是交通犯罪领域的间接危害行为，不应在交通犯罪领域讨论其是否应予以犯罪化的问题。另一个原因在于刑法是第二次法，把违反交通管理法规作为前提，才能体现刑法介入的迫不得已性。而有些高危险的行为虽然具有交通安全隐患，但如果没有违反交通运输管理法规，则还是考量是否应先纳入交通运输管理法规，并观察其规范后的效果。如果纳入交通运输管理法规规范后，能抑制这种行为导致的事故发生，则无须动用刑法。如果已被道路交通安全法等行政法规禁止，但如果这类行为还是频繁发生，而且导致了严重的后果，则表明交通管理法规第一次规制是失效的，需要启动刑法第二次对这种行为进行规制，才能真正保护交通安全。坚持该原则，也体现了刑法的谦抑精神。

二、拟被禁止的间接危害行为应具有重大交通危险

违反交通管理法规的行为是违法行为，但也并不都是具有重大危险的行为。只有当行为是交通管理法规规制的违法行为，并且该违法行为具有重大危险，才具有犯罪化的可能性。比如，合格的且获得了驾驶证的驾驶员，在没有驾驶证的情况下的驾驶行为，在一般情况下，这种行为是不会直接造成重大的财产损失和人员伤亡的，因此该行为虽然属于违法驾驶行为，但不能被犯罪化。而《刑法修正案（八）》和《刑法修正案（九）》已经犯罪化的酒驾行为、驾车竞驶行为、在公路上从事客运业务严重超过额定成员载客的行为、严重超过时速行驶的行为、违反危险化学品安全管理规定运输危险化学品的行为等，本身就具有高危险性，且具有引起重大交通事故的可能性，应被犯罪化。当然，这里涉及的关键问题是：何谓重大危险？对此问题的回答，还是应回到危害原则标准分析范式，考量侵害的可能性大小、侵害法益的重大与否、重大危险发生的频率等问题，综合作出回答。

三、拟被禁止的间接危害行为应具有主观可责罚性

根据刑事责任理论，客观危害并不是犯罪化的充要条件。行为人要承担刑事责任，除了造成客观危害或危害风险外，还必须具有犯罪意图。亦即行为人只对其有主观罪过的行为承担刑事责任。前述论及，间接危害行为衍生于危害原则，而范伯格等在论证危害原则中的“危害”内涵时，并不是绝对地认为对他人利益的阻碍、阻止或妨碍，就一定是作为刑法道德底线的危害原则中的“危害”。[①] 范伯格认为，“只有不法地对利益的阻碍及对利益造成阻碍的不法”，才能被视为危害原则中的“危害”。[②] 因此，当侵犯利益的行为具有规范意义上的不法性时，才能被视为危害，也才能使对危害行为的惩罚具有规范基础。

同样，在考虑是否犯罪化衍生于危害原则的间接危害行为时，也应考量间接危害行为人是否具有可归责性，从而确保间接危害行为的犯罪化符合刑事责任理论，最终符合公平和正义的诉求。对于不具有主观罪过的间接危害行为和具有正当抗辩事由的间接危害行为，则不能犯罪化。比如，驾驶技术熟练的驾驶员在驾驶过程中，在该刹车时因脚突然抽筋，导致没来得及刹车而冲过停车区一大部分，但没有造成任何实害后果。在该种情况下，“冲过停车区一大部分”但没有造成实害结果的行为，即属于间

---

① Joel. Feinberg. The Moral Limits of the Criminal Law: Harm to Others, Oxford University Press. Inc, 1984, p. 31.

② Joel. Feinberg. The Moral Limits of the Criminal Law: Harm to Others, Oxford University Press. Inc, 1984, p. 31.

接危害行为。但在这种情况下，行为人对危险驾驶行为没有主观罪过，不具有主观上的可责罚性，从而导致对该类行为的惩罚缺乏规范性基础。范伯格在分析犯罪化超速驾驶行为时，也谈到此问题。其认为被犯罪化的超速驾驶行为应“有一个规范性基础：该驾驶员有义务通过遵守特定的时速限制，即一种合作义务，当驾驶员违背了这种合作义务时，就要承担相应的责任”。[①] 驾驶员对自己的行为是违反交通管理法规的行为，是明知的，而且也明知自己应履行这样的注意义务。更进一步分析，危险驾驶行为人对可能导致的严重危害后果是具有明知或预见认识因素的，对自己的行为具有危险性也是有认识的。因此，这种危险驾驶行为具有不法性，对其进行犯罪化和惩罚，是具有可责罚性基础的。与之相反，如果行为人对行为的危害性不具有明知或预见的认识因素，则不能把这类行为犯罪化。

当然，作为间接危害行为的危险驾驶行为受惩罚的规范基础，和导致实害结果的驾驶行为受惩罚的规范基础不同。惩罚实害行为的规范基础是对最终危害结果的主观心态，而惩罚具有危害性行为的规范基础是对危害性行为的主观心态。因此，在犯罪化间接危害行为时，规范性基础的考虑，针对的是对行为的高危险性的认知状态，而不是对实害结果的认知。换言之，间接危害行为人只需要对行为的高危害性存在企图或认识，而无须对最终危害结果存在追求或放任。比如对于危险驾驶行为，行为人只需要认识其是对交通管理法规的违反，认识到自己的驾驶行为具有

---

① Joel. Feinberg. The Moral Limits of the Criminal Law: Harm to Others, Oxford University Press. Inc, 1984, p. 31.

危险性，即可认为其已具备主观的可非难性或可责罚性。

第二节　交通犯罪领域的间接危害行为类型

在交通犯罪领域，存在诸多间接危害行为。虽然这些间接危害行为均会对交通安全产生影响，但类型还是有所差别。

根据现行危险驾驶罪的规定，已被规制的间接危害行为包括“追逐竞驶，情节恶劣的”“醉酒驾驶机动车的”“从事校车业务或者旅客运输，严重超过定额乘员载客的，或者严重超过规定时速行驶的”和“违反危险化学品安全管理规定运输危险化学品，危害公共安全的”。但就交通犯罪实践看，除了这些行为外，还有诸多的没有被刑法规制的间接危害行为。交通犯罪领域的重大危险行为不胜枚举，但对照交通管理法规，并根据前述的范畴确定标准，以及这些行为自身的特征，还是能确定有哪些间接危害行为没有规制。比如，以下这些行为，在行为人有主观罪过下实施，则可能被视为间接危害行为，但却没有规制：（1）挪用、转借机动车牌证或驾驶证的；（2）涂改、伪造、冒领机动车牌证、驾驶证或者使用失效的机动车牌证、驾驶证的；（3）驾驶禁止驶入高速公路的机动车驶入高速公路的；（4）在高速公路上倒车、逆行或者穿越中央分离带掉头、转弯的；（5）在高速公路上不按规定停车的；（6）在高速公路上车辆发生故障、事故停车后，不按规定使用灯光和设置警告标志的；（7）不按规定停车或车辆发生故障不立即将车移开，造成交通严重堵塞的；

（8）逆向行驶的；（9）驾车穿插、超越警车护卫的车队的；（10）驾驶与驾驶证准驾车型不相符合的车辆的；（11）驾车下陡坡时熄火、空挡滑行的；（12）行经铁路道口不按规定行车或者停车的；（13）在高速公路上不按规定超车或者变更车道的；（14）指示或命令他人违章驾驶或肇事后逃跑的；（15）不按规定超车或让车的；（16）违反交通信号指示的；（17）路口遇有交通堵塞，强行驶入的；（18）驾驶未经检验或者检验不合格的车辆的；（19）驾驶转向器、制动器、灯光装置等机件不符合安全要求的车辆的；（20）进入导向车道后，不按规定方向行驶的；（21）不避让执行任务的警车、消防车、工程救险车、救护车的；（22）在禁行的时间、道路上行驶的；（23）违反停车规定，临时停车停放的；（24）不按规定掉头的；（25）驾驶噪声和排放有害气体超过国家标准的车辆的；（26）不按规定使用喇叭或喇叭音量超过标准的；（27）在高速公路上违反其他载人规定的；（28）在高速公路上机动车载物长度、宽度、高度超过规定，未经审批或者未按规定行驶的；（29）在高速公路上不按规定保持行车间距的；（30）在高速公路上正常情况下驾车低于规定最低时速的；（31）在高速公路上未按规定系安全带的；（32）低能见度气象条件下在高速公路上不按规定行驶的；（33）实施高速公路交通管制后，违反管制措施的；（34）交通肇事后逃逸的。

当然，无法把交通犯罪领域没有被规制的间接危害行为全部列举完，更无须列举完。因为某些行为所处的具体情况不同，其性质和对客观世界的影响，也会发生变化；但只要基本的标准不变，当某个没有实害结果的行为在交通犯罪领域出现，就可以按照前述的标准予以考量，从而判断该行为是否应纳入间接危害行为的范畴，是否应进行犯罪化。

概要介绍和列举上述这些交通犯罪领域的间接危害行为，目的在于考量其是否该入罪以及如何入罪的问题。但要更为具体地分析上述这些行为是否该入罪及如何入罪的问题，则首先应把这些间接行为予以类型化，再根据其所属的类型，探讨其犯罪应受到何种限制。换言之，首先应判断这些行为具体属于第一类“危险型”间接行为、第二类“需要介入干预型”间接危害行为还是第三类“联结型/累积型”间接危害行为。

一、交通犯罪领域中属于“危险型”的间接行为

在交通犯罪领域，这类行为是最多的。比如以下这些行为，就属于交通犯罪领域的“危险型”间接行为：驾驶禁止驶入高速公路的机动车驶入高速公路的；在高速公路上倒车、逆行或者穿越中央分离带掉头、转弯的；在高速公路上不按规定停车的；在高速公路上车辆发生故障、事故停车后，不按规定使用灯光和设置警告标志的；不按规定停车或车辆发生故障不立即将车移开，造成交通严重堵塞的；逆向行驶的；驾车穿插、超越警车护卫的车队的；驾车下陡坡时熄火、空挡滑行的；行经铁路道口不按规定行车或者停车的；在高速公路上不按规定超车或者变更车道的；在高速公路上驾驶转向器、制动器、灯光装置等机件不符合安全要求的车辆的；不按规定超车或让车的；违反交通信号指示的；路口遇有交通堵塞，强行驶入的；进入导向车道后，不按

规定方向行驶的；不避让执行任务的警车、消防车、工程救险车、救护车的；在禁行的时间、道路上行驶的；违反停车规定，临时停车停放的；不按规定掉头的；在高速公路上违反其他载人规定的；在高速公路上机动车载物长度、宽度、高度超过规定，未经审批或者未按规定行驶的；在高速公路上不按规定保持行车间距的；在高速公路上正常情况下驾车低于规定最低时速的；在高速公路上未按规定系安全带的；低能见度气象条件下在高速公路上不按规定行驶的；实施高速公路交通管制后，违反管制措施的；交通肇事后逃逸的；驾驶未经检验或者检验不合格的车辆的；驾驶与驾驶证准驾车型不相符合的车辆的；使用失效的机动车牌证、驾驶证的；等等。同样，无法把交通犯罪领域的属于该类型的间接危害行为全部罗列，其他的没有罗列但符合“危险型”间接行为判断标准的，也属于该类范畴的间接危害行为。

二、交通犯罪领域中属于“需介入干预型”的间接行为

在交通犯罪领域，这类行为并不多，但也不是没有。比如，“指示或命令他人违章驾驶或肇事后逃跑的”行为、“挪用、转借机动车牌证或驾驶证的”行为、“涂改、伪造、冒领机动车牌证、驾驶证的”行为，就属于该类间接危害行为。但交通管理法规中的具有重大危险的行为，属于该类行为的也没有完全列举尽。同样，只要是交通犯罪领域中符合“需介入干预型”的间接行为，就应归入该类。其他国家的交通刑法已把该类行为中的

一些行为予以了犯罪化，比如，在日本刑法中，把诸多该类行为予以了犯罪化。日本《道交法》第117条之二第2项规定的“为酒后驾驶者提供车辆罪”、《道交法》第117条之二第6项和第117条之三第3项规定的“要求/请求与酒后驾驶者同乘罪”、《道交法》第117条之二第4项和《道交法》第117条之二第9项规定的“命令/容忍酒后驾驶罪”、《道交法》第118条第1款第4项规定的“命令、容忍驾驶罪”、《道交法》第117条之二第2项规定的“为无证驾驶者提供车辆罪”、《道交法》第117条之三第1项规定的“要求、请求与无证驾驶者同乘罪”、《道交法》第117条之二第8项规定的“命令、容忍无证驾驶罪”、《道交法》第117条之二第11项规定的“以不正当手段获得驾驶证罪”、《道交法》第118条第1款第5项规定的“命令、容忍超载驾驶罪”，就属于对该类间接危害行为犯罪化的罪。因为这些被犯罪化的行为，即“为酒后驾驶者提供车辆”的行为、“要求/请求与酒后驾驶者同乘”的行为、“命令/容忍酒后驾驶”的行为、“命令、容忍驾驶”的行为、“为无证驾驶者提供车辆”的行为、“要求、请求与无证驾驶者同乘”的行为、“命令、容忍无证驾驶”的行为、“以不正当手段获得驾驶证”的行为和“命令、容忍超载驾驶”的行为，自身并不能造成严重的交通事故，只有行为人或第三者做出进一步的行为，才能导致严重伤亡事故。因此，一般而言，其具有“需介入干预型”间接行为的特征，应纳入该类间接危害行为的范畴。

三、交通犯罪领域中属于"联结型/累积型"的间接危害行为

在交通犯罪领域，这类行为也并不多，但交通管理法规中的"驾驶噪声和排放有害气体超过国家标准的车辆的"行为、"不按规定使用喇叭或喇叭音量超过标准的"行为，应属于该类间接危害行为。

从上述间接危害行为的归类情况看，交通犯罪领域的间接危害行为多数属于"危险型"间接行为，属于第二类和第三类的情况并不多。无论是"危险型"间接危害行为、"需介入干预型"的间接行为，还是"联结型/累积型"的间接危害行为，其犯罪化遭遇的困境不同，是否应予以犯罪化的正当化理由也有区别。

第三节　交通犯罪领域间接危害行为之犯罪化考量

交通风险领域的间接危害行为，分属于三类不同类型。三类不同的间接危害行为，虽有均没有造成实害结果、距离实害结果有距离等共性，但还是有差别，将其犯罪化设置的罪也有差别，遭遇的困境也不同。

一、交通犯罪领域“危险型”间接危害行为之犯罪化考量

交通犯罪领域的“危险型”间接行为的犯罪化，禁止的行为是在交通安全领域创设了会危及他人的危害性行为。根据第三章中论及的限制原则，对该类行为的犯罪化，符合“行为本身具有不法性、预防的必须是重大危害”两个原则。首先，其符合不法性限制要件，主要在于三个原因：第一，行为人引起的风险，不具有合理性和可宽容性，因此，该类行为具有不法性；第二，交通领域的这些危险行为，引起的交通风险会危害他人，因此，该类行为也具有不法性——至少在被害人拥有不应被伤害的权利的情况下，其不法性在于对被害人权利和利益的侵犯；第三，因交通犯罪领域的间接危害行为，都是违反交通管理法规的行为，显然也具有不法性。其次，交通领域间接危害行为的犯罪化，拟阻止的均是涉及交通安全的严重犯罪，其符合“预防的必须是重大危害”限制要件。而对于“与严重犯罪具有规范性联系”这个限制要件而言，就该类间接危害行为而言，没有讨论的必要，因为该类行为与第二类和第三类不同，不需要进一步的参与行为，其自身对危害结果的出现就具有决定性作用，甚至就是其自身造成的，因此不涉及规范卷入性问题。同时，该类行为的犯罪化直接可在标准危害原则分析框架内解决：根据标准危害原则分析范式，如果行为导致对他人危害的可能性很低，那么该种间接危害行为犯罪化的可能性也就越低。沿着公路跑的行为没有被犯罪化，但飙车的行为却被犯罪化了，差异就在于：沿着公路跑的

行为和飙车行为，造成的危险程度不同——后者对他人造成危害的可能高于前者。

（一）“危险型”间接危害行为犯罪化遭遇的问题

危险型间接危害行为犯罪化，产生的是危险犯。虽然危险型间接危害行为犯罪化引起的问题较少，但其犯罪化还是面临挑战。该类危险行为犯罪化面临的挑战和引起的问题是：过度涵涉化。如前提及，过度涵涉化的犯罪化，会导致惩罚无辜行为，因此，该类犯罪如果惩罚了无辜行为——其实就是在具体案件中，某些行为虽触犯该类犯罪但却根本不会产生严重后果的行为，是否能获得正当性？要回答此问题，必然涉及具体危险犯和抽象危险犯。危险型间接危害行为产生的危险犯，禁止的行为需要“偶然事件”才会引起危险。针对此问题，赫希对两种“偶然事件”予以了区分，并以此为根据，把危险犯划分为抽象危险犯和具体危险犯。比如，某个刑法规范禁止不谨慎的驾车行为，而某个还没有看见前方道路的驾车人，抄了近道。当时的事实情况是，其行为不会导致交通事故的发生，但该驾车人疏忽或不谨慎导致其没有看清前方道路，抄了近道而触犯该罪，还是会被惩罚，没有发生严重事故是个意外事件，对于该意外事件，驾车人不能事先预知，也不能对该意外事件有控制能力。但该类驾车事件，引起了真实的风险——具体危险。① 换言之，虽然该行为最终没有造成严重后果，但却会受到惩罚，是因为该行为造成了真实危险。

① A. P. Simester & Andrew Von Hirsch, crimes, harms, and wrongs—on the principles of criminalization, Hart Publishing, 2011, p. 76.

这就是具体危险犯。虽然具体危险犯也会惩罚这类根本不可能造成严重后果的行为，但其本身至少是有真实危险的，因此，对其惩罚是有正当性的。但还是必须直面一个问题：多大的真实危险可使其具有正当性？

但对于抽象危险犯，遭遇的困境却不同。比如，英国某刑法规范禁止不谨慎驾车，高速公路上限制时速不能超过 70 公里。这种规定之目的，是保护公民免受伤害。因此，某个人在空无一人的公路上驾车，时速为 80 公里，就触犯了该罪。但是，因公路上空无一人，无论如何也不会发生人员伤亡，根本不会产生真实的风险。这类犯罪是抽象的危险犯，其惩罚的是仅仅只有某种偶然事件现实存在，才会引起严重事故的行为。但是，抽象危险犯的法条还是会惩罚前述这种根本无法造成严重后果且不可能引起真实风险的行为。对于这种情况，其惩罚的正当性是什么？

（二）“危险型”间接危害行为犯罪化之思考

对于具体危险犯，赫希认为限制过度涵涉化，不需要超出标准危害原则的分析，仅需要在危害大小与被禁止的引起风险的行为之价值之间进行适当的平衡。① 换言之，限制该类行为的犯罪化，依靠危害原则标准分析范式即可实现，即衡量“危害大小与被禁止的引起风险的行为之价值”，并在二者之间进行适当的平衡。交通风险语境中的该类危险行为，可能诱发重大人员伤亡事故，发生的可能性非常大，对相对人（如其他车辆、行人等）

---

① A. P. Simester & Andrew Von Hirsch, crimes, harms, and wrongs—on the principles of criminalization, Hart Publishing, 2011, p. 76.

造成的损害非常大（涉及生命或健康，是重大法益），因此，其有犯罪化的必要。而犯罪化对该类危险行为的实施者而言，会限制其部分自由。因此，到底是否应犯罪化该行为，就需要衡量对自由的限制和该行为犯罪化的价值。但根据范伯格前述的“自由选项论”，自由有“繁衍选项”和“有限选项”两类。很明显，禁止公民轻率实施危害交通安全的危险行为，限制的是公民属于“有限选项”的自由。该类自由的限制对公民的影响不大，比如禁止危险驾驶，公民还有更多的其他驾驶方式的选择。如前论及的，按照范伯格的观点，该类行为的禁止并不能阻止公民“到达某条主干线”。并且，禁止该类行为，使其他公民获得了更多的利益和自由——其他公民能享有安全的交通，获得更多幸福。按照范伯格的观点，这显然只有自由的净增。[①] 而根据冯·赫希的观点，其论证中的“第二步：权衡和评估没有犯罪化前行为的社会价值以及犯罪化将对行为人自由选择的侵犯程度。行为的社会价值越高，或者犯罪化产生的刑法禁令对自由的限制越大，则不应犯罪化的理由就越充分”，[②] 也大致与此意思相同。

对于设置为抽象危险犯，赫希认为其也具有正当性，原因在于：第一，从某种意义上看，是因实践的需要。[③] 证明行为事实上具有危险，会给法律执行添加诸多没有任何意义的困难和成本，而且还需要本身就极具侵犯性的侦查机制。在这种情况下，

---

① 乔尔·范伯格：《刑法的道德限制》，方泉译，商务印书馆 2013 年版，第 239 页。

② A. P. Simester & Andrew Von Hirsch，crimes，harms，and wrongs—on the principles of criminalization，Hart Publishing，2011，p. 55.

③ A. P. Simester & Andrew Von Hirsch，crimes，harms，and wrongs—on the principles of criminalization，Hart Publishing，2011，p. 77.

抽象危险犯与具体危险犯相比，能更好地预防严重危害的出现。如果说拟被设置的抽象危险犯是可行的涵涉范畴最小的犯罪形式，那么，对于类似危险驾驶行为犯罪化设置一个罪，就变成了过度涵涉与涵涉偏小的犯罪化选择了。尽管这仍然是一个需要评价的问题，但与具体危险犯相比，抽象危险犯更受欢迎。第二，抽象危险犯能避免认识错误带来的风险，比如对具体危险程度的认识错误所带来的风险。[①]（抽象危险犯能通过明确规定对于行为人而言，什么是毫无例外的恰当的避免危害风险的行为方式，从而给行为人提供更合理的指导：清楚地列出时速限制，禁止行为人驾车时速太快，是最容易被遵守的。）相反，如果设置具体危险犯，对于是否具有现实的危险（当我驾车时，公路上还有何种类型的其他驾驶员？我喝多少酒还能安全驾驶），驾车人就会不断地任意地进行判断。当公路上确实有很多人时，人类自欺欺人的倾向，会导致驾车的人更快驾车，或者喝更多的酒。确实，具体危险犯会因实实在在的风险而被定罪，但由此也会招致不必要的更多风险。驾车人即使高度谨慎，并且仅是认识错误，但还是可能会出现严重后果。作为事前预防的策略，抽象危险犯能避免这种后果：不需要时刻关注公路上到底是否有其驾驶员？多少时速才会安全？驾驶员要做的是：不要超过时速限制驾车。[②] 第三，另一个论据是：社会生活的参与者，通过相互的行为，履行一定的合作义务。因此，立法者会设置抽象危险犯，从而为群体

---

① A. P. Simester & Andrew Von Hirsch，crimes，harms，and wrongs—on the principles of criminalization，Hart Publishing，2011，p. 77.

② A. P. Simester & Andrew Von Hirsch，crimes，harms，and wrongs—on the principles of criminalization，Hart Publishing，2011，p. 77.

的内部成员设置内部保护——保护行为被规制的群体的成员，免受已通过外部保护免受侵害的其他成员的伤害。时速限制、醉酒驾驶禁止规则，就是内部限制的范例，目的在于使驾驶员的行为被规制，并且规则是为了从内部保护驾驶员。与之对应，禁止工厂排污是外部限制的典范：经营工厂者被规制，但规制的利益是他人获得，特别是居住在该区域的居民。当然，工厂经营者也可能居住在该区域，但其获益是意外的，而且对于被规制的行为而言，并不是内部性的。相反，驾驶员是作为驾驶员身份而获利。从本质上看，内部性的危险犯规则包括互惠互利的保护框架：如果大家都遵守时速限制，则不仅会保护其他人免受驾驶行为的伤害，而且会保护驾驶员不受其他驾驶员的超速驾驶行为的伤害。因此，抽象危险犯的保护框架能为所有交通道路的参与者提供互惠互利的利益。该互惠互利的事实也证明所有人包括具有超常能力者，也应遵守交通规则。对于交通道路的参与者而言，遵守抽象犯的规则体系，均会受益。而正是该“受益”成为了每个人都必须遵守抽象危险规则的理由，违反该规则均应承担刑事责任的正当化根据。①

因此，在抽象危险犯框架中，如果其禁止时速超过 70 公里驾驶，虽然有驾驶员主张即使以 100 公里时速驾驶，也会很安全，但这种主张是很自私的，甚至是过高的估计。如果内部性规则提供为什么行为人在获利的情况下，应该放弃选择，其理由是

---

① A. P. Simester & Andrew Von Hirsch, crimes, harms, and wrongs—on the principles of criminalization, Hart Publishing, 2011, p. 78.

多方面的（当然，这些理由可能涉嫌家长主义），[①] 并且可能会被质疑：自私为什么就成了应该被施加刑事制裁的错误。在民主法治国家，除非行为人应当承担某种义务，公民一般而言可以自私，而且依靠自己的利益取舍行为。因此，某个人如果真的以时速 100 公里驾驶也是安全的，根据抽象危险犯的规则，其仍然还是应被惩罚，且其惩罚具有正当性。赫希认为，行为人的主张不仅自私，而且有另外的理由可以支持其为什么还是应当被惩罚，即一旦一个标准要求遵守，通常意味着对驾驶员而言，以 100 公里的时速驾驶并不总是完全安全的。道路交通规则作为一种“合作机制”，不仅涉及驾驶员，而且该规则还为驾驶员与其他驾驶员以及行人，设置了互动条款。特别是没有人是孤岛，当其他人处于交通道路上时，是依靠这些法律条款进行预期和获得许可的。根据这些法律条款，交通道路的参与者不会要求调整自己的行为，以适应一个驾驶技术卓越的驾驶员，不会如他们一样进行驾驶的情况。但如果允许驾驶技术卓越的驾驶员以 100 公里的时速驾驶，则会使普通驾驶员的比较安全的驾驶环境因突然在远方出现了一个以特殊速度驾驶的驾驶员，而突然变得很危险。尽管卓越的驾驶员能控制自己的车和驾驶行为，但不能参与和控制其他人的驾驶行为。当卓越的驾驶员以普通驾驶员不期望的时速驾驶时，其不仅会对其他驾驶员带来抽象危险，而且会带来具体危险。[②]

---

① A. P. Simester & Andrew Von Hirsch, crimes, harms, and wrongs—on the principles of criminalization, Hart Publishing, 2011, p. 78.

② A. P. Simester & Andrew Von Hirsch, crimes, harms, and wrongs—on the principles of criminalization, Hart Publishing, 2011, pp. 78-79.

从前述可以看出，交通安全领域的危险型间接危害行为的犯罪化，如果设置成具体危险犯，其涵涉过宽的正当性问题，在危害原则的框架体系中就能解决，且能获得证立。但对于抽象危险犯，凭借危害原则标准分析范式，似乎缺乏一些说服力。但是，借助于其他的辅助原则或根据，对其归责也不违背公平归责原则。

（三）交通犯罪领域中没有被规制的“危险型”间接危害行为之罪与非罪

前述列举了诸多的危险型间接危害行为，但并不意味着这些间接危害行为均应予以犯罪化。在这些行为中，只有违反交通管理法规、具有重大危险且具有主观可责罚性的行为，才应予以犯罪化。而在三个判断原则中，具有重大危险性需要结合这些行为本身，进一步进行分析。

对于前述列举的行为，均可能侵害重大法益——交通安全，但根据实践经验看，发生的可能性和发生的频率却不同。对于如此多的危险行为，不可能全部予以犯罪化。同时，也不可能对每个行为设置一个罪。因此，对于前述列举的危险型间接行为以及其他的没有列举的该类行为，在考量其罪与罚时，遵照以下几点予以思考：首先，某类行为是否具有重大危险取决于具体情况，对于这种危险行为，宜设置为具体危险犯。比如，对于“不按规定停车或车辆发生故障不立即将车移开，造成交通严重堵塞的”“逆向行驶的”或“驾车穿插、超越警车护卫的车队的”“违反停车规定，临时停车停放的”和“使用失效的机动车牌证、驾驶证行为”等，到底有没有重大危险，取决于当时的具体情况。

因此，对于这类行为，在其他条件符合的情况下，宜设置为具体危险犯。其次，把危险型间接危害行为进一步类型化，比如类型化为酒后驾驶类、超速驾驶类、无证驾驶类、超载驾驶类等类型，然后将每个类型设置为一个罪。再次，考量危险行为发生的频率。醉酒驾驶、超速驾驶、飙车等行为，就是交通犯罪领域高频率发生的行为。而有些行为虽然在某些具体情况下，也会出现重大危险，但实践中发生的频率并不高，因此，不应予以犯罪化。比如，“驾车下陡坡时熄火、空挡滑行的”行为，实践中发生率较低。如果没有特殊情况，宜通过交通管理法规予以规制。最后，重大危险或重大事故发生的可能性。如某个行为导致重大危险或重大事故的可能性很低，则不宜予以犯罪化，由交通管理法规予以规制即可。比如，不系安全带的行为，虽然有些国家予以了犯罪化，但这属于过罪化的情况。就我国法制体系而言，交由交通管理法规予以即可，因该类行为一般不会造成重大事故，且可能侵害的对象主要是本人。

概言之，对于没有被规制的这些危险型间接行为，到底是予以犯罪化还是不予以犯罪化，是一个难题。但无论如何，至少应基于上述四点思考其是否应予以犯罪化。

二、交通犯罪领域“需介入干预型”间接危害行为犯罪化之考量

“需要介入干预型行为”犯罪与危险犯禁止的行为相似，因该类犯罪禁止的行为也是会增加最终危害结果出现风险的行为。但与危险犯禁止的行为不同的是：该类犯罪所禁止的危害风

险不是直接源自被禁止的行为本身，危害风险仅在人类进一步的行为之后，或者与人类的进一步行为相联系，才会出现。人类进一步的行为包括行为人自身的行为，以及其他第三人的行为。比如，对于“需介入干预型”犯罪这一类，就需要进一步干预行为才会导致危害后果的间接危害行为犯罪化的犯罪——比如，S是原始行为者，S的原始行为是O；后继的干预行为是I，而后继行为I既可以是S所为，也可以是第三者P所为。在这种情况下，S实施的O被犯罪化，但O本身并没有危害。但O却导致P决定实施I，或者让实施I变得更容易，或者更能诱发S决定实施I，而正是I导致或引起了最终危害或危害风险。

在交通犯罪领域，根据前述的列举，属于“需要介入干预型行为”的并不多。对于交通犯罪领域的这种行为，同样面临该类行为犯罪化的困境：行为人为什么必须对不是自己行为造成的实害结果分担责任？比如，虽然指示或命令他人违章驾驶或肇事后逃跑，但最终实害结果却不是“指示”或“命令”者造成的，如果犯罪化就要承担责任，该责任的分配如何具有正当性？对于该类“指示”或“命令”行为，其显然与最终实害结果犯罪具有规范性的卷入。因此，对此类行为犯罪化的困境，因具有规范性卷入，而具有正当性。

但是，对于“挪用、转借机动车牌证或驾驶证的；涂改、伪造、冒领机动车牌证、驾驶证的行为”的犯罪化，是否也是如此？“挪用、转借机动车牌证或驾驶证的；涂改、伪造、冒领机动车牌证、驾驶证的行为”也是违反交通管理法规的行为，但其本身不必然与严重伤亡后果有联系。同时，与“指示或命令他人违章驾驶或肇事后逃跑的行为”不同，其本身与交通严重事故并不必然具有规范性卷入关系。不仅如此，该类行为与“指示或命令他人违章驾驶或肇事后逃跑的行为”相比，另一个差别是：其本身还没有直接侵犯交通运输安全——只有行为人自己或者第三者实施进一步的驾车行为，才有可能会诱发严重交通事故。换言之，该类行为与严重交通犯罪的“关联性”不高，不应给其分配刑事责任。赫希也认为：“预先阻止某种最终危害结果风险的合作义务，自然而然主要是由与牵涉进来的行为最具有紧密关系者承担。”[①] 对于该处的此种间接危害行为，是否应予以犯罪化？日本《道交法》把诸多的该类行为予以了犯罪化，比如第117条之二第11款规定，禁止“以伪造等不正当手段获得驾驶证或者国外驾驶证的”行为，即设置了“以不正当手段获得驾驶证罪”。日本设置该罪规制此类行为，并不意味着我国就应设置该罪，更不意味着其就具有正当性。从该行为本身看，其虽具有不法性——违反交通管理法规，如果禁止这种行为，最终目的也是预防发生严重犯罪。但是，该类行为与最终严重犯罪并没有规范卷入联系——首先，行为人主观上并不是为了制造严重交通犯罪；其次，从该客观行为看，其本身对于严重交通犯罪也不是实质性步骤，即其本身并不具有高危险性。因此，该类行为到底是否予以犯罪化，应视具体情况分析。而日本之所以把这种行为予以了犯罪化，是因为日本对交通犯罪的规制，采取的是刑法单一体系予以规制。如果不借助刑法手段进行惩罚，则该类行为就没

① A. P. Simester & Andrew Von Hirsch, crimes, harms, and wrongs—on the principles of criminalization, Hart Publishing, 2011, p. 87.

有法律制度予以管制。但我国对交通安全的规制，采取的是刑法和行政法规二元体系，因此，对于这种是否应犯罪化的行为，既要考量交通管理法规的情况，同时还要考量具体情况，有选择地予以犯罪化。

三、交通犯罪领域“累积型”间接危害行为犯罪化之考量

前述论及，交通领域的“驾驶噪声和排放有害气体超过国家标准的车辆的行为”和“不按规定使用喇叭或喇叭音量超过标准的行为”，就属于间接危害行为中的累积型间接危害行为。我国刑法没有将这些行为犯罪化，但该种行为是否应予以犯罪化呢？要回答这个问题，还是要回到一个问题：累积型间接危害行为如何犯罪化才具有正当性？

累积型间接危害行为与危险型间接危害行为相似，因该类犯罪禁止的行为也是会增加最终危害结果出现风险的行为。而对于交通犯罪领域的联结型/累积型犯罪，如同前述论及该类犯罪禁止的行为特征时已指出的那样，也必须与第三人的行为结合才可能出现严重后果。但该类间接危害行为，与第二类也有差别：累积型间接危害行为与进一步的更多的相似行为叠加，会造成严重后果，但“需要介入干预型”间接危害行为只有与进一步的不同行为结合，才会造成严重后果；另外，“需要介入干预型”的间接危害行为，即使累积起来也不会造成严重后果。同时，两类间接危害行为犯罪化产生的问题也是不同的：“需要介入干预型”间接危害行为犯罪化会受到因果关系等的质疑，因此，需要

极强的“规范性卷入联系”，才能予以正当化；而累积型间接危害行为不会受到该质疑，比如，向河流倾倒污水的行为会污染河水，尽管特定的某个人的倾倒行为不足以导致严重后果，但特定人的行为参与了制造严重后果。因此，行为人的行为与严重后果具有因果联系。但累积型间接危害行为犯罪化，也会引起问题：行为人的行为对于严重后果而言，既非必要也非充要条件，为什么要惩罚？甚至会被质疑：如果其他人遵守规则，就不会出现严重后果，为什么单单要惩罚行为人？

尽管受到质疑，但社会中某些累积型间接危害行为还是必须予以犯罪化。对于累积型间接危害行为为什么应被惩罚的问题，赫希认为被惩罚的行为是该类行为中的行为之一，这就是其应承担刑事责任的根据。[①] 如果行为人与其他人均不实施该被禁止的行为，则不会出现严重后果。行为人的行为与他人的行为在性质上没有区别，因此，不能免除其应为最终危害结果承担的刑事责任。[②] 换言之，赫希认为累积型间接危害行为与最终实害结果之间具有因果联系，不缺乏规范性卷入联系。同时，该类型的间接危害性，本身也具有不法性。赫希甚至认为，事实上，污染河流的行为具有两种不法：第一，尽管污染河流的最终严重后果是集体行为造成的，直接不法是集体不法；第二，与集体不法对应，行为人个人的行为参与了集体不法，也具有个体不法。[③] 因此，

---

① A. P. Simester & Andrew Von Hirsch, crimes, harms, and wrongs—on the principles of criminalization, Hart Publishing, 2011, p. 86.

② A. P. Simester & Andrew Von Hirsch, crimes, harms, and wrongs—on the principles of criminalization, Hart Publishing, 2011, p. 86.

③ A. P. Simester & Andrew Von Hirsch, crimes, harms, and wrongs—on the principles of criminalization, Hart Publishing, 2011, p. 86.

个体实施的累积型间接危害行为本身也具有不法，其符合对间接危害行为进行惩罚的一般原则中的“行为具有不法”要件。

当然，要对累积型间接危害行为予以犯罪化，还需要结合危害原则标准分析范式，比如结合进行“调和性考量”。[①] 范伯格对于累积型危害行为，也是以“调和准则”予以考量。比如，考虑该类行为发生的可能性：如果累积型危害行为发生率高，造成实害结果的可能性大，则就应犯罪化，反之，则不应予以犯罪化。而该调和性考量，实际上是根据“相关性”，对阻止间接危害的合作责任进行分配。赫希认为，这种根据“相关性”进行责任分配，具有合理性。[②] 换言之，与最终危害结果的“相关性”越高，分担合作责任的可能性和程度就越高；反之，则分担合作责任的可能性和程度就越低。也就是说，在以条件关系划分间接危害行为圈大小的前提下，并不是要把所有的可纳入间接危害行为范畴的间接危害行为，均予以犯罪化。对于最终危害结果，纳入间接危害行为圈的间接危害行为，均是最终危害结果的作用力。但其距离最终危害结果的远近、类型不同，对最终危害结果的作用力会有差异——在累积型间接危害行为语境中，是否应对其进行犯罪化，应考虑其对最终危害结果的作用力大小。前面提到，赫希认为预先阻止某种最终危害结果风险的合作义务，自然而然主要是由与牵涉进来的行为最具有紧密关系者承担。不仅如此，其还认为：“实施累积型间接危害行为常态化的主体，

---

① A. P. Simester & Andrew Von Hirsch, crimes, harms, and wrongs—on the principles of criminalization, Hart Publishing, 2011, p. 86.

② A. P. Simester & Andrew Von Hirsch, crimes, harms, and wrongs—on the principles of criminalization, Hart Publishing, 2011, p. 87.

与仅偶然实施累积型间接危害行为的行为人相比，有所不同。”①其进一步说明，累积危害行为是否应被犯罪化，取决于该类行为是否已“常态化”，以及其与最终实害结果的关联性是否紧密。

据此，审视前述提及的“驾驶噪声和排放有害气体超过国家标准的车辆的行为”和“不按规定使用喇叭或喇叭音量超过标准的行为”，把该类行为犯罪化，意味着给行为人施加义务和责任。面对拟阻止的严重后果，行为人的行为既非必要也非充要条件，为什么要惩罚行为人的质疑，以及如果其他人遵守规则，就不会出现严重后果，为什么单单要惩罚行为人的质疑，就必须厘清：施加这样的责任是否合理？虽然该类行为和向河流倾倒污水一样，具有不法性，但具有不法性并不意味着就应予以犯罪化。首先，从危害原则之“调和准则”的相关内容看，该类行为与严重交通犯罪的关联性非常疏远。虽然具有因果关系，但该因果关系还不足以使该行为与严重交通犯罪具有紧密的关联关系。换言之，因不具有紧密的关联关系，对拟阻止的严重交通犯罪，并没有足够的作用力，引起严重交通犯罪的可能性也很低，不应予以犯罪化。其次，该类行为在交通安全领域并不是常态，不应对其予以犯罪化。因此，该类行为和前述提及的在公共场合大声鸣喇叭的行为一样，不应予以犯罪化。当然，这种行为毕竟具有不法性，应予以规制。在我国交通法制体系下，可由交通管理法规予以规制。

---

① A. P. Simester & Andrew Von Hirsch, crimes, harms, and wrongs—on the principles of criminalization, Hart Publishing, 2011, p. 87.

第六章 规制交通犯罪领域间接危害行为的刑法立法完善

为了规制交通犯罪，抑制严重犯罪发生，我国的交通犯罪刑事法网必须完善。而完善的最主要策略便是进一步犯罪化该领域的间接危害行为，严密刑事法网。

第一节 主要国家交通犯罪立法梳理

由于制度、社会文化、刑法立法模式等差异，导致我国和其他国家对交通犯罪领域的危害行为的刑法规制具有较大差异。西方主要国家构建了较为严密的法律制度，特别是其对交通领域危害行为采取零容忍措施，导致直接危害行为和诸多间接危害行为已经犯罪化。下面对一些国家的交通犯罪进行梳理，并在此基础上进行总结，为进一步完善我国交通犯罪立法提供借鉴。

一、德国交通犯罪立法梳理

德国是成文法国家，对交通犯罪的规制包括刑法典的规制和附属刑法的规制。而刑法典对交通犯罪的规制，在分则中有明确的罪名规定，在总则中也涉及对交通犯罪的规制。大致而言，德国对交通犯罪的规制，主要包括以下内容：

（一）德国刑法典涉及公共交通安全领域的犯罪主要集中在第315条a款危害铁路、水路和航空交通安全罪①，第315条b款侵害公路交通安全罪②，第315条c款危害公路交通安全罪，第315条d款对道路交通中的有轨交通工具犯罪③和第316条酒后驾驶罪④中。但其中，第315条a款危害铁路、水路和航空交通安全罪中的危害铁路和航空交通安全罪，不属于我国交通犯罪

---

① 《德国刑法典》第315条a款危害铁路、水路和航空交通安全罪："（1）因下列行为危及他人身体、生命或贵重物品的，处五年以下自由刑或罚金刑：由于饮用酒或麻醉品，或由于精神上或身体上的缺陷，在无能力驾驶有轨交通工具、悬空缆车、船舶或飞机的情况下，驾驶此等交通工具的。（2）犯第一款第一项之罪未遂的，亦应处罚。（3）犯第一款之罪有下列行为之一的，处2年以下自由刑或罚金刑：1）过失造成危险的，或2）过失为上述行为且过失造成危险的。"

② 《德国刑法典》第315条b款侵害公路交通安全罪："（1）以下列方式侵害公路交通，因而危及他人身体、生命或贵重物品的，处5年以下自由刑或罚金刑：1）毁弃、损坏、去除设备或交通工具，2）设置障碍物，或3）其他类似的危险侵害行为。（2）犯本罪未遂的，亦应处罚。（3）行为人在第315条第3款条件下实施本罪的，处1年以上10年以下自由刑，情节较轻的，处6个月以上5年以下自由刑。（4）犯第1款之罪，过失造成危险的，处3年以下自由刑或罚金刑。（5）过失犯第1款之罪，且过失造成危险的，处2年以下自由刑或罚金刑。"

③ 《德国刑法典》第315条d款道路交通中的有轨交通工具："有轨交通工具参与道路交通的，只适用保护道路交通的规定。"

④ 《德国刑法典》第316条酒后驾驶罪："（1）饮用酒或其他麻醉品，不能安全驾驶交通工具（第315条a至第315条d），如其行为未依第315条a或第315条c处罚的，处1年以下自由刑或罚金刑。（2）过失犯本罪的，亦依第1款处罚。"

的领域；同时，该处的水路安全犯罪，在我国是纳入交通犯罪的。对于德国刑法典第315条b款侵害公路交通安全罪，其第1项规定了三种行为方式：（1）毁弃、损坏、去除设备或交通工具，（2）设置障碍物，或（3）其他类似的危险侵害行为。该罪犯罪客观行为样态，不是将着力点放置于行为人驾驶行为上，而是在毁损公共交通设施上。其本身也不属于我国交通犯罪领域，而是属于破坏交通设施的犯罪。因此，对德国刑法典第315条a款规定的危害铁路、水路和航空交通安全罪和德国刑法典第315条b款侵害公路交通安全罪，在此不作分析。

1. 德国刑法典第315条c款危害公路交通安全罪规定："（1）有下列行为之一，因而危及他人身体、生命或贵重物品的，处5年以下自由刑或罚金刑：1）具有下列不适合驾驶情形之一而仍然驾驶的：a. 饮用酒或其他麻醉品，或b. 精神上或身体上有缺陷，2）具有下列严重违反交通规则及疏忽情形的：a. 未注意优先行使权，b. 错误超车或在超车时错误驾驶，c. 在人行横道上错误驾驶，d. 在看不到全貌的地方、十字路口、街道、铁路交叉道口超速行驶，e. 在看不到全貌的地方，未将车停放在车道右侧，f. 在高速公路或公路上调头或试图调头，g. 刹车或停车时未保持交通安全所必需的距离。（2）犯第1款或第1项之罪而未遂的，亦应处罚。（3）犯第1款之罪有下列情形之一的，处2年以下自由刑或罚金刑：1）过失造成危险的，或2）过失为上述行为，且过失造成危险的。"对于该规定，其具有的特征是：

首先，既惩罚既遂犯，也惩罚未遂犯。这从"（2）犯第1

款或第1项之罪而未遂的，亦应处罚。（3）犯第1款之罪有下列情形之一的，处2年以下自由刑或罚金刑：1）过失造成危险的，或2）过失为上述行为，且过失造成危险的”可以看出。也就是说，如果造成了既遂，就按照第315条c款（1）进行惩罚；如果是未遂，则按照第315条c款（2）和（3）的规定进行惩罚。

其次，该罪既惩罚故意，也惩罚过失，对于本罪的危险犯，也是如此。这从“第315条c款（3）”可以看出。

再次，该罪规制的行为种类繁多。第315条c款（1）的1）规定的“不适合驾驶情形”包括：a. 饮用酒或其他麻醉品，或b. 精神上或身体上有缺陷；第315条c款（1）的2）规定了公路上七种严重违反交通规则及疏忽情形——该项中诸如“优先行驶权”“错误超车”“错误驾驶”“交叉口超速行驶”“未保持适当车距”等表达，囊括了交通安全领域众多的危险驾驶行为。尤其是结合“第315条c款（3）”的规定，就意味着该罪的惩罚范畴是十分广泛的。

最后，对被惩罚的行为进行类型化，而不是列举各个具体行为。比如，“不适合驾驶仍然驾驶”的行为类型，包括了“a. 饮用酒或其他麻醉品，或b. 精神上或身体上有缺陷”两种情况。但仔细分析，该两种情况实际还是类型化的表达，“a. 饮用酒或其他麻醉品”是包括饮酒或其他麻醉品的行为，其涵涉是很广的，比如能把饮用“毒品”的行为纳入规制范畴。而“精神上或身体上有缺陷”这种情况亦相同，涵盖了诸多情况，比如精神病、幻觉、听力不好等情况。同样，“第315条c款（1）的2）”规定的七种情况，更是如此。在七类不同类型中，包括诸多的行为。因此，德国刑法典该条规定惩罚的范畴十分广泛。

2. 德国刑法典第315条d款规定的“道路交通中的有轨交通工具”，其详细内容是：“有轨交通工具参与道路交通的，只适用保护道路交通的规定。”该规定实际上是一个比照性条款，对于第315条a款危害铁路、水路和航空交通安全罪中“特殊的有轨交通”，第315条b款侵害公路交通安全罪直接针对对象为“有轨交通”的破坏，以及第315条c款的相关情况，该条款能够起到修补第315条前三条的关于有轨交通工具在特殊的有轨交通和普通道路交通上造成危险和危害后果的刑法适用，为此，其立法宗旨在于“保护道路交通的规定”，即可比附和参照第315条a、b、c款的相关规定和处罚。

3. 德国刑法典第316条规定了“酒后驾驶罪”，其详细内容是：（1）饮用酒或其他麻醉品，不能安全驾驶交通工具（第315条a至第315条d）；如其行为未依第315条a或第315条c款处罚的，处1年以下自由刑或罚金刑；（2）过失犯本罪的，亦依第1款处罚。从客观行为样态看，其似乎与前面第315条的规定有些雷同，但通过对这几个法条罪状的分析，就会发现：第316条规定的“酒后驾驶罪”，仅要求饮用酒或麻醉品，导致不能安全驾驶交通工具的情况，不要求因为饮用过量而“造成他人身体、生命或贵重物品”的结果发生和“危及他人身体、生命或贵重物品”的危险出现。若出现此类危险，则在司法认定上不能构成本罪，而是适用法定刑较高的第315条a、c款相关罪名。因此，该罪的特征有：第一，该罪不属于实害结果犯罪，因仅规定饮用酒或麻醉品导致不能安全驾驶，就进行刑事处罚；第二，该罪既惩罚故意行为，也惩罚过失行为。除故意危险驾驶被刑法进行规制外，对于过失行为也同样进行刑罚。同时，对于故意与过失，从法律规定看，没有对法定刑配置进行区分。

（二）德国除了刑法典规定的上述交通犯罪外，在一些附属刑法中也规定了交通犯罪。比如，对醉酒的规定就是如此。1952年的《道路交通安全法》，首次规定对醉酒驾驶造成具体危险的，应予以刑事制裁。该法第 21 条和第 22 条规定了行为构成，第 23—27 条规定了违反交通秩序的行为原则，同时在第 24 条 a 款还规定了 0. 8‰的血液酒精含义的界限。当然，在 1998 年，德国对《道路交通安全法》第 24 条 a 款规定的标准进行了修改，该标准变为血液酒精为 0. 5‰。德国不仅惩罚醉酒的具体危险犯，也禁止抽象危险犯。德国对醉酒驾驶抽象危险犯进行的第一次刑事立法，始于 1964 年的第二部《道路交通安全法》。该法第一次把“禁止驾驶”增加为交通犯罪的附加刑，且惩罚抽象醉酒驾驶危险犯。该规定被 1969 年通过的第一部《刑法改革法》正式吸收为条文，后在 1975 年德国刑法典中成为前述的第 316 条。①

（三）德国对醉酒驾驶进行规定和惩罚的法条较多。比如，总则中有四个条文，即第 44 条“禁止驾驶”、第 69 条“剥夺驾驶许可”、第 69 条 a 款“禁止授予驾驶许可”和第 69 条 b 款“在外国的驾驶许可剥夺的效力”。总则的这四个法条的规定，涉及的是对交通犯罪进行惩罚的附加刑和剥夺自由的保安处分。当然，醉酒驾驶是交通犯罪的一种，其也会受此惩罚。分则的条

① 丛日禹：《醉酒驾驶犯罪研究》，法律出版社 2015 年版，第 63-66 页。

文除了前述论及的第315条c款、第316条外，还有第323条a款的“醉酒”规定。第323条a款规定：“（1）故意或过失饮酒或使用其他麻醉品，使自己处于无责任能力或不能排除其无责任能力的醉酒状态下实施犯罪行为的，处5年以下自由刑或罚金刑。（2）所处刑罚不得重于其在醉酒状态下实施的犯罪的刑罚。（3）如果在醉酒状态下实施的行为仅在告诉、授权或要求判刑情况下才进行刑事追诉的，该行为非经告诉、授权或要求判刑不得追诉。”[①] 有学者认为，三个法条的功能不同：第315条c款“道路交通的危险”是规定醉酒驾驶的具体危险犯，第316条“交通中的醉酒驾驶”是醉酒驾驶的“兜底型”条款——抽象危险犯，而323条a款规定的“醉酒”是另外一个“兜底型”条款，即醉酒导致行为人无责任能力而构成犯罪时适用的条款。[②] 尽管这仅是针对醉酒驾驶等的相关规定，但由此可知，德国对交通犯罪的规定，是非常详细和具体的。

（四）德国惩罚实害结果交通犯罪的情况。[③] 对此，以醉酒驾驶造成实害结果触犯的罪名为例，予以说明。根据德国的法律规定，如果醉酒驾驶致人死伤构成结果犯，虽然该行为也是危害公共安全的行为，但产生了实际伤害结果，就应视为对个人法益的侵害，而不是作为对集体法益的侵害。因此，醉酒驾驶致人死亡涉嫌构成德国刑法典分则第222条规定的过失杀人罪和第229条规定的“过失的身体伤害罪”。因此，德国对于醉酒驾驶的立

---

① 《德国刑法典》，徐久生、庄敬译，中国方正出版社2004年版，第159页。
② 丛日禹：《醉酒驾驶犯罪研究》，法律出版社2015年版，第66-67页。
③ 丛日禹：《醉酒驾驶犯罪研究》，法律出版社2015年版，第68页。

法方式基本是：通过规定危险犯的方式来保护公共安全法益，而对于单纯的个人法益的侵害，则通过结果犯予以保护。

（五）可能触犯的其他犯罪。[①] 如我国的刑事司法实践一样，如果交通犯罪领域发生的某些案件符合以危险方法危害公共罪的构成要件，会以该罪进行处理一样，德国交通犯罪会以其他犯罪予以惩罚。比如，驾驶者违反交通管理法规，在驾驶过程中采取紧跟他人车辆、反复打闪灯、狂按喇叭等野蛮方式强让他人让道的，可能会涉嫌刑法典第 240 条规定的恐吓罪。同样，在德国的司法实践中，也会遇到驾车人在交通肇事后逃跑、拒绝接受检查、对受害人见危不救等情形，这就会涉嫌构成德国刑法典第 142 条规定的“不允许离开事故地点罪”、第 323 条 c 款规定的“不予救助罪”。

二、日本交通犯罪立法梳理

（一）日本交通犯罪立法中惩罚实害结果行为的犯罪

通常认为在日本惩罚实害结果的交通犯罪有四个：危险驾驶致死伤罪、准危险驾驶致死伤罪、驾驶过失致死伤罪、驾驶过失致死伤并隐灭受酒精等影响的证据罪。在这四个实害结果犯中，前两个犯罪是故意犯罪，后两个犯罪是过失犯罪。

1. 危险驾驶致死伤罪。日本现行《刑法》第 208 条之二的规定，于 2001 年 11 月修改，且基于过失致死伤罪法定刑比较轻而增设新罪名。创设该罪前，日本司法对该类行为普遍适用的罪

① 参见丛日禹：《醉酒驾驶犯罪研究》，法律出版社 2015 年版，第 68 页。

名为过失致死伤罪，而其法定刑仅5年以下有期惩役。惩治危险驾驶致死伤行为，依照过失致死伤罪的较轻的刑罚，已经不能满足日本广大民众的期待，促使广大的因危险驾驶致死伤罪的被害人及其家属的不满进而推动立法，最终该罪作为单独罪名获得刑事立法的确认。该罪虽然惯常地发生在公共交通领域，似乎是侵害公共交通安全的法益，但日本《刑法》却将其置于“伤害罪”章节之中：“据参与起草法案的法务省刑事局企划官井上宏的解释，这是因为危险驾驶行为本身在实质危险性上与暴行相类似，因此，危险驾驶致伤罪在罪质上相当于实施暴行致人伤害，也就是伤害罪，而危险驾驶致死罪则相当于伤害致死。”① 该罪主观上摒弃了传统刑法上将此类行为作为业务过失犯罪的处理，在主观心理态度上正本清源作故意犯罪的认定。2014年5月20日生效的日本特别刑法——《驾驶机动车致死伤行为等处罚有关的法律》，将危险驾驶致死伤罪全文录入，仍遵循其故意犯罪的认定，仅在原有的五项客观行为方式上增加了一项。

2. 准危险驾驶致死伤罪。这是特别刑法《驾驶机动车致死伤行为等处罚有关的法律》新增设的罪名。根据《驾驶机动车致死伤行为等处罚有关的法律》第3条的规定：“受酒精或药物的影响，在行驶过程中可能给正常驾驶带来障碍的情况下，驾驶机动车，因该酒精或药物影响陷入难于驾驶的状态，致人伤害的”，是明显的造成实害结果的犯罪。该罪与前罪仅一字之差，即多了个“准”字。从法定刑配置上看，两个罪名相交，但两

① 赖正直、朱章程：《日本刑法中的危险驾驶致死伤罪述评》，载《中国刑事法杂志》2012年第5期，第121页。

个法定刑幅度却因“准”字而分别少5年有期徒役。这说明该罪因为行为人在酒精或药物的影响下，不是加重了其行为处罚，而是在主观上对行为的意识和控制能力都降低了。相同的危害后果处罚较轻，只能说明该罪主观恶性较前罪要低，因而新增设罪名以作细分。

3. 驾驶过失致死伤罪。这是特别刑法《驾驶机动车致死伤行为等处罚有关的法律》新增设的罪名。其第5条规定：“怠慢机动车驾驶所必需的注意义务，致人死伤的。”

4. 驾驶过失致死伤并隐灭受酒精等影响的证据罪。这是特别刑法《驾驶机动车致死伤行为等处罚有关的法律》新增设的罪名，由其第4条予以规定，对驾驶过失致死伤后逃避酒精或药物的检查而设置的罪名，是为进一步完善驾驶致死伤罪的法网。

（二）日本交通犯罪立法中惩罚间接危害行为的犯罪

在日本交通犯罪中，除了规制实害结果的犯罪外，还有大量的惩罚没有造成实害结果的犯罪（即惩罚交通犯罪领域中的间接危害行为的犯罪）。该类犯罪主要有：酒后驾驶类罪、超速驾驶类罪、无证驾驶类罪、超载驾驶类罪、其他危险犯性质之道路交通犯罪。而五类罪中，又设置了不同的具体个罪：

1. 酒后驾驶类罪。其包括：（1）酒后驾驶罪。该罪是由日本《道交法》第117条之二第3项规定，根据该规定，酒后驾驶罪惩罚的行为是“违反本法第65条第1款的规定驾驶车辆（轻车辆除外）者，在实施驾驶行为时，体内保有的酒精含量达到政令规定程度以上的”行为。该罪规制的酒驾行为，是为危险驾驶行为的酒精含量没有达到醉驾的程度而设置的罪名，但必须达到政令规定的酒精量的要求才能入罪。（2）醉酒驾驶罪。该罪是由日本《道交法》第117条之二第1项予以规定，惩罚的是“违反本法第65条第1款的规定驾驶车辆者，在实施驾驶行为时，处于受酒精影响可能难以正常驾驶的醉酒状态的”行为。该罪也是故意犯罪。前述两罪的区别在于：酒后驾驶罪是处于非醉酒状态，而醉酒驾驶罪则是处于醉酒状态。（3）为酒后驾驶者提供车辆罪。该罪由日本《道交法》第65条第2款规定：“对于可能违反前款规定驾驶车辆的饮酒者，任何人不得为其提供车辆。”行为人明知他人醉酒状态而为其提供车辆，在日本刑法中将这种行为不作为醉酒驾驶罪的帮助犯，而是将这种放任的帮助行为单独成罪。（4）为酒后驾驶者提供酒类罪。该罪由日本《道交法》第65条第3款规定：“对于可能违反第1款规定驾驶车辆者，任何人不得为其提供酒类或者劝其饮酒。”同上所述，其也是对酒后驾驶罪的加功行为单独设罪的立法模式。（5）要求、请求与酒后驾驶者同乘罪。日本《道交法》第65条第4款规定：“在明知车辆（无轨电车以及供客运事业使用且处于工作状态的机动车等其他政令规定的机动车除外）驾驶者处于酒后状态时，不得要求或请求其违反第1款规定驾驶车辆运送自己从而与其同乘一车。”同上所述，其也是对酒后驾驶罪的加功行为单独设罪的立法模式。（6）命令和容忍酒后驾驶罪。根据日本《道交法》第75条第1款第3项的规定：“机动车使用者（包括安全驾驶管理者等其他具有直接管理机动车运行地位者），不得为了其工作，命令或者容忍机动车驾驶者违反本法第65条第1款的规定在饮酒后驾驶机动车。”同上所述，其也是对酒后驾驶罪的加功行为单独设罪的立法模式。（7）拒绝和妨碍呼气酒精检测罪。根据日本《道交法》第 67 条第 3 款的规定：“警察认为乘车或者即将乘车的人可能实施本法第 65 条第 1 款规定的酒后驾驶行为的，为避免发生道路交通危险，可以对其作出不得在达到能够正常驾驶的状态前驾驶车辆的必要指示。同时，为调查乘车人体内保有的酒精含量，可以按照政令规定的检测方法对乘车人进行呼气酒精检测。”

2. 超速驾驶类罪。其包括：（1）（过失）超速驾驶罪。该罪是由日本《道交法》第 22 条第 1 款予以规定，且针对的是超速驾驶车辆的行为：“车辆不得在道路上以超过道路标识等规定的最高限制速度行驶。在其他没有道路标识等规定最高限制速度的道路上行驶，不得超过政令规定的最高限制速度。”（2）命令、容忍超速驾驶罪。日本《道交法》第 75 条第 1 款第 2 项，针对机动车使用者命令、容忍超速驾驶的行为，作出了禁止性规定。根据该项规定：“机动车使用者（包括安全驾驶管理者等其他具有直接管理机动车运行地位者），不得为了其工作，命令、容忍驾驶者违反本法第 22 条第 1 款的规定驾驶机动车。”（3）共同危险驾驶罪。该罪由日本《道交法》第 68 条予以规定：“二人以上机动车或者带发动机的自行车的驾驶者，在道路上驾驶两辆以上的机动车或者带发动机的自行车前后相连行驶或者并排行驶时，不得共同实施明显会给道路交通造成危险或者明显会给他人造成困扰的行为。”

3. 无证驾驶类犯罪。其包括：（1）无证驾驶罪。日本《道交法》第64条第1款规定:“任何未根据本法第84条第1款的规定取得公安委员会颁发的驾驶证者,不得驾驶机动车或者带发动机的自行车。”(2)为无证驾驶者提供车辆罪。根据日本《道交法》第177条之二第2项的规定:违反本法第64条第2款的规定,为无证驾驶者提供机动车或者带发动机的自行车的(接受他人违反第64条第2款规定提供的机动车或者带发动机的自行车者,违反同条第1款规定的,必须实际实施了驾驶相关机动车或者带发动机的自行车的行为)。(3)要求、请求与无证驾驶者同乘罪。根据日本《道交法》第117条之三第1项的规定:“违反本法第64条第3款的规定,要求或请求与无证驾驶者同乘一车的,处2年以下惩役或者30万日元以下罚金。”(4)命令、容忍无证驾驶罪。该罪由日本《道交法》第75条第1款第1项予以规定,其禁止的行为是:对机动车使用者命令、容忍无证驾驶的行为。该项的详细规定是:“机动车使用者(包括安全驾驶管理者等其他具有直接管理机动车运行地位者)不得为了其工作,命令、容忍未根据本法第84条第1款的规定取得公安委员会颁发的驾驶证者或者未取得相关车辆的驾驶证者驾驶机动车。”(5)以不正当手段获得驾驶证罪。该罪由日本《道交法》第117条之二第11款规定,其禁止的是“以伪造等不正当手段获得驾驶证或者国外驾驶证的”行为。

4. 超载驾驶类犯罪。其包括:(1)超载驾驶罪。该罪禁止的是超载驾驶行为,并由日本《道交法》第57条第1款前半段予以规定:“车辆(轻车辆除外)驾驶者,不得违反政令中有关乘车人数以及装载物重量、大小、装载方法的限制性规定而驾驶车辆。”（2）命令、容忍超载驾驶罪。该罪禁止的是“对机动车使用者命令、容忍超载驾驶的行为”，并且由日本《道交法》第75条第1款第6项予以规定：“机动车使用者（包括安全驾驶管理者等其他具有直接管理机动车运行地位者）不得为了其工作，命令或者容忍机动车驾驶者违反本法第57条第1款的规定，驾驶违反装载物限制性规定的机动车。”（3）拒绝停车、出示证件、测量装载物重量罪。该罪由《道交法》第119条第1款第3项之三予以规定：“拒绝警察依照本法第58条之二的规定提出的停车、出示证件的要求，或者拒绝、妨碍警察依照本法第58条之二的规定测量该车装载物的重量。”（4）不遵从有关装载物的命令采取应急措施罪。该罪由《道交法》第119条第1款第3项之四予以规定，其禁止的是“不遵从警察依据本法第58条之三第1款、第2款的规定提出命令的”行为。

5. 其他危险犯性质之道路交通犯罪。除了前述规定的犯罪外，日本还规定了以下15个犯罪：（过失）无视信号驾驶罪、酩酊驾驶罪、在禁止通行的道路上驾驶罪、（过失）驾驶装备不良的车辆罪、（过失）违反安全驾驶义务驾驶罪、不履行救助、报告义务罪、在驾驶过程中使用移动电话等装置罪、紧急刹车罪、不保持必要车距罪，以及随意转弯、横穿、掉头、倒车罪和随意穿插罪。

概言之，日本的交通犯罪刑事法网具有以下特点：第一，交通犯罪刑事法网非常严密。日本通过刑法典和《道交法》设置了30多个危险犯罪，涵盖了诸多交通犯罪领域的间接危害行为。日本之所以设置了如此多的没有实害结果的交通犯罪，如前述已经论及的，是因为其对交通犯罪的规制，采取的是单一体系予以规制，而不像我国采取的是刑法和行政法规二元体系。第二，正如后面在配刑中还会提到的，其配刑也较轻。第三，既惩罚故意间接危害行为，也惩罚过失间接危害行为。

三、英国交通犯罪立法梳理

有学者认为“英国关于道路交通犯罪的立法是西方国家中最为完备者之一，该国颁布有较多专门的制定法规制交通犯罪。”① 不仅如此，英国也是较早制定规制道路交通犯罪的国家。比如在1835年，其制定了《高速公路法》，并规定在人行道上驾驶任何马车的行为，构成犯罪，同样适用于机动车辆；1847年《城市警察条例》规定，狂速地驾驶马车的行为构成犯罪，同样也适用于机动车驾驶者；1861年《人身犯罪法》规定管理马车或者汽车的人，如果放纵或狂速地驾驶而致人伤害的行为，构成犯罪；1988年颁布《道路交通法》，该法当今英国适用最多。英国是判例法国家，因此，除了这些法律规定交通犯罪外，还通过各种判例对交通犯罪予以认定。②

从罪名看，英国刑法中的交通犯罪“主要包括放任驾驶罪、疏忽驾驶罪、危险驾驶罪、危险或者轻率驾驶致死伤罪、体内有过量酒精时驾驶或意欲驾驶罪、在不适宜的状态下驾驶或意欲驾

---

① 李凯：《交通犯罪的刑法规制》，西南财经大学2013年博士学位论文，第7页。

② 参见李凯：《交通犯罪的刑法规制》，西南财经大学2013年博士学位论文，第7页。

驶罪、在不适宜的状态下控制车辆罪、使用未保险的机动车辆罪等。”① 在这些犯罪中，有的惩罚造成实害结果的犯罪，有的惩罚间接危害行为犯罪。换言之，英国交通犯罪立法涵盖了危险犯和结果犯等诸多交通犯罪行为。

（一）危险或者轻率驾驶致死伤罪。“依据被《1991 年道路交通法》第 1 条所替代的《1988 年道路交通法》的第 1 条规定，‘某人因为在道路或者其他公众场所危险驾驶机动车辆而致使他人死亡的，构成犯罪’。”② 而在普通法中，则可能被判处过失杀人罪，该罪类似于日本刑法中的危险驾驶致死伤罪，主观上是故意或轻率，是对公众进行有危险的速度和方式驾驶汽车行为的惩罚。从该罪看，其也是高度类型化，只不过是用主观心态予以类型化，即“轻率”类的驾驶致死行为，均可以该罪进行惩罚。换言之，对轻率主观心态支配下的驾驶致死行为，用该罪予以惩罚。

（二）疏忽驾驶罪。该罪来源于《道路交通法》第 3 条的规定：“任何人如在公路或者其他公共场所驾驶机动车辆，而没有适当的关注和注意，或者对于使用该道路或公共场所的其他人没有给予合理的考虑，即构成犯罪。”就疏忽驾驶罪而言，对其施加刑事责任，说明是非常严苛的。因此，在司法实践中，对“疏忽”的认定是非常谨慎的。比如，有人认为：“必须发现驾驶过程缺乏适当的注意或者合理的考虑。那些并未造成事故的案例，

① ［英］鲁伯特·克罗斯、菲利普·A. 琼斯著，理查德·卡德修订：《英国刑法导论》，赵秉志等译，中国人民大学出版社 1991 年版，第 338-353 页。

② ［英］J. C. 史密斯、B. 霍根：《英国刑法》，李贵方等译，法律出版社 2000 年版，第 552 页。

例如涉及一个驾驶经历毫无污点的司机的片刻失神，依我们观点，不应出现在法院。”① 同样，该罪也是以主观心态“疏忽”类型化这种犯罪，而不是以客观行为方式类型化。

（三）放任驾驶罪。该罪针对的是“行为人在公路上放任地驾驶机动车辆的行为。”对于该罪，一般对行为人可以判处罚金或监禁，或并处罚金和监禁。但如果该罪造成实害结果，则“可判处5年以下监禁”。②

（四）体内有过量酒精时驾驶或意欲驾驶罪。该罪针对的是当一个人体内的酒精含量超过“规定限度”时，仍然在道路上或其他公共场所驾驶机动车，或意图驾驶机动车辆的行为。对该罪的惩罚，可按简易程序审理，对行为人可判处6个月监禁或1000英镑罚金，或二者并处。

（五）在不适宜的状态下驾驶或意欲驾驶罪。该罪是指：“在不适宜的状态下驾驶或意欲驾驶罪，是指当行为人因饮酒或吸毒而处于不宜开车的状态之中时，在道路上或其他公共场所驾驶或意欲驾驶机动车辆的行为。本罪可按简易程序审理，对行为人可判处6个月监禁或1000英镑罚金，或二者并处。”③ 从该罪的规定看，“不适宜”开车状态实际内含了行为人驾驶能力的判断，考虑了行为人的因素。同时，该罪导致不适宜驾驶的原因不限于“饮酒”，还包括“吸毒”等各种情况。因此，该罪的涵涉

---

① ［英］J. C. 史密斯、B. 霍根：《英国刑法》，李贵方等译，法律出版社2000年版，第540页。

② 李凯：《交通犯罪的刑法规制》，西南财经大学2013年博士学位论文，第8页。

③ 李凯：《交通犯罪的刑法规制》，西南财经大学2013年博士学位论文，第9页。

范畴非常广泛。同时，该罪是以实质会危及交通犯罪状态予以考量。

四、美国交通犯罪立法梳理

美国是判例法国家，对于交通犯罪的规制不同于日本、德国等国。同时，美国是联邦制国家，各州法律规定不一，各州和联邦刑法对交通犯罪的规定也不同。美国有 52 部刑法典，因此，要想弄清楚各刑法典对交通犯罪的规定，是十分困难的。尽管各部刑法典有所不同，但美国法学会制定的《模范刑法典》，对大多数州有很大影响力。虽然《模范刑法典》也没有专门规定交通犯罪，但还是涉及交通犯罪。其主要体现在：

（一）《模范刑法典》第 250.7 条规定的“妨碍公务和其他公共通道”：（1）没有法定特权的行为人明知或者轻率地，单独或者伙同他人，实施妨碍公路或者其他公共通道的行为，构成违警罪。在受到执法人员警告后继续实施的，构成微罪。[①]

（二）第 211.2 条规定的“轻率地使他人处于危险状态”：行为人轻率地实施使他人处于或者可能处于遭受死亡或者严重身体伤害的危险状态的行为的，成立轻罪。[②]

（三）第 210.3 条规定了“非预谋杀人罪”：（1）具有下列情形的杀人罪构成非预谋杀人：（a）轻率地致人死亡的；或者

---

① 《美国模范刑法典及其评注》，刘仁文、王祎等译，法律出版社 2005 年版，第 210 页。

② 《美国模范刑法典及其评注》，刘仁文、王祎等译，法律出版社 2005 年版，第 134 页。

(b) 本应构成谋杀，但行为人具有相当理由或者不得已的事由，而在精神或者情绪的极度混乱的影响下实施杀人行为的。对于该相当理由或者不得已的事由是否具有合理性，应以一般人在行为人相信存在的情况下所持有的看法为基础予以判断。(2) 非预谋杀人属于二级重罪。①

(四) 第210.4条规定了“疏忽杀人罪”：(1) 疏忽地致人死亡的杀人罪，构成疏忽杀人。(2) 疏忽杀人构成三级重罪。②

在美国刑法中，交通犯罪也规制交通犯罪危险犯与实害结果犯。不仅如此，根据犯罪的严重程度，把犯罪从轻到重划为违警罪、微罪、轻罪、二级重罪、三级重罪。以交通犯罪中的醉酒驾驶为例，根据其造成的后果和严重程度，会触犯不同类型的罪：“美国大多数州，醉驾如果导致了人身伤亡或财产损失，或有造成这些严重后果的危险时，就有可能构成轻罪或重罪。其中，醉驾没有导致人身伤亡或财产损失时，仅构成轻罪，将被判处700美元至1500美元的罚款、1年以下监禁刑期、1至7年的保护观察或者吊销驾驶证等。但如果多次醉驾或者醉驾导致重大人身伤亡、财产损失时，可能构成重罪，将被判处高额罚款、1年以上有期徒刑。在某些州，如果醉驾后果极其严重，驾驶者甚至可能被判处死刑，与此同时，驾驶者将失去由陪审团审判的权利、选举权和从事特定职业的权利。”③

① 《美国模范刑法典及其评注》，刘仁文、王祎等译，法律出版社2005年版，第127-128页。

② 《美国模范刑法典及其评注》，刘仁文、王祎等译，法律出版社2005年版，第128页。

③ 杨志琼：《美国醉驾的法律规制、争议和启示》，载《法学》2011年第2期，第37页。

当然，在美国，不同严重程度的犯罪，配刑也有很大差异。美国规制交通犯罪是将危险与实害结合在一起配刑的，若没有发生危害结果构成违警罪、微罪甚至是轻罪，法定刑配置相对较轻，最高刑期为1年以下监禁；若发生实害结果，法定刑从1年以上监禁直至死刑（保留死刑的州），发生实害结果导致该类罪法定刑配置跨度大，刑罚非常严厉。这种严厉性从2010年发生在得克萨斯州的“斯托瓦尔醉驾案”得到印证。一名叫斯托瓦尔的男子第9次裁定酒驾罪名成立而被判处终身监禁，当然该案可能有些极端，但出于犯罪特殊预防的需要有其合理性，“法院陪审团裁决最终采纳了检察官的建议，判处他终身监禁；但若其表现良好，可在5年后获得假释。”①

实际上，美国对交通犯罪的治理是非常严苛的。以酗酒驾驶为例，美国各州对酗酒驾驶的立法采取两种方法：第一，规定在“酒类、麻醉剂或者精神依赖药物的影响下，而如正常能力受损”构成犯罪；第二，规定在“驾驶车辆时有不合法的酒精浓度”就构成犯罪。该两种方式，前一种是实质考察，但第二种则是形式规定——行为人身体或者精神上的实际受损程度并不是成立犯罪的要素，而是以酒精界限值为立法模式。相比较，后者是非常严格的处罚模式。从性质上看，这种只重视形式的立法模式，是严格责任或绝对责任立法，这种犯罪也被视为法定犯或行为犯。②

---

① 美国男子9次醉驾被判终身监禁：害死人前进监狱［EB/OL］，http：//news. sohu. com/20100819/n274313845. shtml，最后访问时间：2019年2月7日。

② 参见丛日禹：《醉酒驾驶犯罪研究》，法律出版社2015年版，第49-50页。

五、主要国家交通犯罪立法对我国完善交通犯罪立法的启示

外国主要国家和我国交通犯罪立法有共性，但也有差别。就共性分析，外国和中国交通犯罪立法，均既惩罚直接危害行为，也惩罚间接危害行为；既惩罚故意行为，也惩罚过失行为。但是，除了共性外，其差异也反射出中国交通犯罪立法的不完善。相比较，中国交通犯罪立法在很多方面可以借鉴其他国家规制交通犯罪的立法。

（一）对间接危害行为的规制更为完善

我国刑法也惩罚交通犯罪领域的间接危害行为，但危险驾驶罪惩罚的范畴较小，并不能有效抑制严重交通犯罪发生。前述列举的诸多危险型间接危害行为，在前述论及的几个国家中，是予以刑法规制的。比如毒驾行为就被犯罪化了（当然，把毒驾行为犯罪化后，归入的罪名不同，有的是醉态驾驶犯罪，有的是不安全驾驶罪）。

（二）抽象危险犯和具体危险犯并用，规制危险型间接危害行为

正如前述论及的，即使是危险型间接危害行为，因距离实害结果不同，自身的危险程度不同，对交通安全的危险可能性大小也不同。甚至即使是相同的行为，在不同情况下，对交通安全的危险大小等也不同。因此，在犯罪化危险型间接危害行为时，应

进行区分。比如，德国和日本交通犯罪立法，就采取了这种模式。这不仅严密规制交通犯罪的刑事法网，而且更具体化了各类危险型间接危害行为入罪标准，更加公正和合理。

（三）既重视对行为危险性的实质考察，也采用形式立法模式

有些间接危害行为，虽然从实践经验看，其大多数都可能诱发严重交通犯罪，并且本身也具有高危险性。但是，由于行为人本身的差异，实施这些行为时对交通安全的影响不同。比如，酗酒驾驶行为对于大多数人而言，其危及交通安全的可能性很大。因此，如果把酗酒驾驶行为不作区分进行犯罪化，则是形式立法模式。这当然有利于严密刑事法网，做到严防交通犯罪的发生。但是，有些立法者基于具体情况，也会考量某个行为在具体情况下是否会实质产生严重危险，且只对具体情况下确实会产生不安全的行为予以犯罪化。比如，前述美国针对酗酒驾驶行为的立法中，规定的“在酒类、麻醉剂或者精神依赖药物的影响下，而正常能力受损犯罪”就属于这种情况。

（四）对行为予以类型化，根据不同类型行为设置不同罪名

刑法立法设置罪，肯定会对行为进行类型化。同样，我国交通犯罪立法也对行为进行了类型化。但是，我国交通犯罪立法仅两个罪名，却涉及了交通犯罪领域各色各样的行为，其过于高度概括。与之相较，无论是大陆法系还是英美法系的国家，其对行为的类型化，却更为合理。比如对于危险型驾驶行为，就没有像

我国一样，仅设置一个危险驾驶罪予以惩罚，而是把危险行为根据行为和主观形态等因素分成不同类别，比如醉态类、疏忽类等，分别设置不同的犯罪。这样更精细化的立法，实际上使刑事立法更为公正。

（五）对犯罪是故意还是过失予以明确规定，且某些罪既可是故意，也可是过失

我国刑法规定的交通肇事罪是过失犯罪，危险驾驶罪是故意犯罪。这导致交通肇事罪规制的行为只能是过失行为，危险驾驶罪规制的危险行为只能是故意行为。但从实践和理论看，均会产生如此前论及的问题和困境。而与之相较，国外立法却尊重实践情况，认识到有些行为既可是故意为之，也可是过失为之。因此，在立法实践中，针对同一类行为，以故意和过失设置不同的犯罪予以惩罚，或者设置一个罪，但明文规定过失犯该罪的也予以惩罚。

第二节　刑法规制交通犯罪领域“危险型”间接危害行为立法完善

我国刑法中需要进一步犯罪化的间接危害行为，主要是危险型间接危害行为。借鉴国外经验并结合我国实际情况，可以从进一步类型化行为、故意与过失并行、犯罪设置层次等方面予以完善。

一、把“危险型”间接危害行为进一步类型化，设置不同的犯罪

对此，日本的立法值得借鉴。如前论及，日本把道路交通安全领域的“危险型”间接危害行为分成了不同种类，分别归入了酒后驾驶类罪、超速驾驶类罪、无证驾驶类罪、超载驾驶类罪、其他危险犯性质的交通犯罪等五类中。当然，并不是要全部仿效日本的这种分类，只是这种更为具体的分类方式值得借鉴。前述论及，在我国交通犯罪领域中，没有造成实害结果危险型间接危害行为包括毒驾行为、货运车辆严重超载、超速、驾驶不具备安全性能的车辆行为以及其他危险型间接危害行为。首先对这些危险型间接危害行为予以评估，也就是通过间接危害行为犯罪化一般限制原则的审查后，如果有必要予以犯罪化，则可把其予以类型化。

就危险型间接行为中的“危险”来看，有观点认为可分为两种情形：一种情况是驾驶状态的高度危险，如饮酒驾驶、吸毒驾驶、疲劳驾驶等；另一种情况是驾驶行为的高度危险，包括严重超速行驶、无证驾驶等。[①] 还有观点认为，危险型驾驶行为中的“危险”主要是外在的危险，也即“人”的危险和“车”的危险：人的危险主要体现在人自身的驾驶意识和驾驶状态，而车

---

① 梁宏伟：《论危险驾驶行为的罪行评价——以醉酒驾车行为为视角》，载《法律与生活》2013年第24期，第54页。

的危险主要体现在车中的载客人数和车辆所运载的物品。[①] 这两种分类都是为了更好地将危险驾驶中的行为进行区分，以期类似行为能纳入刑法保护的范畴。无论哪种分析，均涉及“危险”的产生源，并不是互相排斥。因此，一般而言，危险型间接危害行为中的危险有驾驶状态带来的高度危险、驾驶行为带来的高度危险、人的主观心态带来的高度危险、车载客人数量和货物数量带来的高度危险、驾驶的交通工具存在问题带来的高度危险以及驾驶技术水平欠缺带来的高度危险，等等。刑法对间接危害行为的犯罪化，实质就是阻止这些危险出现，因此，可根据这些危险特征，把危险型间接危害行为纳入同一类犯罪中予以惩罚。

（一）不适合安全驾驶罪

不适合安全驾驶罪是指驾驶者因某种事由不适合安全驾驶而仍然驾驶的行为。德国刑法典设置了该罪，即其第 315 条 c 款（1）的 1）规定的犯罪，其把“a. 饮用酒或其他麻醉品，或 b. 精神上或身体上有缺陷”行为纳入规制范畴。根据该规定，酗酒驾驶和吸毒驾驶行为，是会被予以规制的。但不仅如此，其中的“精神上或身体上有缺陷”还能涵盖精神病、幻觉、听力不好而仍然驾驶的行为。我国现行的危险驾驶罪规制了酗酒驾驶行为，但有些不适合安全驾驶的行为，比如吸毒驾驶行为、疲劳驾驶行为等，如没有造成严重后果，则不能入罪。实际上，吸毒驾驶行为、疲劳驾驶行为和酗酒驾驶行为一样，均影响驾驶者判断能

① 严丽华、朱力明：《论危险驾驶罪及立法完善》，载《南方论刊》2018 年第 9 期，第 67 页。

力，是不适合安全驾驶的行为。因此，设置不适合安全驾驶罪，把酗酒驾驶、吸毒驾驶和疲劳驾驶等纳入惩罚范畴，敦促驾驶者保证自己在驾驶时保持良好的状态，尤其应保持良好的认识能力和控制能力，以避免严重交通事故发生。

（二）驾驶装备不良的车辆罪

能在道路上行驶的车辆不仅是按照一定质量标准生产的车辆，而且是按照一定的程序审批，能在道路上安全行驶的车辆。如果其中任何一个环节出现问题，则会导致在道路上行驶的车辆不符合安全标准，为交通安全埋下隐患。因此，道路交通安全法或道路交通安全法实施条例均对此进行了规定，要求驾驶的车辆应是装备良好的车辆。因此，道路交通安全法禁止：任何单位或个人拼装机动车或者擅自改变机动车已登记的结构、构造或者特征；改变机动车型号、发动机号、车架号或者车辆识别代号；伪造、变造或者使用伪造、变造的机动车登记证书、号牌、行驶证、检验合格标志、保险标志；使用其他机动车的登记证书、号牌、行驶证、检验合格标志、保险标志，等等，同样也禁止驾驶由此而出现的装备不良或其他情况导致的不适合安全驾驶的车辆。

车辆不符合安全驾驶要求或者装备不良，在一定情况下，其带给交通安全的风险，不亚于危险驾驶。比如，组装车刹车不符合安全规定、组装部件之间衔接不好等，甚至其给交通安全带来的隐患，还要大于危险驾驶行为。因此，对于一些驾驶装备不良车辆的行为，如果足以给交通道路安全带来巨大风险，应予以犯罪化。

（三）危险驾驶罪

该危险驾驶罪不同于我国刑法的现行危险驾驶罪。我国现行危险驾驶罪惩罚的行为是“追逐竞驶，情节恶劣的；醉酒驾驶机动车的；从事校车业务或者旅客运输，严重超过定额乘员载客，或者严重超过规定时速行驶的；违反危险化学品安全管理规定运输危险化学品，危害公共安全的行为”，但应对此罪进行解构并进行完善。前面已经论及，把“醉酒驾驶机动车”的行为纳入“不适合安全驾驶罪”，从行为性质上看，“醉酒驾驶机动车”是行为人驾驶过程的认识能力和判断能力降低的行为，而其他几个行为是驾驶行为本身具有高危险性，而行为人仍然是具有正当认识能力和判断能力的人。因此，行为性质和危险原因不同，不应纳入一个罪予以规制。把醉（酗）酒驾驶行为拿走之后，应把其他应纳入该罪的行为纳入该罪。首先，把货车超载驾驶的行为纳入该罪。从发生的可能性以及可能造成的严重后果看，货运车辆严重超载的行为，与客运或校车业务一样。因此，非常有必要把货运车辆严重超载的行为，也纳入刑法规制的范畴。

除此之外，其他的危险型间接危害行为，比如无视信号的驾驶行为、违反安全驾驶义务的驾驶行为、驾驶过程中使用移动电话等装置罪、紧急刹车罪、不保持必要车距罪，以及随意转弯、横穿、掉头、倒车罪和随意穿插的驾驶行为等，如果其造成的危险达到一定的程度，也可纳入本罪予以规制。

二、抽象危险犯和具体危险犯联合使用

一般而言，抽象危险犯规制更为严格，而具体危险犯惩罚的行为更为具体。仔细分析危险型间接危害行为，其危险程度不同，危险发生的可能性不同，因此，在设置罪时，立法者应对此予以考量。比如，对于驾驶证类的犯罪，把驾驶证借给已经获得驾驶证且驾驶技术比较好的人使用和把驾驶证借给没有获得驾驶证的人使用，对交通安全的影响显然不同。因此，对于驾驶证类犯罪，应设置为具体危险犯较为妥当。而有些行为本身的危险程度极高，且实践中经常发生，从经验上看，其可能会对交通安全造成巨大的危险，那么对于此类行为，可设置为抽象危险犯。

三、故意型危险犯和过失型危险犯联合使用

一般而言，在我国刑法理论界承认故意型危险犯，且对此争议并不大。有分歧的是是否存在过失的危险犯，以及是否有必要设置过失的危险犯。尽管过失危险犯被一些学者质疑和反对，但其还是有一定的存在空间。尤其是在交通犯罪领域，是存在过失危险行为的可能，也是应设置过失型危险犯的。比如，针对毒驾危险行为，国外一些国家就区分了过失和故意："德国毒驾的刑法规定较系统。主观方面区分了故意和过失，并赋予相应的刑罚处罚。"[①] 在区分过失和故意的基础上，配置了不同的刑罚，在

① 唐利波：《毒驾入刑问题研究》，大连海事大学 2014 年硕士学位论文，第 17 页。

下文配刑中，还会涉及此。而且，从严密刑事法网的角度看，也是有必要的："严重过失危险行为犯罪化，对严密中国刑事法网，建立一部严而不厉的刑法典，从而改变厉而不严的现状是大有裨益的。"① 不仅在交通犯罪领域，很多国家在刑法其他犯罪领域，也设置了过失危险犯。比如，巴西刑法典第256条规定："过失引起倒塌或崩溃，使他人的生命、健康或财产遭受危险的，处6个月至1年监禁。"无论其争议如何，至少在业务过失范畴内，还是有必要设立过失危险犯。而交通犯罪领域的过失危险，也是一种业务过失危险，因此在交通犯罪领域，有必要把某些过失的间接危害行为予以犯罪化，从而规制这种业务过失风险。换言之，交通犯罪实践中有些危险型间接危害行为的出现，是行为人过失造成的。但是这种过失给交通道路安全带来巨大的风险，而且行为人负有某些应当注意的义务。比如，过失超速驾驶行为、过失无视信号驾驶行为、过失驾驶入禁止驾车的区域等。立法者应考虑这种实践，在规定某类故意的危险犯时，通过规定"过失犯前款罪"等的规定，把需要予以犯罪化的过失类危险型间接危害行为，纳入规制范畴。

当然，在设置过失危险犯时，基于罪刑法定原则的坚持，还是应在法条中明确规定主观心态，即明确规定过失，以免造成分歧。我国刑法现有的过失危险犯，是没有明文规定过失的。比如刑法第124条规定的"破坏广播电视设施、公用电信设施罪"、第330条规定的"妨害传染病防治罪"、第332条规定的"妨害

① 索光举、毛海利：《过失危险犯及立法建议》，载《信阳师范学院学报》2002年第6期，第29页。

国境卫生检疫罪”、第 337 条规定的“妨害动植物防疫、检疫罪”，均没有明文规定，但学说、学理认为其是过失犯罪。实际上，这是违背罪刑法定原则的。其他国家无论是在交通犯罪领域，还是在其他犯罪领域规定过失危险犯时，均是明文规定了过失的。在法条中明确规定过失，既是罪刑法定原则的需要，也是与故意危险犯区别的需要，更是立法合理、科学的需要。因此，在交通犯罪领域设置过失危险类犯罪，就应明文规定过失。

第三节　“危险型”间接危害行为中的肇事逃逸和不救助行为犯罪化路径

交通肇事逃逸或不救助行为是交通犯罪领域的一种特殊行为，且引起了诸多争议和理论困境。从行为性质看，其属于“危险型”间接危害行为，但由于其特殊性、实践中的高发性和争议的热烈性，有必要把其犯罪化路径予以单独分析。

一、交通肇事逃逸或不救助行为独立成罪的外国立法实践

世界上其他一些国家，已把这种逃逸行为或不救助行为单独规定为罪。比如：

俄罗斯刑法典第 265 条（逃离交通事故现场罪）规定：“驾驶交通运输工具并违反交通运输工具道路行车或使用规则的人员，在发生本法典第 264 条规定的后果时，逃离交通事故现场

的，处3年以下的限制自由，或处6个月以下的拘役或处3年以下的剥夺自由，并处或不并处3年以下剥夺担任一定职务或从事某种活动的权利。”因此，根据该规定，逃离交通事故现场，构成逃离交通事故现场罪，其最高刑可达3年有期徒刑。

如前论及的，德国刑法典也有相似的规定，其第142条规定了“擅自逃离肇事现场罪”：1. 交通肇事参与人在发生交通事故后，在下列情况下就离开肇事现场时，处3年以下自由刑或罚金刑：（1）行为人的在场和对他所参与的交通事故的说明，可以使他的身份、车辆情况和参与方的确认成为可能时，为了有利于其他肇事参与人和受害人，他应该在场或说明未在场或未说明的，（2）在没有人确认之前，根据实际情况应等待相当时间未等待的，2. 肇事参与人（1）等待期间经过后（第1款第2项），或者（2）自认为无责任或可原谅而逃逸肇事现场，且事后未立即使确认成为可能的，依第1款处罚。3.（1）交通肇事参与人立即将事故通知权利人（第1款第1项）或附近警察机关，并告知通信地址、居留地及车辆牌照和停放地点，即已经履行了事后确认身份、车辆的义务；（2）故意使确认无法进行的，不适用本规定。4. 如并未造成重大财产损失的交通肇事参与人，在事故后二十四小时之内，自愿于事后为上述确认行为的（第3款），在第1款和第2款情形下，法院可酌情减轻刑罚（第49条第1款），或依本规定免除刑罚。5. 根据情况，如行为人的行为对造成交通事故起到了促进作用，均视为交通肇事的参与人。① 从德国刑法典第142条的规定看，不仅交通肇事后逃离现场的人会被

① 《德国刑法典》，徐久生、庄敬译，中国方正出版社2004年版，第80-81页。

惩罚，而且没有造成严重事故就会受到惩罚，只不过法院可根据相应规定（第 49 条第 1 款），酌情减轻刑罚或免除刑罚。

韩国把交通肇事后的逃逸行为单独规定为罪，且根据不同情况设置了加重处罚的情节。其在《关于特定犯罪加重处罚等的法律》第 5 条对犯交通肇事罪后逃走者规定加重处罚：“（一）以道路交通法第二条规定的汽车、原动机装置自行车或者轨道车等交通运输工具，犯刑法第二百六十八条之罪，该车辆的运输人员不按照救护被害人的道路交通法第五十条第一项之规定采取措施而逃走的，依以下情况分别加重处罚：1. 致被害人死亡后逃走或者逃走后被害人死亡的，处无期或者五年以上劳役。2. 致被害人伤害的，处一年以上有期劳役。（二）事故运输人员将被害人从事故场所转移而遗弃逃走的，以下列情况分别加重处罚：1. 致被害人死亡后逃走或者逃走后被害人死亡的，处死刑、无期或者十年以上劳役。2. 致被害人伤害的，处三年以上有期劳役。”

日本刑法规定了不履行救助、报告义务罪。当然，日本不是规定在刑法典中，而是在《道交法》中予以规定。日本《道交法》第 72 条第 1 款规定：“发生交通事故时，与该起交通事故相关的车辆驾驶者或者其他乘务员必须立即停止驾驶、救护负伤者，为防止道路上产生其他危险应采取必要的措施。相关车辆驾驶者（如果驾驶者因死亡或者负伤等不得已的原因无法实施的，则指其他乘务员）应立即向在场的或者最近的（包含派出所或驻在所）警察（无在场的情况下）报告交通事故发生的时间、地点、伤亡者人数、负伤者的负伤程度、损毁的物品以及损毁的程度、与该交通事故相关的车辆的装载物以及已经采取的措施等。”其第 117 条规定：“违反本法第 72 条第 1 款前段的规定，不履行救助义务者（轻车辆驾驶者除外），处 5 年以下惩役或者 50 万日元以下罚金。在该种情形下，当驾驶者的驾驶行为是交通事故中人员伤亡的起因时，处 10 年以下惩役或者 100 万日元以下罚金。”其第 117 条之五第 1 项规定：违反本法第 72 条第 1 款前段的规定，不履行救助义务的轻车辆驾驶者，处 1 年以下惩役或者 10 万日元以下罚金。第 119 条第 1 款第 10 项规定：违反本法第 72 条第 1 款前段的规定，不履行报告义务者，处 3 个月以下惩役或者 5 万日元以下罚金。第 120 条第 1 款第 11 项规定之二规定：违反本法第 72 条第 2 款的规定，不遵从警察做出命令者，处 5 万日元以下罚金。

加拿大刑法典第 252 条（1）规定：看守、保管或控制车辆、船舶或航空器的人于该车辆、船舶或航空器与（a）他人；（b）机动车辆、船舶或航空器；或（c）他人的车发生事故时，意图避免民事或刑事责任，不停车，不报姓名及住所，并在他人受伤或需要帮助时未能给予帮助者为可诉罪，处 2 年以下监禁或构成按简易定罪处罚的犯罪。根据该规定，交通肇事逃逸或不救助行为，在加拿大是会受到惩罚的。

丹麦没有针对交通肇事中的不救助行为或逃逸不救助行为设置单独的犯罪，但丹麦刑法典第 253 条规定的犯罪，可以惩罚该类行为。其刑法典第 253 条规定：“行为人在对其本人没有特别危险或者损害之情况下，能够采取下列措施而不采取行动的，应当处以不超过三个月之监禁：（1）尽最大能力帮助生命处于明显危险之中者；或者（2）采取当时情况所要求之行动营救生命垂危之人，或者照顾船舶失事以及任何类似事故之被害人。”这一罪名的设置，对于交通肇事后对于被害人不救助的行为就有了制裁方式。

二、交通肇事逃逸或不救助行为的性质

刑法到底该如何规制交通犯罪领域中的交通肇事逃逸或不救助行为，涉及该行为的性质，因立法设置某个罪，应根据该行为的性质决定。

（一）交通肇事逃逸或不救助行为的性质

1. 交通肇事逃逸或不救助行为是独立于交通肇事行为的行为

从前述各国对于交通肇事逃逸行为的立法特点来看，基本上是将交通肇事后的逃逸行为独立成罪予以惩罚。前述这些国家能把交通肇事逃逸行为设置为单独的个罪，是因为交通肇事逃逸行为本身就是独立的行为，能独自成罪。其原因在第一章的第三节有所论述，在此还要重申和强调以下两点：第一，从主观方面来看，肇事者逃逸的主观心态和交通肇事行为的主观心态是不同的，对于交通肇事行为来讲，行为人的主观心态是针对当前的肇事行为，而不涉及后续的逃逸行为。而交通肇事后的逃逸行为，是另外新产生的主观心态，是附着于逃逸行为。这就是说，行为人逃逸行为时的主观心态，根本就没有对前面的交通违法行为起任何支配作用；同样，前面交通肇事行为的主观心态，也没有对后续的逃逸行为具有任何支配作用。第二，从客观行为来看，逃

逸是单独的危害行为。也就是第一章的第三节已论及的，逃逸并不是交通肇事后的自然延伸，而是具有独立行为性的危害行为。一般来讲，肇事后并不意味着行为人一定逃逸，前者的肇事行为与后面的逃逸行为并非合乎规律的必然客观进程。从客观上看，逃逸行为也非交通肇事罪的实行行为，也非犯罪后逃跑行为所能涵盖，且逃逸对法益面临更紧迫危险性有原因力。概言之，交通肇事逃逸行为和交通肇事行为，在主观和客观上具有差异性，决定了交通肇事和其后的逃逸行为不同，二者不能融入一个罪。正如有学者论证的："交通肇事逃逸行为与交通肇事罪的基本犯之间根本不存在罪质上的统一性。"① 因此，逃逸行为的独立性是无可辩驳的，属于刑法上的独立行为，应独立成罪。

2. 交通肇事逃逸或不救助行为的作为和不作为之辨

逃逸行为本身应独立于交通肇事行为，但接下来的一个问题是：逃逸行为到底是作为还是不作为？该问题的回答，涉及立法上到底如何评价交通肇事逃逸，以及设置为何种罪名。一般而言，交通肇事逃逸或不救助行为是作为还是不作为，有两种立场——有把其视为作为的，也有把其视为不作为的。把交通肇事逃逸视为不作为，意味着行为人对其造成的交通事故负有义务，而逃逸就是不履行义务，不履行该义务使其具有可罚性。但刑法上不作为义务是有特定来源的，在此类情况下，行为人的义务来源何处？根据《中华人民共和国道路交通安全法》第70条的规定：在道路上发生交通事故，车辆驾驶人应当立即停车，保护现

① 黄河：《论"交通运输肇事后逃逸"的罪名化》，载《政治与法律》2005年第4期，第193页。

场；造成人身伤亡的，车辆驾驶人应当立即抢救受伤人员，并迅速报告执勤的交通警察或者公安机关交通管理部门。因抢救受伤人员变动现场的，应当标明位置。乘车人、过往车辆驾驶人、过往行人应当予以协助。这意味着发生交通事故后，负有法律规定的义务：立即停车、保护现场，如果造成人身伤亡，还应予以救助。不仅我国的交通安全法规有此规定，前述日本《道交法》第 72 条也有与此相似的规定。因此，在交通事故发生后，把该类行为视为不作为，是有法定的义务来源的。因此，如果设置不作为罪，也有正当根据。

也有学者认为把交通肇事逃逸行为应视为作为，反对其是不作为的立场："交通肇事逃逸行为的性质是作为。因为逃逸行为是一种积极的身体活动。刑法对逃逸行为的加重处罚体现的是禁止性的刑法规范，只要不逃逸就遵守了刑法规范；交通肇事后救助伤者的义务，不具有刑事强制性，不是刑法意义上的作为义务，即救助伤者的不逃逸行为不是作为义务，因而不救助伤者的逃逸行为不具有不作为性质。"① 依据该立场，交通肇事逃逸行为不能成为不救助罪等纯粹的不作为犯罪。如前述论及，交通肇事逃逸行为如果是为了逃避救助，其就是没有履行法定义务的行为，是不作为。而且从没有任何理论或法律规定，行政法规规定的义务就不能成为刑法的不作为的义务。事实上，刑法中的不作为的法定义务，几乎都是其他法律法规规定的。当然，还需要注意到，交通肇事逃逸行为并不一定就绝对是为了不救助，在很多情况下，

① 刘淑莲：《交通肇事逃逸行为的作为性质》，载《法学杂志》2005 年第 2 期，第 39 页。

行为人是为了逃避而逃避。在此种语境下，说其是作为，也是有一定道理的。但在该语境下，仅用“交通肇事逃逸行为”就不能涵盖不救助。而对于单纯的不救助，毫无疑问，其就是不作为——无论是逃逸的不救助，还是不救助没有逃逸，均是不作为。

3. 没有实害结果的交通肇事逃逸或不救助行为是否可罚?

还需要考量的是，如果交通肇事逃逸行为或不救助行为，在还没有出现严重人员伤亡的情况下，是否具有可罚性?尤其是，是否可作为“危险型”间接危害行为?前面在第一章的第三节涉及这些行为时，实际上已暗示这些行为具有可罚性。同时，其也是属于“危险型”的间接危害行为。交通肇事逃逸行为显然是违反交通管理法规的行为，可能诱发更严重的后果，比如逃逸过程中致人重伤、死亡，或者因逃逸致使原先被伤害的被害人死亡等。因此，即使没有造成严重后果，其本身就具有极大的风险，就应予以惩罚。因此，其应纳入危险型间接危害行为的范畴，且是应被犯罪化的危险型间接危害行为。实际上，有些国家的刑法在这种行为还没有造成严重后果时就予以惩罚了，比如前述论及的德国刑法就是如此。概言之，交通肇事逃逸或不救助行为，是行为人第二次实施的高危险交通违法行为，是属于危险型的间接危害行为，其已符合间接危害行为犯罪化的一般限制原则，具有刑事可罚性，刑法应予以超前干预。

“法律作为一种复杂的社会现象，是价值、观念和技术的复合体。”① 交通肇事逃逸行为和不救助行为，可以独立成罪，无

① 黄辉:《法律意识形态范畴化的理路与实现》，载《西南民族大学学报（人文社科版）》2010年第4期，第58页。

论是从前述的行为性质维度看，还是从把其独立成罪的价值、观念和技术等维度分析，均具有可行性和积极意义。从价值角度看，逃逸行为或不救助行为入罪，可以更好地规制交通领域的不法行为，更好地保护交通运输安全，具有正价值；从观念上看，在现在交通风险高涨的局势下，公民能够接受交通肇事逃逸行为或不救助行为独立出来，另设新罪；从立法技术看，把交通肇事逃逸行为或不救助行为独立成罪，也具有可行性——比如，前述国家是在刑法典中明文规定，虽然我国重新制定刑法典暂时无可能，也并不需要，但可以通过刑法修正案的方式予以进行。

（二）交通肇事逃逸或不救助行为独立成罪构想

交通肇事逃逸或不救助行为独立成罪，但如何设置罪？虽然一些国家和地区把交通肇事后逃逸行为或不救助行为规定为独立的犯罪，但罪名不同，主要罪名有：一、遗弃罪；二、不救助罪；三、交通肇事逃逸罪（擅自逃离肇事现场罪）；四、不履行救助、报告义务罪。当然，也有国家同时规定有交通肇事逃逸罪和遗弃罪（或不履行救助、报告义务罪）。如果单纯设置遗弃罪、不救助罪、不履行救助或报告义务罪，只有当逃逸行为是不作为时——逃逸行为就是逃避救助时，才能把逃逸行为纳入该罪。但当逃逸行为不是为了逃避救助，而且前面的交通肇事行为并没有造成严重伤亡，行为人仍然逃逸，则就难以纳入遗弃罪、不救助罪、交通肇事逃逸罪（擅自逃离肇事现场罪）或不履行救助、报告义务罪。同样，设置“交通肇事逃逸罪”或“擅自逃离肇事现场罪”，在某些时候其又不能涵盖遗弃行为、不救助行为、不履行救助义务行为等。比如，行为人交通肇事后，没有逃逸但就是无动于衷，不予以救助。这种不救助和逃逸不予以救助一样具有刑事可罚性，但“交通肇事逃逸罪”不能涵盖这种情况。因此，如果设置“交通肇事逃逸罪”就可能使该种情况成为立法的漏洞。

结合前述分析的内容，在设置罪时，采取的立法策略必须对上述情况予以回应，从而保证设罪的合理性。基于这种思考，在设罪时，可考虑以下几点：第一，把该罪设置为选择性罪名，从而把交通肇事逃逸行为和不救助行为均纳入刑法予以惩罚，即设置为交通肇事逃逸、不救助罪。这样既能把交通肇事行为与不救助行为予以区分，同时也不会造成立法漏洞。但为什么又不分别设置交通肇事逃逸罪和不救助罪呢？这是因为交通肇事逃逸和不救助在某些情况下是重合的，即很多情况下，行为人交通肇事逃逸就是想逃避救助义务。对于这种情况，实际上设置一个罪就可以。但又如前所分析的，有些时候两种行为又有不同，取二者之一设罪，难以全部涵盖。基于这种复杂情况，就应寻找一种较为折中的方法。而选择性罪名则能面对这种复杂情况，且具有一定的灵活性，是一种较为妥当和合理的路径。第二，把交通肇事逃逸、不救助罪分具体情况，配置不同的刑罚：其一，给没有造成实害结果的交通肇事逃逸或不救助行为，配置一个法定刑幅度；其二，给造成了严重后果的配置一个法定刑幅度；其三，根据情节设置一个法定刑。有些交通肇事逃逸行为，虽然没有造成严重后果，但情节极其恶劣、引起很大恐慌且造成交通混乱的，应当配置较高的法定刑，有些情节较轻，则配置较轻的刑罚。

第四节 规制交通犯罪领域的“需介入干预型”间接危害行为立法路径

交通犯罪领域的“需要介入干预型”间接危害行为，包括“指示或命令他人违章驾驶或肇事后逃跑的行为”和“挪用、转借机动车牌证或驾驶证的；涂改、伪造、冒领机动车牌证、驾驶证的行为”，但一般而言，如果没有特殊情况，后者不宜予以犯罪化，尤其是在中国有交通管理法规可予以规制的情况下，还不宜将其犯罪化。但这并不意味着绝对不能犯罪化，而是应考察这种行为是否会在实质上侵害交通运输安全。如果其在某些情况下，确实会给交通安全造成严重危害，或者带来严重风险，就应予以犯罪化。

一、设置指示或命令他人违章驾驶罪

对于“指示或命令他人违章驾驶”的行为，可设立“指示或命令他人违章驾驶罪”。该类行为的犯罪化，应受到间接危害行为犯罪化一般原则的限制，因此，应根据间接危害行为犯罪化一般限制原则对其进行限制。该罪的设立，可以解决《解释》第5条第2款的司法实践困境和理论困境。按照现行交通肇事罪的司法解释，该类行为是以交通肇事罪的共犯予以惩罚。设置该罪后，把该行为从交通肇事罪中解构出来，不仅缓解了交通肇事罪的不能承受之重，而且避免了《解释》与刑法规定的共同犯

罪的矛盾。当然，设置该罪后，也能把《解释》第 7 条规定的“单位主管人员、机动车辆所有人或者机动车承包人指使、强令他人违章驾驶”的行为纳入本罪，让其不再以“交通肇事罪”予以惩罚。

“指示或命令他人违章驾驶罪”规制的是间接危害行为，因此，该罪不需要等到此类间接危害行为造成严重后果才予以惩罚。“指示或命令他人违章驾驶”的行为，与驾驶员超速驾驶行为、酗酒驾驶行为等相比，主观可罚性是非常严重的，应在没有实害结果出现前就予以禁止，保证道路交通的安全。如果该类行为造成了严重后果，当然更应予以惩罚。所以设置“指示或命令他人违章驾驶罪”，应作为危险犯，且设置至少两个法定刑幅度：第一个法定刑幅度针对没有造成实害结果的行为；第二个法定刑幅度针对已造成实害结果的行为。也就是说，该类犯罪立法模式和我国刑法中的放火罪等罪类似。

二、不适当适用或获得与道路交通运输有关的证件罪

“挪用、转借机动车牌证或驾驶证的；涂改、伪造、冒领机动车牌证、驾驶证的行为”是不适当适用驾驶证、机动车牌证的行为，其不会直接产生严重危害，必须有行为人或第三者进一步的驾驶行为才能造成严重危害后果。在道路交通犯罪领域，除了前述这些证件外，还有其他的证件。同时，从行为方式上看，除了挪用、转借、涂改、伪造、冒领行为外，还有其他的不正当行为，比如盗窃、拐骗、捡拾等行为。但并不是所有这些行为都应予以犯罪化，针对不同的行为、不同的对象，该类行为的风险程

度是不同的。比如，前述提及的，把驾驶证借给有驾驶资格者使用，一般风险并不大。但是，如果把驾驶证借给没有驾驶证者使用，则风险就非常高。对于这类行为是否应予以犯罪化，应进行实质考察，设置严格的入罪条件。简言之，把该类行为犯罪化后，设置为具体危险犯较为合理。

因此，在设置不适当适用或获得与道路交通运输有关的证件罪时，并不是该类行为一律入罪，而是只犯罪化实质上确实会带给道路交通重大危险的行为。首先，设置该罪时，考量情节。比如，受过行政处罚三次以上，继续实施该类行为，那么就应入罪。其次，考虑把驾驶证等借给的对象。如果是借给不能安全驾驶的醉酒者、精神病人或没有驾驶资格的人使用，这对道路交通安全危险很大，应予以犯罪化。如果借给有丰富经验的有驾驶证资格者使用，则可由交通管理法规予以惩罚。同样，对于盗窃或者捡拾证件者，也区别情况对待。最后，区分过失与故意，如果是故意，则予以惩罚；如果是过失或无过错，则由道路交通管理类法规予以惩罚。

对于交通犯罪领域“需介入干预型”间接危害行为，并没有列举完，但是，该处列举的这些行为，已能说明对于该类间接危害行为，应如何判断是否应予以犯罪化的问题。如果交通犯罪领域的其他的“需介入干预型”间接危害行为，会严重危及交通安全，结合实际情况和间接危害行为犯罪化的一般限制原则，还是应予以犯罪化。

第七章　交通犯罪领域间接危害行为犯罪化后的配刑

刑法是规定犯罪和刑罚的，因此，犯罪与刑罚有密切联系。交通犯罪领域的间接危害行为犯罪化，不仅要解决某个危险行为是否应入罪的问题，还必须解决该危险行为入罪后的配刑问题。换言之，交通犯罪领域的间接危害行为的犯罪化，必须关注罪和刑两个维度的问题。前述对该领域间接危害行为的犯罪化进行了分析，在本章中，将对其犯罪化的配刑作进一步研究。

第一节　配刑的基本原则

要对交通犯罪领域的间接危害行为犯罪化后的配刑进行研究，就必须首先厘清配刑的基本原则。立法语境中的所谓配刑，就是对犯罪行为匹配何种刑罚以及何种程度的刑罚，从而实现对犯罪人个人进行惩戒和对社会进行保护的立法活动。罪与刑的连接，在刑法学说史上经历了不断变迁和演进的历程，并且形成了不同的学说或原则。

一、基于“等害交换”的报应刑配刑原则

“等害交换”的报应刑论是建立在犯罪本质为客观主义的立场上，其认为犯罪人承担刑事责任的基础是行为人自身行为对外部世界的改变，侧重强调的是行为本身的社会危害性。衡量刑罚量的标准是客观上所发生的后果，因此，其导向下的法定刑的配置，不能脱离犯罪行为对社会的危害大小。换言之，犯罪造成社会危害的大小，是刑罚配置的标尺，除此以外不能附加其他目的。该刑罚观重视刑罚对行为人造成的社会危害的报应。犯罪行为的实施和选择都是行为人基于自由意志的做出，且社会危害也应是在其自由意志支配下实施的，行为人应对该行为负责和承担相应的法律后果。另外，行为对客观世界的危害，是最直观和明了的。如果按照这个标准予以配刑，也最能让公众满足对罪的惩罚心理。因此，从这个视角看，“等害交换”的报应刑配刑思想，最能直接体现罪与刑的关联，似乎也最能体现“罪有应得”的公正理念，也最能体现民众最基本的正义观。诚如学者指出：“等害交换则指的是一定量的害换取另一定量的害，如《圣经》曰：‘若有伤害，就要以命偿命，以眼还眼，以牙还牙，以手还手，以脚还脚，以烙还烙，以伤还伤，以打还打’。”[①] 西方《圣经》中的“以眼还眼”　“以牙还牙”和“杀人偿命、欠债还

① 刘守芬、汪明亮：《试论罪刑均衡的功能性意蕴》，载《法制与社会发展》2001年第5期，第31页。

钱”，这些最朴素的正义观，也是“等害交换”报应理念的基础，同时，也在社会民众的观念中有根深蒂固的影响。

当然，“等害交换”不等于绝对等量、等质地对恶害进行反应，绝对等量、等质地对恶害进行反应不是国家形态的刑罚，而是原始社会的同态复仇形式。但是绝对等量、等质地对恶害进行反应这种原始的正义观，蕴含着国家“公诉权”代替原始氏族社会职能后，刑罚对犯罪反应的正义性和报应性。何谓公正或正义？美国学者博登海默认为：“正义乃是使每个人获得其应得的东西的永恒不变的意志。”① 人类社会进入国家形态的高级阶段，同态复仇形式——某种意义上同态复仇也是一种“报应”，转换为刑罚方式。因此，刑罚的正义，就体现在犯罪人应对自己行为造成的后果承担刑罚。报应刑虽然有不同的面相，比如道义报应、法律报应和规范报应，但都能反映等害交换的公正观念。而在罪与刑的对应标准上，为了体现公正价值，又有等量报应和等价报应区分。康德是主张等量报应的代表者，其认为对犯罪人惩以的刑罚，应与犯罪给被害人的痛苦同等，才能体现刑罚的正义性和正当性。在康德的论点中，仍有同态复仇的痕迹，或者称为同害报应。在康德看来，对杀人者判处死刑是必然的结果。而黑格尔则主张等价报应，其认为犯罪与刑罚不是外在形态的同一性，而是价值上的同一性：“犯罪的扬弃是报复，因为从概念上讲，报复是对侵害人的侵害。”“这是基于概念同一性，不是侵害行为特种性状的等同，而是侵害行为自在地存在性状的等同，

① ［美］博登海默：《法理学——法哲学及其方法》，邓正来译，华夏出版社1987年版，第253页。

即价值的等同。”[①] 黑格尔沿用了其辩证法中否定之否定规律，认为犯罪是对刑法的否定，刑罚是对犯罪行为的否定。但其同时也指出，这种否定不是“侵害行为特种性状的等同”，而是价值的等同。同时，黑格尔的“自在地存在性状”也并没有仅仅强调客观危害，实则包含的含义是：犯罪行为客观上造成的实害和主观之恶，决定刑罚量度。与同态复仇与等量报应相比，等价报应刑配刑标准更具有抽象性和复杂性。

无论是康德还是黑格尔的报应论，体现的都是罪与刑对等性的等害交换，也体现的是朴素的正义观，能满足民众的朴素情感，能为配刑提供一定程度的指导。因此，依据报应刑配置刑罚量，应满足对已然之罪的报复和非难。至于配置的刑罚能否足以消除犯罪人的人身危险性和预防犯罪再次发生，不是考虑的主要内容。但是，将报应刑论作为配刑原则，其缺陷也是非常明显的。其强调的是对已然恶害的报复和反应，侧重对犯罪人的行为施加责任和进行打击，但未清晰地指出刑罚打击犯罪之目的是什么？刑罚对犯罪人惩罚的同时，能否附加社会保护和国家某些利益的实现？能否在打击犯罪的同时，也对未然之罪进行预防？换言之，以报应论配刑，对于是否能实现预防犯罪目的之问题，难以做出回答。但在现代国家，对罪犯施加刑罚的目的，并不仅仅是为了报应，也应包括预防犯罪。正是基于此，随着刑法学和社会的发展，刑罚的功利主义预防刑观，便得到了发展，且对配刑产生了很大影响。

---

① ［德］黑格尔：《法哲学原理》，范扬、张企泰译，商务印书馆 1982 年版，第 104 页。

二、基于“功利主义”的预防性配刑原则

刑罚对犯罪的匹配，在功利主义看来，应体现刑罚对社会的保护功能。比如，格老秀斯认为：“没有一个聪明的人惩罚别人是为了他犯过的错误，而是为了他今后不再犯错误。”[①] 伏尔泰认为：“刑罚的目的就是威慑。”[②] 孟德斯鸠认为：“惩罚犯罪应该总是以恢复秩序为目的。”[③] 这些观点都是对刑罚的论述，其共性就是强调刑罚的预防。除此之外，当代刑罚的奠基者贝卡利亚也是预防论者，其认为：“刑罚的目的不是要摧残折磨一个感知者，也不是要消除业已犯下的罪行。”[④] “刑罚的目的仅仅在于：阻止犯罪再重新侵害公民，并规诫其他人重蹈覆辙。”因此，贝卡利亚不仅是预防论者，而且对报应论持彻底否定态度。不仅学者持刑罚预防论，而且有些国家的法典还明确规定刑罚的预防目的。比如，俄罗斯联邦刑法典第 43 条第 2 款就规定：“适用刑罚的目的在于恢复社会公正，以及改造被判刑人和预防实施新的犯罪。”[⑤] 从施加刑罚的实践看，其目的至少应具有预防犯罪，而不仅仅是为了报应。

---

① 参见马克昌主编：《近代西方刑法学说史略》，中国检察出版社 2004 年版，第 5 页。

② 参见［日］木村龟二主编：《刑法学词典》，顾肖荣等译，上海翻译出版公司 1999 年版，第 11 页。

③ 参见［日］木村龟二主编：《刑法学词典》，顾肖荣等译，上海翻译出版公司 1999 年版，第 11 页。

④ ［意］贝卡利亚：《论犯罪与刑罚》，黄风译，中国大百科全书出版社 1993 年版，第 42 页。

⑤ 参见马克昌：《比较刑法原理——外国刑法学总论》，武汉大学出版社 2002 年版，第 831 页。

但预防仅是理念，需要进一步思考的是：为了预防犯罪，应如何配刑或者施加的刑罚量应是多少？贝卡利亚不仅提倡预防论，而且对此问题进行了回答。贝卡利亚认为："一种正确的刑罚，它的强度只要足以阻止人们犯罪就够了。"① 该观点指向很明确，即刑罚的量是达到阻却潜在的"人们犯罪"、预防未然之罪的发生的程度。贝卡利亚还指出："公众所关心的不仅是不要发生犯罪，而且还关心犯罪对社会造成的危害尽量少些。因而，犯罪对公共利益的危害越大，促使人们犯罪的力量越强，制止人们犯罪的手段就应该越强有力。这就需要刑罚与犯罪相对称。"② 贝卡利亚不仅认为刑罚是为了预防犯罪，而且认为刑罚的度应与预防犯罪所需的刑罚量相适应——这也是贝卡利亚提出的著名的"罪刑相适应原则"。由此也可以析解出，给犯罪配刑不是侧重已然犯罪的客观事实，而是根据预防犯罪的需要进行配刑。

邱兴隆教授指出："按一般需要配刑论主张，刑罚的分配应以预防犯罪人以外的一般人犯罪的需要为根据，所分配的刑罚应与防止一般人犯罪的需要相适应。"③ 相较于报应刑，刑罚预防论由强调对行为的惩罚，转向对行为的预防。预防论认为，特别是持犯罪行为只不过是犯罪人的人格危险性的体现或者征表的学者，认为应受处罚的是行为人而不是犯罪行为。特别是后期的特殊预防论，从实证主义出发，以犯罪人为观测对象，分析犯罪人

① ［意］贝卡利亚：《论犯罪与刑罚》，黄风译，中国大百科全书出版社 1993 年版，第 47 页。

② ［意］贝卡利亚：《论犯罪与刑罚》，黄风译，中国大百科全书出版社 1993 年版，第 65 页。

③ 邱兴隆：《配刑原则统一论》，载《中国社会科学》1999 年第 6 期，第 135 页。

实施该犯罪行为的各种原因，分析由此原因导致犯罪人人格缺陷形成的众多因素。在此基础上，揭示刑罚目的不应是停留在报应犯罪上，而是重在修正犯罪人的人格，消除犯罪人的人身危险，让其不至于再危害社会，从而达到防卫社会之目的。同时，通过对犯罪人的犯罪原因分析和人格形成的分析，并最后针对此实施刑罚，以期犯罪人获得教育、改造而改变，变成正常人再次回归社会。可见，以预防论配置刑罚，侧重犯罪人的人身危险性和预防未然犯罪的可能性考量，其量也是以足以防止犯罪再次发生为标准。

预防论又划分为一般预防和特别预防，但无论是一般预防还是特别预防，虽然均在理念上有其合理性，但都存在自身缺陷。正如邱兴隆教授指出的："无论是预防一般人还是预防犯罪人犯罪，所要求的刑罚既可能重于也可能轻于与犯罪相适应的刑罚。因此，从预防犯罪的需要不能必然推出刑罚应该与犯罪相适应的结论。"① 预防论认为在给犯罪配置刑罚时，所施加的刑罚应震慑社会其他人或犯罪人本人再犯的可能性，这就难免不会加重刑罚的配置。因此，基于在犯罪人行为之上额外配置震慑他人的刑罚，而导致预防性配刑被学者们所诟病。同时，预防论施加刑罚的目的，在于使犯罪人成为预防和震慑潜在犯罪人犯罪，但由此使犯罪人成为防卫社会的工具，对犯罪人有失公允和公正。按照马克思的观点，人是目的而不是工具，所以预防有侵害人之尊严的嫌疑。另外，在实践中，犯罪人的人格缺陷和人身危险性认定

① 邱兴隆：《配刑原则统一论》，载《中国社会科学》1999 年第 6 期，第 135 页。

也较为困难。不仅如此，从效果上看，对于被实施刑罚的犯罪人或潜在的犯罪人，也难以保证其不犯罪。

三、折中“等害交换”和“功利主义”的配刑原则

报应刑体现刑罚公正却欠缺功利，预防刑凸显功利但有失公正，折中配刑就成为学界和实务界所持的主流观点。但在折中论的发展过程中，折中配刑观又形成了四种不同的主张，即分段主次论、罪刑相应与刑罚个别化并行论、罪刑相应包容刑需相应论和刑事责任兼容论。四种不同的主张，侧重点各不相同，以下对其分别进行简述。

（一）分段主次论。陈兴良教授认为：“无论是立法上法定刑的分配，还是司法上判定刑的裁量，都应既考虑犯罪的轻重又考虑预防犯罪的需要。”① 换言之，立法的配刑和司法对刑罚的裁量，均既要考虑犯罪的社会危害，又要考虑犯罪之预防。同时，该观点还认为，在立法阶段和司法阶段，侧重点是不同的：在立法上，法定刑配置要兼顾犯罪客观危害和特殊预防；但在司法阶段，犯罪就应该以犯罪行为导致危害的轻重为主，兼顾一般预防和特别预防。② 即在立法与司法的不同阶段，配刑都兼顾按“害”配刑与按“需”配刑。但是，在立法和司法阶段，“需”的确定标准不同，前者的确定是以实现“特殊预防”之量为标

① 陈兴良、邱兴隆：《罪刑关系论》，载《中国社会科学》1987 年第 4 期，第 90 页。

② 陈兴良、邱兴隆：《罪刑关系论》，载《中国社会科学》1987 年第 4 期，第 91 页。

准，后者是以既实现“特殊预防”又实现“一般预防”为标准。该说遭受的质疑和“功利主义”的预防性配刑原则遭受的质疑一样：刑法将犯罪人作为维系社会秩序的工具，违背了人是社会的目的这种基本价值理念。一般预防还有可能导致：社会治安形势的好坏，也将左右刑的配置或裁量，特别是刑的裁量在不同时段不一致，破坏民众对法律的认知和认同；当然，政策也会影响立法，即如果某段时期社会犯罪形势不好，可能导致该时段内的立法配刑居高。

（二）罪刑相应与刑罚个别化并行论。周振想教授持罪刑相适应与刑罚个别化并行论，其认为：“罪刑适应与刑罚个别化并行不悖，二者应该共同作为配刑的原则。”[①] 该观点似乎笼统地照顾到按“害”配刑与按“需”配刑的合理性，但逻辑思路并不清晰。尤其是，该论对于如何解决已然犯罪严重而人身危险性小，或者已然犯罪非常之轻但再犯可能性非常大的难题，没有给出明确的答案。比如在司法实践中，许多贪腐和渎职犯罪给国家造成巨大财产损失，而行为人已经退休或不再有行使公权力之机会的情况下，按照该说如何配刑？再如，对于某些惯犯、再犯，其犯罪实害若不是很大，则再犯可能性非常大，按照该观点如何折中？因此，该论看起来似乎很完美，但实践起来却困难重重。

（三）罪刑相应包容刑需相应论。罪刑相应包容刑需相应论的观点是：“罪刑相适应与刑罚个别化并不矛盾，前者包容了后者，后者须以前者为指导。实现了刑罚的个别化，也就实现了罪

---

① 周振想：《刑罚适用论》，法律出版社 1990 年版，第 159 页。

刑相适应。”[1] 该论实际上是对“罪刑相应与刑罚个别化并行论”的坚持，只不过说辞不同，用的是“包容”。该论也强调以已然之罪作为配刑应遵守的基本底线，而刑需相应则兼顾到了行为人自身的危险性和原因差异。但被学者们诟病的是，在该论中看不到一般预防的影子。当然，有学者认为在对已然之罪配置的相对应的刑罚中，已经涵盖了一般预防的功能。因此，对该论有不同的解读。姑且不论解读上的不同，但该论中的“前者包容后者，后者以前者为指导”的实现路径，是缺乏的，因此，实践起来也是困难重重。

（四）刑事责任兼容论。该论认为：“刑事责任的轻重不但取决于犯罪的轻重，而且取决于人身危险性的大小。而刑罚应该与刑事责任的轻重相适应。因此，以刑事责任的轻重决定刑罚的轻重，既体现了刑罚的轻重与犯罪的轻重的对应性，又体现了刑罚的轻重与人身危险性的大小的对应性。”[2] 该观点似乎混淆了几个关键概念之间的关系，刑事责任首先是因为犯罪成立才应该承担的后果，而刑罚的配刑是犯罪报应与预防相结合的结论基本上是共识，所以该观点说刑事责任包含“刑罚轻重”和“人身危险性大小”，在逻辑上有些不恰当。特别是在四要件语境下，此论更是不妥：“在苏维埃国家，犯罪构成是刑事责任的唯一根据。如果在某人的行为中具备犯罪构成，那么便有根据对他适用

---

① 陈兴良：《刑法哲学》，中国政法大学出版社 1992 年版，第 530 页。

② 陈兴良：《刑罚的价值构造》，中国人民大学出版社 1998 年版，第 628-629 页。

刑罚；如果在该行为中缺乏犯罪构成，那么便免除其刑事责任。"① 因此，该论也是有问题的。

概言之，单一的等害交换的报应刑的刑罚配置、功利性的预防刑的刑罚配置原则显然不被学界所接受，而兼顾二者的折中学说也似乎想调和其不足之处，但仍不能完全解答复杂的罪刑关系及其如何配刑的原则。报应的刑罚体现公正价值，功利的刑罚追求社会效益价值，立法上有时候偏向公正价值多一点，有时候偏向效益价值多一点。但刑罚毕竟关涉行为人的基本权利保护和秩序、安全等维护，若在公正与效益价值间左右摇摆，最终既损害刑罚公正价值又损害效益价值，也不能实现刑罚功能。因此，在遵循刑法基本原则的基础上，协调好刑罚的公正和效益价值，完善折中说应该是配刑原则的出路。

四、"以罪制约配刑的上限，以需缓和配刑的下限"的折中配刑原则

刑法学当属社会科学的范畴，而社会科学做不到如同自然科学那样绝对准确的定量。以社会为轴对行为的评价也呈现出变动性，不可能像自然科学那样精确计量，这是由社会科学研究的对象、目的和特点决定的。也就是说，对于发生的任何犯罪行为，有许多不同元素会影响立法对犯罪进行配刑，诸如犯罪行为的特征、犯罪的完成形态、犯罪人的年龄、成长环境、心智状况、教

① ［苏］特拉伊宁：《犯罪构成的一般学说》，王作富等译，中国人民大学出版社 1958 年版，第 81 页。

育程度、被害人的过错、犯罪对象的情况、犯罪场景等因素，甚至还会严重受到国家刑事政策的影响。这些因素都注定了配刑的复杂性，立法机关在配刑时，都应将其纳入考量的范围内，并限制刑罚配刑在公正与效益价值间左右摇摆，降低配刑的不确定性。为实现此目的，“按罪制约配刑的上限，与按需缓和配刑的下限”的折中配刑原则，是立法语境中比较妥当和理性的配刑原则或者方法。该配刑原则或方法虽然是邱兴隆教授在多年前提出的，但其内涵在今天仍然适用。

该折中原则以不同的标准设置某个罪配刑的上限和下限。实际上，该原则是由两个部分组成。前半部分是按照某个罪的特性和状况——社会危害的大小、罪的轻重或大小，决定其应被配置的最高刑，也即决定实施了该类犯罪的行为人最高可受的刑罚量。后半部分是指基于预防之需要，某犯罪应接受的最低刑罚。对于前者，邱兴隆教授的界定是：“所谓按罪制约配刑的上限，是指当按预防犯罪的需要所要求分配的刑罚重于犯罪的轻重所要求分配的刑罚时，所分配的刑罚最重不得超过按犯罪的轻重所要求分配的刑罚。”① 按罪配刑或者按害配刑能够保障配刑的公正性，行为人没有义务接受超出犯罪轻重之外的刑罚，否则犯罪人的人权就会受到国家公权力的不正当侵害。按罪制约配刑的上限给予刑罚配刑在公正与效益价值间左右摇摆作了第一次修正，并且制约了不能以预防需要为借口突破犯罪的轻重而分配的刑罚量。

---

① 邱兴隆：《配刑原则统一论》，载《中国社会科学》1999年第6期，第141-142页。

对于后者，邱兴隆教授的界定是："所谓按需缓和配刑的下限，指的是当按预防的需要所应分配的刑罚轻于按犯罪的轻重所应分配的刑罚时，可以分配轻于犯罪的轻重所决定的刑罚。"①该维度是从预防角度阐述的配刑，但却没有违背公平正义的理念，因该预防依然是以犯罪轻重作为前提的，是在犯罪轻重的幅度内进行的配刑。"按需缓和配刑"之所以是"缓和"，是因其在配刑时，对以"犯罪的轻重配刑"的僵硬性予以了调整，并根据预防之目的，在某些具体犯罪的情状上，进行了润饰和调整。这对于缓和报应理念的"犯罪轻重"的僵硬的配刑策略，有积极意义。同时，因受到"按罪配刑上限"和在"罪刑轻重幅度内"的预防之限制，也不能说配置较轻的刑罚就违背刑罚公正价值，甚至刚好相反，配较轻的刑罚能达到更好的社会效益。所以对没有实害结果的交通犯罪，在配刑时也应考量预防。比如有学者在对现行危险驾驶罪的配刑进行评价时，就认为其具有一般预防作用："本罪只就行为本身论罪，实际上并未发生重大交通事故，故处罚较轻，实际上是为了警示与预防。"② 当然这个预防刑的配置，还是以行为的可责罚性程度为限度的，在此基础上实现预防的"按需"配刑。换言之，"按需缓和"配置较轻的刑罚，能更好地实现刑罚的效益价值，且不违背公正公平之理念。因此，"按需缓和配刑的下限"对刑罚配刑在公正与效益价值间左右摇摆，作了第二次修正。经过两次修正，在不违背刑罚

① 邱兴隆：《配刑原则统一论》，载《中国社会科学》1999 年第 6 期，第 142 页。

② 高铭暄、陈璐：《中华人民共和国刑法修正案（八）的解读与思考》，中国人民大学出版社 2011 年版，第 91 页。

基本原则的基础上，相对前述折中论而言，是相对比较科学的配刑原则。

第二节　实害犯配刑与危险犯配刑的区别

交通犯罪领域的间接危害行为的犯罪化，其产生的罪不是实害犯，而是没有实害结果的犯罪，也就是危险犯。对此，还有必要对实害犯的配刑和危险犯的配刑进行分析。然后在此基础上，才能进一步明晰交通犯罪领域的间接危害行为犯罪化后的配刑问题。

一、实害犯与危险犯概念厘清和区别

刑法理论上，经常出现实害犯、危险犯、行为犯和结果犯这些概念，有必要对这些概念进行厘清，方能对此处研讨的主题进行分析。

日本学者大冢仁指出："只要求实施构成要件行为，而不要求对法益造成侵害或者威胁的犯罪，是形式犯；构成要件以对法益造成侵害或者威胁为内容的犯罪，是实质犯，其中以现实上对法益造成侵害为内容的犯罪称为侵害犯，仅要求有侵害法益的危险的犯罪为危险犯，危险犯又可以分为具体危险犯和抽象危险犯。"① 该观点对犯罪作了形式犯和实质犯的二分法区分，从内

---

① ［日］大冢仁：《刑法概说（总论）》（第3版），有斐阁1997年版，第125页。

容表述上看，形式犯类似于我国通说的行为犯，实质犯主要对应我国的结果犯，只不过该“结果犯”中包含了我国通常认为的危险犯。换言之，结果犯中的结果包括实害结果和危险结果。若从实害发生可能性或者危险犯的危险存在是以法益侵害结果为前提，形式犯与实质犯二元划分也站得住脚。按照大冢仁教授的说法，形式犯构成犯罪不需要抽象的危险，实施构成要件的行为即可。将其称为“形式犯”是否有必要，区分意义何在？犯罪本质是对法益的侵害，形式犯也是犯罪的一种，也应符合犯罪的本质要求，“实质”上也是犯罪，对于没有法益侵害和危险的行为，刑法不可能进行规制。从这个意义上说，所谓的形式犯也是实质犯。这种区分可能就具有表述方面的意义了。

我国刑法通说认为：“结果犯是指不仅要实施具体犯罪构成客观要件的行为，而且必须发生法定的犯罪结果才构成既遂的犯罪，即以法定的犯罪结果的发生与否作为犯罪既遂与未遂区别标志的犯罪。行为犯是指以法定的犯罪行为的完成作为既遂标志的犯罪。危险犯是指以行为实施的危害行为造成法律规定的发生某种危害结果的危险状态作为既遂标志的犯罪。”① 我国通说对犯罪的类型化分类，是按照犯罪的既遂为标准作出的划分，将结果犯与危险犯作为实质犯的下位概念。这与日本学者形式犯与实质犯的二元划分无异，但结果犯与实害犯是什么关系，这两种观点都没有加以说明。

李海东教授指出：“实害犯是指物理地损害了该当法规所直

① 高铭暄、马克昌主编：《刑法学》，北京大学出版社、高等教育出版社 2000 年版，第 150-151 页。

接保护的法益的行为，如将人杀死、致人重伤、将物品盗走等。如果这一物理实害由于任何一种原因没有发生而这个行为仍然可罚，那么，它的可罚根据就是危险，因此，它也就是危险犯。”①这里的“实害犯”就是前述的结果犯，因为其中的关键词“物理地损害”，是指结果犯中“法定的犯罪结果”，“该当法规”对应结果犯中的“实施犯罪构成客观要件行为”，“直接保护的法益”则与结果犯中的侵害“具体犯罪构成客观要件”所保护的法益一致。实害犯与结果犯几乎完全等同，如果没有物理实害，但由于“任何一种原因”都具备可罚性，则可罚的根据是危险。“任何一种原因”既包括行为人主动放弃犯罪，也包括行为人意志以外的原因未实施完成犯罪。也就是说，危害结果未发生的犯罪未遂与中止都具有可罚性，都是危险犯。按照李海东教授的逻辑，实害犯只能是既遂犯，未遂犯和中止犯都是危险犯。未遂犯和中止犯能否等同于危险犯，不是探讨的重点，但这里所认为的危险犯不可能包括抽象危险犯，只能是具体危险犯应该没有异议。李海东教授对抽象危险犯的界定是：“抽象的危险犯是指由于其本身所包含的对该当法益的严重侵害可能性，而被具体构成要件禁止的行为。抽象危险犯的规范特征是危险不是该犯罪构成的要件，而是该行为可罚的实质违法的根据。抽象危险犯的理论特征是，其成立并不要求行为对法益侵害的危险具体地达到现实化的程度。具体危险犯是指已经导致了该当法益侵害的可能具体

① 李海东：《刑法原理入门（犯罪论基础）》，法律出版社1998年版，第133-134页。

地达到了现实化程度的行为。”① 抽象危险犯之所以成立，是因为行为本身对法益的“严重侵害可能性”，危险在构成要件中没有明显体现。比如，违规制造、销售枪支罪，非法持有、私藏枪支、弹药罪，虽然在犯罪构成中不能看出危险二字，但人们依据生活经验就能判断出，一旦“枪支、弹药”流入社会，可能造成严重的社会危害后果——换言之，就能推定其具有高度的盖然性，具有“实质可罚性”。

赵秉志认为：“所谓结果犯，是指以一定危害结果的发生为构成要件的犯罪；所谓行为犯，是指不以发生某种危害结果作为构成要件的犯罪。”② 同样是给结果犯下定义，又出现了“危害结果”，但该“危害结果”是形式的还是实质意义的结果？其与《刑法》第 14 条中“危害社会的结果”是什么关系？如果理解该“危害结果”是实质意义的结果、有形的结果，危险犯也“不以发生某种危害结果作为构成要件”，危险犯就归属到行为犯里面了。

上述学者从不同角度出发，对实害犯、结果犯、危险犯、抽象危险犯、具体危险犯概念进行了界定。从界定结果来看，存在行为犯、结果犯、实害犯的混同和交叉。但是，这都是长期以来我国刑法条文和理论上对于“结果”概念在不同语境中没有做出细致区分造成的，当然也存在这些概念在理论上混用的情况。日本学者指出：“结果犯的结果，不是形式意义的结果，而是指

① 李海东：《刑法原理入门（犯罪论基础）》，法律出版社 1998 年版，第 133-134 页。

② 赵秉志：《外国刑法原理（大陆法系）》，中国人民大学出版社 2000 年版，第 118-119 页。

实质意义的结果。也就是说，从法益的侵害、危险性理解，结果犯是指行为的终了与结果的发生之间存在时间的间隔，没有时间间隔则称为行为犯。因此，伪证罪和住居侵入罪等并不是以形式意义的结果，而仅仅是以行为作为构成要件的要素，而被作为行为犯；前者是在作虚伪证言的同时而导致错误的审判这种结果，后者的场合是由于侵入住居因而直接发生住居权被侵害的结果。"① 这里面出现的"形式意义的结果""实质意义的结果"，行为犯并不是以"形式意义的结果"而是以"行为"作为构成要件要素，然后又说直接导致"被侵害的结果"的发生。但怎样判断结果是"形式的""实质的"结果？"有形的、物理的、可计量的"的结果就是实质结果吗？行为犯中"被侵害的结果"是形式意义的还是实质意义上的结果？众所周知，强奸罪是行为犯，强奸行为侵害妇女性的决定权，不排除也会造成"实质危害"的结果。我国刑法理论上的这些概念，有些是从大陆法系引进的，又想体现在自己的语境中，从而在概念上出现了不能完全对接的情况，以至于概念间犬牙交错和叠床架屋的现象经常发生。

从上述分析看，"结果"概念在刑法学中的界定十分混乱，需要厘清。首先，刑法学作为规范法学，"结果"的概念应从以下几个层面来界定：（一）物理性的结果。如同李海东教授所言，物理性的结果是指行为造成对象物理结构的变化。如杀人行为导致人死亡，伤害行为导致人体机能发生有形的残缺、坏损和功能上的变化（导致犯罪对象精神病变）。也包括犯罪对象状态

① ［日］野村稔：《刑法总论》，法律出版社 2001 年版，第 113-114 页。

的改变，如盗窃罪中财产从受害人转移到盗窃者手中，这些物理性的结果，也可称为“有形的结果”“可计量的结果”。（二）行为样态结果。所谓行为样态结果是行为本身不被国家、社会和个人所容许的社会效果。行为样态结果，也可称为“无形结果”或“精神结果”。犯罪是行为，有的犯罪会产生有形的结果，且被人们所感知；有直接的后果，也有间接的后果；有的犯罪行为本身不被社会所容许，同样受到社会非难性，如偷越国边境罪规制的偷越国境、边境行为，脱逃罪的脱逃行为对国家管理社会秩序都是极大的破坏，因而也是一种结果。（三）规范结果。规范结果是刑法规范评价中敌视、轻视和蔑视刑法规范的结果。《刑法》总则第 14 条和第 15 条中“危害社会的结果”就是这种规范结果，是比较抽象的结果。但不能在任何犯罪中，都用抽象的社会危害结果来表述具体犯罪的行为结果。在某种意义上，“物理性的结果”或“行为样态结果”，均是“规范结果”的下位概念。虽然也是经过价值评价的结果，但总体来说其规范性、抽象性和集约性，均不如“规范结果”。我国《刑法》第 16 条规定：“行为在客观上虽然造成了损害结果，但是不是出于故意或者过失，而是由于不能抗拒或者不能预见的原因所引起的结果，不是犯罪。”其中也用了“损害结果”。第 16 条中的结果很明显就不是规范结果，而是物理性的结果，规范程度不高。“损害”修饰“结果”，该结果就是具体、直接、有形和可测量的结果。在表述上，也不如《刑法》第 14 条和第 15 条“危害社会的结果”带有浓厚价值、规范评价的结果，因而是意外事件，不能进行刑罚处罚。为此，依据这些观点，任何犯罪都有结果，只是为研究需要，人们将诸多犯罪划分为行为犯、结果犯、实害犯或危险犯，但不能混淆统领这些概念的关键词“结果”出现的语境和内涵上的差异，否则，让我们便不能全面审视刑法中具体个罪及其特征。

其次，混淆划分标准导致行为犯、结果犯与危险犯、实害犯这两组概念混同。张明楷教授指出：“特别应当指出的是，行为犯与结果犯、危险犯与侵害犯，是分别根据不同标准对犯罪所作的分类，故危险犯既可能是行为犯，也可能是结果犯；行为犯既可能是危险犯，也可能是侵害犯（注：这里侵害犯即为实害犯）。例如，非法侵入住宅罪，既是行为犯，也是侵害犯；伪证罪，既是行为犯，也是危险犯。所以，如果同时对上述犯罪确立不同的既遂标准，则会造成同时用几种标准认定既遂的现象。”①行为犯与结果犯是按照犯罪“结果”的既、未遂为标准划分犯罪的类别，危险犯与侵害犯以犯罪成立与否为标准，两组概念依据不同的划定标准，也让我们混淆了它们之间的区别。标准的不同，具体个罪将分属不同的犯罪类别，就可以解释为什么行为犯也可以是实害犯、危险犯有的也可以是行为犯。行为犯以“无形的结果”完成为既遂，结果犯以“有形的结果”完成为既遂。危险犯既以“有形的结果”又以“无形的结果”的危险出现状态为犯罪成立依据，前者包括我国《刑法》中典型的具体危险犯，如放火罪、决水罪和爆炸罪，后者包括《刑法》分则中典型的抽象危险犯，如非法持有、私藏枪支弹药罪，非法持有毒品罪等。实害犯实际的侵害作为犯罪构成要件，对实际的法益损害

① 张明楷：《刑法学》，法律出版社2003年版，第312页。

是犯罪成立的标志，主要是“有形的结果”的结果犯，也包括“无形的结果”的少数行为犯，比如非法侵入住宅罪既是行为犯，也是侵害犯。

二、具体危险犯与抽象危险犯概念厘清及其区别

前述论及危险犯包括具体危险犯和抽象危险犯。对于二者而言，配刑有无轻重上的差异，主要是根据两种危险犯对社会危害的大小，匹配相应的罪责。具体危险犯和抽象危险犯概念不同，意义不同，决定了危险程度不同，因此罪责也不同。意大利学者杜里奥·帕多瓦尼对具体危险犯进行了界定：“（具体危险犯）法律明确将某种危险直接规定为犯罪构成要件的情况。作为构成要件的危险必须由法官根据具体情况来加以认定。判断的标准是当时最好的科学法则和经验；判断的结论是行为危害法益的或然性已达到相当的程度。”① 具体危险犯成立是将“某种危险”作为犯罪构成要件，显然“某种危险”在分则个罪中是具体的、现实的，相应的危险性状能够使司法机关根据生活经验、常识和科学法则作出辨识。比如具体危险犯放火罪，其规定为“故意放火焚烧公私财物，危害公共安全”的行为。该罪主观上必须是故意，客观上是放火行为，且放火行为足以危及公共安全。该罪之所以是具体危险犯，是因为其有“危害公共安全”这一具体的危险要件。帕多瓦尼也对抽象危险犯进行了界定：“推定的危险犯（抽象危险犯）是指立法者之所以规定某种行为为犯罪，是

① ［意］杜里奥·帕多瓦尼：《意大利刑法学原理》，陈忠林译，法律出版社1998年版，第135-136页。

因为该行为在一般情况下必然具有损害某法益的危险的情况。除此之外，被立法者规定为推定危险犯的行为，即使在具体的情况下不可能对法益造成实际的危险，也不能成为免罪的理由。在实践中，只要实施了法律禁止的行为，就可认定具有推定的危险存在。”[①] 抽象危险在西方也被称为推定危险，被视为抽象危险则意味着其危险是根据常识判断一般会损害某法益的危险。

刑法设置危险犯，往往是为了保护特别重大的法益，一旦实害可能性转为现实，将造成重大的社会危害，立法者不得已将法益保护提前，防患于未然而遏制实害发生。但设置抽象危险犯和具体危险犯，有很大区别。立法者设置抽象危险犯，其霸道之处在于即使不可能发生现实的危险，也仍然认为其具有危险性。抽象危险犯不仅很霸道，还给司法机关在证明犯罪成立上提供了极大的便利。如非法持有、私藏枪支弹药罪是抽象危险犯，只要行为人持有、私藏枪支、弹药，没有《刑法》第 13 条但书规定的情况出现，就推定犯罪成立。与之相较，具体危险犯则没有那么霸道，因某个具体危险犯的成立，还需要具体危险的出现。比如，非法携带枪支、弹药、管制刀具、危险物品危及公共安全罪是具体危险犯，在客观上，需要携带上述物品进入公共场所或者进入公共交通工具，并且造成对公共安全的侵犯。换言之，如果没有出现具体危险，则不能对该类行为予以惩罚。根据通说，携带上述危险物品进入公共场所就有现实的危险，但是还需要证明行为人主客观的情状。从两罪客观上比较，“携带”比“非法持

---

① ［意］杜里奥·帕多瓦尼：《意大利刑法学原理》，陈忠林译，法律出版社 1998 年版，第 135-136 页。

有、私藏”更加逼近现实危害。这也说明，具体危险犯的可责罚性更大。

三、实害犯配刑与危险犯配刑应区别对待

危险犯最突出的特征就是危害的不特定性，若与之相反，则往往设置实害犯。实害犯和危险犯在客观方面是有区别的，因此，在配刑上应有区别。根据前述谈到的配刑基本原则，如何对实害犯和危险犯配刑？贝卡利亚认为：“犯罪因为所侵犯的社会利益不同而存在由重到轻的次序排列阶梯，因此，立法者应该将刑罚也按由重到轻的次序排列阶梯，并将重刑分配于重罪，轻刑分配于轻罪，使刑序与罪序相结合。”① 重罪配置重刑、轻罪配置轻刑，方能使罪序与刑序保持协调与均衡，不至于罪刑失衡和刑罚攀比，才能相对体现公正。如同前述，对犯罪的配刑不仅要考量已然犯罪本身的危害，也要考虑未然之罪的危险；既要体现报应的公正价值，也要体现预防犯罪的社会效益价值；既要考量个罪的法定刑配置的科学性，又要考量个罪在整个刑法体系中系统性的罪与罪之间的衡平；既要考量犯罪发生的时代背景变迁，又要考量刑事政策的要求。因此，贝卡利亚所说的普适的道理“重刑分配于重罪，轻刑分配于轻罪”，在具体立法配刑实践中，又是非常复杂的系统工程。

但无论配刑如何复杂，均必须坚持“按罪制约配刑的上限，按需缓和配刑的下限”的折中配刑原则。而该原则的践行，就需

---

① ［意］贝卡利亚：《论犯罪与刑罚》，黄风译，中国大百科全书出版社 1993 年版，第 66 页。

要对实害犯、具体危险犯和抽象危险犯的配刑有所区别。比如对于具体危险犯和抽象危险犯，配刑就应根据罪责的大小有所区别："虽然抽象危险犯具有典型的危险性，但其毕竟离实害的发生还比较遥远，法益侵害可能性的程度也不如具体危险犯高，因此，对抽象危险犯应配置较轻的法定刑。"① 以此观点，在法益侵害性上，实害犯最近，具体危险犯次之，抽象危险犯距离实害最远。因此，罪序排列上实害犯配刑应重于具体危险犯，具体危险犯配刑应重于抽象危险犯，而刑序排列上也应该遵循此顺序，此当是应然之理。按罪制约配刑上限，表明刑事配刑以报应刑为根本——任何犯罪的刑罚配置，不能超过犯罪的本身带给社会的危害，否则就是多余的刑罚，损及刑法的人权保障机能。按需配刑缓和下限，表明刑法根据预防刑的需要，可以在犯罪本身的危害基础上配置较轻的刑罚。因此，坚持该配刑原则，配刑的基本依据仍然是犯罪本身给社会带来的危害性后果。

实害犯的结果包括"有形的结果"和"无形的结果"，通常实害犯以"有形的结果"居多。"有形的结果"极易引起社会民众直接的感知和厌恶情感。因此，基于"善有善报、恶有恶报"的朴素报应理念，针对实害犯配置刑，往往会考虑配置报应刑和预防潜在的犯罪人的消极的一般预防刑。在实害犯的罪名中，有些"有形的结果"出现是犯罪成立的标准，对于这种情况，配刑相对较重；而有的"无形的结果"的出现是犯罪成立的标准，对于这种情况配刑则相对较轻。这也是在实害犯中，各具体罪名

① 苏彩霞：《"风险社会"下抽象危险犯的扩张与限缩》，载《法商研究》2011年第4期，第32页。

的法定刑配置参差不齐、轻重不一的原因。

具体危险犯的结果也包括“有形的结果”和“无形的结果”。“无形的结果”是侵害法益的具体危险状态或情状出现，此时犯罪已经成立，但“结果”无法计量、不可预测。因此，针对这种“无形的结果”的具体危险犯，法定刑配置就相对较轻。但具体危险犯同样也有“有形的结果”，该结果的出现类似于具体危险犯的“结果加重犯”——实际上，具体危险犯中不排除有物理性实害的发生，如《刑法》第 114 条规定放火、决水、爆炸、投放毒害性、放射性、传染病病原体等物质危害公共安全，尚未造成严重后果的，处三年以上十年以下有期徒刑。该条款是典型的具体危险犯，其是一种“无形的结果”，这是没有争议的。但《刑法》第 115 条第 1 款规定：放火、决水、爆炸、投放毒害性、放射性、传染病病原体等物质或者以其他危险方法致人重伤、死亡或者使公私财产遭受重大损失的，处十年以上有期徒刑、无期徒刑或者死刑。该条款表明成立具体危险犯的同时，如果造成了实际的“有形的结果”，则以该条款予以惩罚。从这两个条款对比可以看出，仅有“无形结果”出现，其虽然本身也决定了犯罪的成立，但配刑相对较轻，即“处三年以上十年以下有期徒刑”；而当“有形的结果”发生时，配刑相对较重，甚至最高法定刑为死刑。所以在众多的具体危险犯中，法定刑配置差距较大也在情理之中。因此，不能说实害犯的配刑就一定重于危险犯。

抽象危险犯的结果仅为有“无形的结果”的犯罪。有学者评价道：抽象危险犯的构成要件设置是一种对于法益的提前而周延的保护，也可以说是对法益保护的前置化措施。设置该类罪的目的何在呢？有学者认为："抽象危险犯把具有典型危险性的行为作为处罚对象，而不是要等到侵害结果出现后才处罚行为，这就要求人们既要避免损害结果的发生，又要不以抽象危险犯所禁止的方式行事。可见，惩罚抽象危险犯有助于发挥刑法规范的行动指引功能，促成规范意识的养成。"① 抽象危险犯处罚对象是"典型危险性的行为"，对这种典型危险性行为施加刑罚，其作用力在于在实害结果到来之前，避免实际损害结果的发生和规制该类行为。从这个角度上看，抽象危险犯的结果仅为"无形的结果"。惩罚抽象危险犯的主要作用除了避免某种严重后果出现外，还对民众有"行动指引功能"和促使其形成正确的"法规范意识"的作用。因此，抽象危险犯的配刑也应着力于刑法的一般预防，而且是积极的一般预防。积极的一般预防刑以普通的民众触犯此类犯罪为预防的重心，而不再是以潜在的犯罪人为预防的中心。所以，在对抽象危险犯进行配刑时，必须重视借刑罚来培植、增强普通民众对法规范的意识、信赖、忠诚和坚守的情感。

相较于实害犯和具体危险犯，抽象危险犯的配刑，理论上的分歧更为复杂一些。在某种意义上，抽象危险犯的设置，是国家基于刑事政策的考量，将"一般的、典型危险性的行为"作为犯罪处理，更加凸显和实现对该种行为的打击和预防。因此，其重视的是社会效果和法律的指引功能。刘明祥教授指出："刑法的保护机能被强化。保护社会和国民的安全被认为是刑法最重要

① 苏彩霞：《"风险社会"下抽象危险犯的扩张与限缩》，载《法商研究》2011年第4期，第30页。

的使命，罪责的基础并不是非难可能性或谴责可能性，而是预防的需要，并且是积极的一般预防。”① 刘明祥教授似乎对抽象危险犯持批评态度，因为传统刑罚的发动就是以法益的实害发生或造成实害发生的危险为前提，刑罚归责偏向实害发生的结果。但抽象危险犯归责的基准提前——在没有实害结果前，就被定罪和施加刑事责任，所以刘明祥教授认为该类罪罪责基础发生改变，不再具有非难可能性。但基于前述对刑法中的“结果”进行的区分，抽象危险犯的行为造成了“无形的结果”，同时也当然导致“规范的结果”的发生，只是没有“有形的结果”那么容易被人感知而已。因此，不能因为危险或风险的不确定性，主观罪过难以认定和客观后果的难以预测性，就否定其非难可能性或可谴责性，从而认为刑法从非难可能性转到预防必要性。至于刘明祥教授所说的“刑法的社会保护机能被强化”，这的确是事实，但强化刑法的社会保护机能并不能证明人权保障机能受到侵害。相反，站在社会和民众的立场，在风险社会中设置抽象危险犯，打击该类行为可能保障更大多数人的人权。其实这种顾虑也大可不必，有学者就认为：“使国民的规范意识觉醒和得到强化这一所谓‘积极的一般预防目的’，可以认为已经在相应的责任的量中得到了体现。”② 因此，可以要求司法机关在司法裁量过程中不再考虑该预防目的，就不会形成二次评价，也就实现了人权保障机能。也有学者顾虑地指出：“特别是处罚抽象危险犯就是概

① 刘明祥：《风险刑法的风险及其控制》，载《法商研究》2011 年第 4 期，第 16 页。

② ［日］曾根威彦：量刑基准，载苏惠渔主编《中日刑事法若干问题》，上海人民出版社 1992 年版，第 59 页。

括地处罚具有一般、典型危险性的行为，当某一具体案件中的行为因特殊情形而不可能导致任何危险时仍要受罚，这有违背罪责原则之嫌。”① 在立法上，抽象危险犯确实处罚的是“一般、典型危险性的行为”，但如果在具体案件中出现了特殊情形，应由司法机关具体裁量，该处罚则处罚，不该处罚不处罚，何况分则条文具体罪名的适用还要受到《刑法》总则第13条但书的制约，也就不存在所谓违背“罪责原则”了。概言之，无论对于抽象危险犯的惩罚有何争议，当立法决策上决定设置某个抽象危险犯时，则应考虑抽象危险犯的结果是“无形的结果”，在规范评价上一般比较轻。因而，法定刑配置相较于实害犯、具体危险犯而言，应该配置相对较轻的法定刑。

第三节　国外交通犯罪领域间接危害行为犯罪化后的配刑情况梳理

为了进一步明确或确定我国交通犯罪领域的间接危害行为犯罪化后的配刑问题，非常有必要对其他国家对类似行为对应犯罪的配刑情况予以研究，从而在此基础上，进行比较和借鉴，使配刑更为合理和科学。

① 苏彩霞：《“风险社会”下抽象危险犯的扩张与限缩》，载《法商研究》2011年第4期，第31页。

一、日本对交通犯罪领域间接危害行为犯罪化后的配刑

根据前述论及的日本交通犯罪立法，交通犯罪的罪名是比较多的。但是其实害犯罪的配刑并不是此处研究的对象，因此，就不再涉及实害犯，而仅仅论及非实害结果犯。日本规制非实害结果的犯罪大致是：酒后驾驶类罪、超速驾驶类罪、无证驾驶类罪、超载驾驶类罪、其他危险犯性质的交通犯罪五类。而五类犯罪中，又各自有多个不同的具体犯罪，配置了不同的法定刑。

（一）酒后驾驶类罪的法定刑配置

前面已论及，酒后驾驶类犯罪包括：酒后驾驶罪、醉酒驾驶罪、为酒后驾驶者提供车辆罪、要求/请求与酒后驾驶者同乘罪、命令/容忍酒后驾驶罪、拒绝/妨碍呼气酒精检测罪。立法配置的法定刑分别如下：

罪　名	法　条	法定刑
酒后驾驶罪	《道交法》第 117 条之二第 3 项	3 年以下惩役或者 50 万日元以下罚金
醉酒驾驶罪	《道交法》第 117 条之二第 1 项	5 年以下惩役或者 100 万日元以下罚金
为酒后驾驶者提供车辆罪	《道交法》第 117 条之二第 2 项（为醉酒驾驶者提供）	5 年以下惩役或者 100 万日元以下罚金
	《道交法》第 117 条之二第 2 项（为酒后驾驶者提供）	3 年以下惩役或者 50 万日元以下罚金

续表

罪　名	法　条	法定刑
要求/请求与酒后驾驶者同乘罪	《道交法》第 117 条之二第 6 项	3 年以下惩役或者 50 万日元以下罚金
	《道交法》第 117 条之三第 3 项	3 年以下惩役或者 30 万日元以下罚金
命令/容忍酒后驾驶罪	《道交法》第 117 条之二第 4 项	5 年以下惩役或者 100 万日元以下罚金
	《道交法》第 117 条之二第 9 项	3 年以下惩役或者 50 万日元以下罚金
拒绝/妨碍呼气酒精检测罪	《道交法》第 118 条之二	3 年以下惩役或者 50 万日元以下罚金

（二）超速驾驶类罪的法定刑配置

前面也论及，超速驾驶类犯罪包括：（过失）超速驾驶罪、命令/容忍驾驶罪、共同危险驾驶罪。立法配置的法定刑分别如下：

罪　名	法　条	法定刑
超速驾驶罪	《道交法》第 118 条第 1 款第 1 项	6 个月以下惩役或者 10 万日元以下罚金
过失超速驾驶罪	《道交法》第 118 条第 2 款	3 个月以下惩役或者 10 万日元以下罚金
命令、容忍驾驶罪	《道交法》第 118 条第 1 款第 4 项	6 个月以下惩役或者 10 万日元以下罚金
共同危险驾驶罪	《道交法》第 117 条之三	2 年以下惩役或者 50 万日元以下罚金

(三) 无证驾驶类罪的法定刑配置

罪 名	法 条	法定刑
无证驾驶罪	《道交法》第117条之二第1款	3年以下惩役或者50万日元以下罚金
为无证驾驶者提供车辆罪	《道交法》第117条之二第2项	3年以下惩役或者50万日元以下罚金
要求、请求与无证驾驶者同乘罪	《道交法》第117条之三第1项	2年以下惩役或者30万日元以下罚金
命令、容忍无证驾驶罪	《道交法》第117条之二第8项	3年以下惩役或者50万日元以下罚金
以不正当手段获得驾驶证罪	《道交法》第117条之二第11项	3年以下惩役或者50万日元以下罚金

(四) 超载驾驶类罪的法定刑配置

罪 名	法 条	法定刑
超载驾驶罪	《道交法》第118条第8款第2项	6个月以下惩役或者10万日元以下罚金
命令、容忍超载驾驶罪	《道交法》第118条第1款第5项	6个月以下惩役或者10万日元以下罚金
拒绝停车、出示证件、测量装载物罪	《道交法》第119条第1款第3项之三	3个月以下惩役或者5万日元以下罚金
不遵从有关装载物的命令采取应急措施罪	《道交法》第119条第1款第3项之四	3个月以下惩役或者5万日元以下罚金

(五) 其他危险犯性质的交通犯罪的法定刑配置

罪　名	法　条	法定刑
无视信号驾驶罪	《道交法》第119条第1款第1项之二	3个月以下惩役或者5万日元以下罚金
过失无视信号驾驶罪	《道交法》第119条第2款	5万日元以下罚金
酩酊驾驶罪	《道交法》第117条之二第3项	5年以下惩役或者100万日元以下罚金
在禁止通行的道路上驾驶罪	《道交法》第119条第1款第1项之二	3个月以下惩役或者5万日元以下罚金
驾驶装备不良的车辆罪	《道交法》第119条第1款第5项	3个月以下惩役或者5万日元以下罚金
过失驾驶装备不良的车辆罪	《道交法》第119条第2款	10万日元以下罚金
违反安全驾驶义务罪	《道交法》第119条第9项	3个月以下惩役或者5万日元以下罚金
过失违反安全驾驶义务罪	《道交法》第119条第2款	10万日元以下罚金
不履行救助义务、报告义务罪	《道交法》第117条	5年以下惩役或者50万日元以下罚金（仅针对不履行救助义务，且非轻车辆驾驶者除外）
	《道交法》第117条第1项	10年以下惩役或者100万日元以下罚金（驾驶者的驾驶行为是事故的原因）
	《道交法》第119条第10项	1年以下惩役或者10万日元以下罚金（轻车辆驾驶者）
	《道交法》第120条第1款第11项之二	3个月以下惩役或者5万日元以下罚金
		5万日元以下罚金（不遵从警察命令者）

续表

罪　名	法　条	法定刑
在驾驶过程中使用移动电话等装置罪	《道交法》第 119 条第 1 款第 9 项之三	3 个月以下惩役或者 5 万日元以下罚金（造成道路交通危险）
	《道交法》第 120 条第 1 款第 11 项	5 万日元以下罚金
不当驾驶操作类犯罪	《道交法》第 119 条第 1 款第 1 项之三（紧急刹车罪）	3 个月以下惩役或者 5 万日元以下罚金
	《道交法》第 120 条第 1 款第 2 项（随意变更行驶方向罪）	5 万日元以下罚金
	《道交法》第 119 条第 1 款第 1 项之四（不保持必要车距罪）（高速公路）	3 个月以下惩役或者 5 万日元以下罚金
	《道交法》第 120 条第 1 款第 2 项（不保持必要车距罪）（非高速公路）	5 万日元以下罚金
	《道交法》第 119 条第 1 款第 2 项之二（随意转弯、横穿、掉头或倒车罪）（在进出道路以外的设施或场所实施该类行为）	3 个月以下惩役或者 5 万日元以下罚金
	《道交法》第 120 条第 1 款第 4 项（随意转弯、横穿、掉头或倒车罪）（违反道路标示实施该类行为）	5 万日元以下罚金
	《道交法》第 120 条第 1 款第 2 项（随意穿插罪）	5 万日元以下罚金

日本针对没有造成实害结果设置的犯罪众多，且针对不同犯罪以及不同情况，分别设置了不同的法定刑。从上述几个表格看，日本对这些交通犯罪领域的间接危害行为犯罪化后的配刑，有以下特点：

第一，均配置了罚金刑。无论是对具体危险犯还是抽象危险犯，日本在设置这些罪时，均配置了罚金刑。这表明日本刑法对交通犯罪领域的间接危害行为的规制，重视罚金刑的适用。

第二，针对抽象危险犯和具体危险犯罪，配置不同轻重的法定刑。比如，“在驾驶过程中使用移动电话等装置罪”既是抽象危险犯，也是具体危险犯。但根据其是具体危险犯还是抽象危险犯，设置了不同的法定刑。根据《道交法》第 119 条第 1 款第 9 项之三的规定，其必须“造成道路交通危险”才可构成犯罪，是具体危险犯，其配刑是 3 个月以下惩役或者 5 万日元以下罚金。而当本罪是抽象危险犯时，根据《道交法》第 120 条第 1 款第 11 项的规定，其配刑是 5 万日元以下罚金。

第三，针对可能的侵害大小配置不同的法定刑。在给“随意转弯、横穿、掉头或倒车罪”配刑时，就体现了这种考量。随意转弯、横穿、掉头或倒车行为发生的场合不同，造成的损害大小和发生的可能性不同。日本立法者针对这种情况，分别配置了不同的法定刑。根据《道交法》第 119 条第 1 款第 2 项之二的规定，如果在可能妨碍行人或其他车辆的正常通行时，车辆不得为进出道路意外的设施或场所而转弯、横穿道路、掉头或者倒车，如果与此违背，则处罚 3 个月以下惩役或者 5 万日元以下罚金。同时也规定，车辆不得根据道路标示禁止横穿、掉头或者倒车的道路部分实施相关被禁止的行为。如果与此违反，则处5万日元以下罚金。再如，不保持必要车距罪，针对不同道路的情况，设置了不同的法定刑。根据《道交法》第119条第1款第1项之四的规定，如果是在高速公路上不保持必要车距，则处罚3个月以下惩役或者5万日元以下罚金；而根据《道交法》第120条第1款第2项的规定，如果是在非高速公路上不保持必要车距，则处罚5万日元以下罚金。因此，日本交通犯立法，虽然禁止的是同样的行为，但因其所实施的具体环境不同，可能造成的实害结果的大小或可能性不同，配置的法定刑种类亦不同。

第四，针对交通犯罪领域的这些间接危害行为犯罪，日本刑法配刑幅度大致是：对于罚金刑，最低额度是5万日元，最高额度是100万日元；对于自由刑，一般而言，最长年限是5年惩役，最短是3个月惩役；特殊情况是“不履行救助义务、报告义务罪”的配刑。根据《道交法》第117条规定，如果不履行救助义务，且驾驶者的驾驶行为是交通事故中人员伤亡的起因时，处罚10年以下惩役或者100万日元以下罚金。

第五，故意和过失配置不同的法定刑。在日本刑法规制交通犯罪中的间接危害行为的犯罪中，有故意犯罪，也有过失犯罪，但对应的法定刑不同。比如，驾驶装备不良的车辆行为，有的是过失，有的是故意。过失的构成过失驾驶装备不良的车辆罪，故意的构成故意驾驶装备不良的车辆罪。根据《道交法》第119条第2款的规定，前者配刑是10万日元以下罚金；根据《道交法》第119条第1款第5项的规定，后者的配刑是3个月以下惩役或者5万日元以下罚金。对于违反安全驾驶义务罪，如果是故意，根据《道交法》第119条第9项的规定，处罚是3个月以下惩役或者5万日元以下罚金；如果是过失，根据《道交法》第119条第2款的规定，处10万日元以下罚金。对于无视信号驾驶罪，如果是故意，根据《道交法》第119条第1款第1项之二的规定，处3个月以下惩役或者5万日元以下罚金；如果是过失，根据《道交法》第119条第2款的规定，处5万日元以下罚金。对于超速驾驶罪，如果是故意，根据《道交法》第118条第1款第1项，处6个月以下惩役或者10万日元以下罚金；如果是过失，根据《道交法》第118条第2款的规定，处3个月以下惩役或者10万日元以下罚金。

二、德国对交通犯罪领域间接危害行为犯罪化后的配刑

前述论及德国交通犯罪立法时，已经表明德国也把交通犯罪领域的间接危害行为予以了犯罪化。同样，也配置了不同的法定刑。但与日本相比，德国交通犯罪没有那么多，那么复杂，因此就不列表逐一展示。

第一，针对抽象危险犯和具体危险犯配置不同法定刑。比如，针对醉酒驾驶行为，既设置了具体危险犯，也设置了抽象危险犯，并设置了不同的法定刑。因醉酒驾驶的具体危险犯具有更大的危害，法定刑期可达到5年有期徒刑。该法定刑幅度相当于德国刑法典第222条规定的过失杀人罪①和第223条规定的故意

① 《德国刑法典》第222条规定：过失导致他人死亡的，处5年以下自由刑或者罚金刑。参见《德国刑法典》，徐久生、庄敬译，中国方正出版社2014年版，第111页。

伤害罪[1]的量刑幅度。而对于醉酒驾驶的抽象危险犯的配刑，则至多为 1 年有期徒刑。由此，需要对比分析前述的第 315 条 c 款（1）1）和第 316 条（1）的规定：从文字表述看，第 315 条 c 款（1）1）和第 316 条（1）似乎是重复的，但实际上不是，因第 315 条 c 款（1）1）规定虽也惩罚“a. 饮用酒或其他麻醉品，或 b. 精神上或身体上有缺陷”的行为，但其是具体危险犯，配刑是“处 5 年以下自由刑或罚金刑”；而第 316 条（1）虽然也惩罚“饮用酒或其他麻醉品，不能安全驾驶交通工具”的行为，但配刑是处 1 年以下自由刑或罚金刑。[2] 因此，第 315 条 c 款（1）1）和第 316 条（1）处罚的行为表面具有相似性，但实质有差别，所以配刑差异也很大——前者是具体危险犯，后者是抽象危险犯。

第二，根据故意和过失配置不同的法定刑。在德国交通犯罪中，间接危害行为犯罪也是区分了故意和过失，且配置了不同的法定刑。依据刑法第 315 条和第 316 条规定，如果是故意犯该罪，则处 5 年以下自由刑或罚金刑；如果是过失犯该罪，则处 1 年以下自由刑或罚金刑。[3]

第三，德国刑法典为没有实害结果的交通犯罪配置了罚金刑。这也和日本立法相似，无论是故意的危险犯还是过失的危险犯，无论是抽象危险犯还是具体危险犯，均配置了罚金刑。

---

① 《德国刑法典》第 223 条规定：不法伤害他人身体或损害其健康的，处 5 年以下自由刑或者罚金刑；犯本罪未遂的，亦应予以处罚。参见《德国刑法典》，徐久生、庄敬译，中国方正出版社 2014 年版，第 112 页。

② 梁宾：《危险驾驶罪研究》，中国人民公安大学出版社 2016 年版，第 35 页。

③ 梁宾：《危险驾驶罪研究》，中国人民公安大学出版社 2016 年版，第 35 页。

第四，德国为没有实害结果的交通犯罪配置了自由刑，最高可达5年有期徒刑。与日本不同的是，德国虽然配置了罚金刑，但没有具体规定数额。而如前面列举的，日本不仅配置了罚金刑，而且规定了数额的上限。

三、英国对交通犯罪领域间接危害行为犯罪化后的配刑

作为判例法国家的英国，对醉酒驾驶行为的规制也较为完善。甚至可以说，英国关于道路交通犯罪的立法，是西方国家规定最为最完备者之一。因前面已对其罪的详细规定进行了梳理，在此，仅就其法定刑配置予以总结。

第一，配置的自由刑高达2年有期徒刑。比如，英国对危险驾驶罪和酒后驾驶罪的配刑是2年以下有期徒刑。

第二，配置罚金刑。无论是危险驾驶罪还是酒后驾驶罪，均配置了罚金刑。同样，罚金刑在英国交通犯罪普遍适用，是一大特色。

第三，自由刑和罚金刑“或处”或“并处”。比如在放任驾驶罪中，就规定“对行为人可以判处罚金或2年监禁，或并处罚金和监禁”。换言之，既可以同时判处2年监禁和罚金，也可以单处罚金。这和日本立法不同，日本一般均是“或处”。

第四，根据危险程度和可能性，配置不同法定刑。比如，对“在由于酗酒或者吸毒不适宜开车时驾驶机动车辆的”，处三个月以下监禁或者2500英镑以下的罚金，或者两者并用，是否吊销驾驶执照由法官决定；对于“血液中酒精浓度超过预定驾驶罪的规定”，处2年以下监禁；如果没有特殊原因，剥夺驾驶的期

限不得少于2年。

四、美国对间接危害行为犯罪化后的配刑

美国和英国一样，也是判例法国家。同样，其也是汽车上的国家，因此，美国也制定了严密的规制交通犯罪的法律，不仅包括刑法典，而且包括附属刑法、普通法等。在法定刑配置方面，与英国相比，也非常相似。在法定刑配置上，一般是实害结果和危险犯结合在一起。比如，醉驾行为的法定刑配置就是将危险与实害结合在一起配刑的：若没有发生危害结果，构成轻罪，法定刑配置相对较轻，最高刑期为1年以下监禁；若发生实害结果，法定刑从1年以上监禁直至死刑（保留死刑的州）。因此，如果发生实害结果，该类罪法定刑配置跨度大，刑罚非常严厉。比如，前述论及的2010年的“斯托瓦尔醉驾案”最后被判处终身监禁，就是最好的例子。对于单纯的没有造成实害的醉驾行为，会被判处轻罪，最高法定刑为1年以下监禁刑，这与世界各国的差异不是很大。

第四节 我国交通犯罪领域间接危害行为犯罪化后的配刑构想

根据我国交通犯罪立法现状的理论困境和司法实践困境，本书提出了完善我国交通犯罪立法，尤其是完善规制没有实害结果的交通犯罪立法之构想。但这只是完成了如何设置罪，还需要在

此考量如何进行配刑。

一、我国现行危险驾驶罪配刑反思

我国现行危险驾驶罪的法定刑是处“拘役，并处罚金”。我国危险驾驶罪的配刑，引起了诸多反思：

第一，主刑单一，且只有拘役。所以有学者认为：“这一法定刑规定在我国刑罚体系中基本属于最轻型刑罚……我国略显偏低，而单一主刑的规定也带来了诸多弊端。”[①] 弊端之一就是“这种较低的刑罚处罚力度不利于对驾驶行为人产生震慑作用，有悖于刑罚设置初衷。”[②] 换言之，从刑罚功利主义角度看，该罪的配刑不能实现刑罚的目的。

第二，没有针对不同危险程度设置不同幅度的法定刑。虽然均是危险驾驶行为，但不同的危险行为给道路交通安全带来的危险大小和危害可能性不同。如前述论及，即使是酗酒驾驶行为，不同的酗酒行为对道路交通安全的影响也不同。如果是醉酒驾驶，因驾驶者已经醉酒，意味着其认识能力和控制能力严重弱化，带给交通安全的影响极大；如果仅是酒后驾驶，则行为人可能没有丧失认识能力和控制能力，则对交通安全的影响较小。那么从报应刑论的角度看，则应配置不同的法定刑，才能实现刑罚配刑的公正。而其他国家的立法，则充分考量了这种情况，因

---

① 郑周琪：《危险驾驶罪法定刑设置及其量刑情节研究》，南昌大学 2018 年硕士学位论文，第 4 页。

② 郑周琪：《危险驾驶罪法定刑设置及其量刑情节研究》，南昌大学 2018 年硕士学位论文，第 4–5 页。

此，配刑较为合理和科学。换言之，即使从报应刑论角度看，我国现行危险驾驶罪的配刑，也没有体现报应刑思想。

第三，附加刑设置不合理。根据现行危险驾驶罪的规定，附加刑为罚金刑且属于并科式。从前述各国刑法给交通犯罪领域的危险犯的配刑看，罚金的立法模式有三种情况：（1）单科式。比如，日本危险型交通犯罪中的一些过失类犯罪，其罚金刑的设置就是单科式。（2）选科式。该种模式是指其他刑种与罚金刑并列时，可以选择单独适用。同样，日本对故意类危险型交通犯罪配置罚金刑时，也采用此种模式。（3）复合式。该种模式是指同一个法条规定内，为了提供适用选择，而同时规定并处或单处罚金。前述英国罚金刑设置，采用的就是这种模式。当然，我国危险驾驶罪对罚金刑的设置，均不同于上述三种模式。我国采用的是“并科式”，即判处拘役刑的情况下，必须同时判处罚金刑。虽然罚金刑是可以并科使用的，但是对于危险驾驶罪以这种模式配置罚金刑，与我国其他罪的罚金刑配置不协调。因此，遭到学者的质疑：“现行危险驾驶罪规定并科式罚金违背了刑罚设置一致性，显然是不合理的。”①

第四，法定刑设置与以危险方法危害公共安全罪和交通肇事罪的法定刑不能衔接。我国刑法设置危险驾驶罪，其旨意之一还包括在交通肇事罪和可能的以危险方法危害公共安全罪之间起到一定的协调作用。交通肇事罪是过失的结果犯，以危险方法危害公共安全罪是故意造成严重后果的犯罪，而危险驾驶罪是没有实

① 郑周琪：《危险驾驶罪法定刑设置及其量刑情节研究》，南昌大学 2018 年硕士学位论文，第 7 页。

害结果的故意的危险犯。该三个罪担当了对交通犯罪的惩罚，在法定刑上应协调，形成保护交通安全的逐渐递进的体系。交通肇事罪最低法定刑是“三年以下有期徒刑或者拘役”，而以危险方法危害公共安全罪的最低法定刑是“三年以上十年以下有期徒刑”。但从危险驾驶罪的法定刑看，不能与这两个罪的法定刑互相衔接。

二、交通犯罪领域间接危害行为犯罪化的配刑策略

我国现行危险驾驶罪的配刑，没有区分抽象危险犯和具体危险犯；因该罪设置本身存在固有的缺陷，更不会对故意和过失进行区别。因此，在配刑上，既不能体现报应，也无法实现预防，更没有实现“以罪制约配刑的上限，以需缓和配刑的下限”的这一值得提倡的折中配刑原则。因此，我国危险驾驶罪的配刑，不合理，不科学，也不能实现刑罚的目的。现行危险驾驶罪配刑存在的问题，对于如何进行配刑，起到了很好的警示作用。

要对交通犯罪领域间接危害行为犯罪化后设置的罪配刑，且配刑必须合理和科学，体现公正，就必须有一定的配刑策略予以指导。前述也提到，“以罪制约配刑的上限，以需缓和配刑的下限”，是值得提倡的立场。该立场实际上包括了对刑罚报应的考量和对刑罚预防的考量。虽然对于交通犯罪领域的没有造成实害结果的危险犯，考量刑罚的报应似乎不妥，但还是有必要考量该因素。报应观念在我国根深蒂固，犯罪之恶主要表现为“危害结果”。一般而言，所谓的实害结果发生的风险只是一种可能性，将这种可能性作为刑法规制的内容，往往超出了民众对于犯罪认

知的心理预设的范围。民众感知最直观的危害结果即为实害结果、有形结果，因此，有危害结果自然要担责，对于民众来说这是必然的逻辑，也是惩罚恶害行为的报应逻辑。但除去前述的一般情况，在复杂的社会中，特别是在风险社会中，实害结果外仍有许多“无形结果”，还是需要纳入报应范畴进行规制和调控，进而成为刑法规范禁止的规范和价值评价意义上的危害结果。也就是说，在给危险犯配置刑罚时，也应考量刑罚的报应。但这种报应的考量，应针对的是行为的风险大小、导致实害结果的可能性等因素，并以这些因素作为刑罚设置的幅度。只有以此为基础，才能实现对危险犯配刑的公正。

把交通犯罪领域的间接危害行为犯罪化，主要的旨意在于预防严重交通犯罪。有学者认为：“在报应主义支配的框架内，刑罚只是对犯罪之恶的单纯否定，并不考虑功利目的，不可能有公共政策存在的余地。只有在功利逻辑引入之后，由于刑罚的施加必须考虑现实的社会政治需要，公共政策才可能成为影响刑事立法与司法的重要因素。”① 在某些语境下，刑罚报应论和犯罪预防论，确实存在不相融的地方。一方面，要保持刑罚的公正，体现罪有应得，就必须考量报应以及如何实现报应。但另一方面，给犯罪施加刑罚还必须实现犯罪之预防，且需要刑罚抑制/预防犯罪的量，不一定就是报应刑罚的量。因此，二者存在不相融的地方。前面也论及，国家施加刑罚的目的绝不仅仅是实现报应，其必然还具有预防犯罪之旨意。所以，交通犯罪领域的间接危害

① 劳东燕：《公共政策与风险社会的刑法》，载《中国社会科学》2007 年第 3 期，第 127 页。

行为犯罪化，必须考量预防。

但是，也因刑罚预防和报应存在博弈，因此，给危险犯配刑考量预防的立场，遭到质疑。尤其是在刑法把风险行为纳入犯罪圈，本身就遭到质疑的情况下，给风险刑犯罪配置刑罚时，考量犯罪预防就更会遭受质疑。有学者认为："在风险社会中，由于刑法被视为风险控制机制中的重要组成部分，甚至经常不自觉地被置于优先地位。在这种背景下，刑法不再为报应与谴责而惩罚就在所难免。当为预防风险而威慑成为施加刑罚的首要理由时，传统责任主义所构建的防线就面临大范围被突破的风险。"① 这种观点是担心危险犯的刑罚，出于预防之目的，会加重刑罚，或者施加不相称的刑罚。实际上，持这种观点的学者认为刑罚过分承载了更多的社会功能，过于功利的配刑可能有失公正，因而害怕传统的责任主义刑罚立场受到破坏。美国学者波斯纳也持有类似的观点："在风险成为当代社会的基本特征后，刑法逐渐蜕变成一项规制性的管理事务。作为风险控制机制中的组成部分，刑法不再为报应与谴责而惩罚，主要是为控制风险进行威慑；威慑成为施加刑事制裁的首要理由。正是威慑促成行为主义进路对现代刑法的掌控，最终使精神状态在刑法中的作用日渐减少。"② 对于风险刑法中会因预防而加重刑罚惩罚的疑虑，在陈兴良教授看来，可能是对于风险社会中的风险认知上不足所致，或者是混淆了风险社会中的技术风险："风险社会的风险主要是指技术风

---

① 魏汉涛：《风险社会的刑法风险及其防范》，载《北方法学》2012 年第 6 期，第 91 页。

② ［美］理查德·A. 波斯纳：《法理学问题》，苏力译，中国政法大学出版社 2002 年版，第 210 页。

险。这种风险是人在科学技术探索过程中所带来的，是科学技术广泛运用的消极后果。技术风险具有极大的不确定性，对于这种不确定的风险不能直接纳入刑法调整的范围。例如，刑法不能直接将科学技术中具有风险的探索活动予以禁止，也不能在科学技术所带来的风险实现以后，追究相关人员的刑事责任。概言之，刑法不能进入科学技术领域，干预科学技术活动。”① 但现代科技在带给社会的交通、通信和日常生活领域以便利的同时，也确实带来许多风险。比如，现代不断加速的汽车必然比农耕时代的马车给予人们更多的便利和便捷，同时不可避免地造成更多的交通事故和人员伤亡。某种意义上，科技是一把双刃剑。不能因为科技革命给予现代社会更多客观风险，我们就否定这种科技，退回原来的较落后社会，而是要面对这种客观现实。刑法作为行为规范，规范的不是技术，也不是技术带来的风险，而仍是规制在技术时代中运用这些技术的人的行为。因此，规范意义上的风险不是技术风险，而是高技术时代中人的行为的风险。譬如，刑法规制人的危险驾驶行为，而不是汽车带来的高速技术风险本身，是明知运用汽车等现代先进的交通技术工具可能导致并给予社会的现实风险，而仍然执意进行危险驾驶行为。刑法教义学中的预防论中的刑罚配置，并不是上述风险刑法顾虑中的因为防范风险而无原则地加重刑罚并否定报应刑，而是因为现代技术进步客观上增加了人的行为的风险，有必要进一步在报应刑的基础上，通过罪刑相适应的刑罚实现犯罪预防。故对没有造成实害结果的犯

---

① 陈兴良：《风险刑法理论的法教义学批判》，载《中外法学》2014 年第 1 期，第 110 页。

罪配刑，既考虑报应又要兼顾预防，并不矛盾，也不会引起刑罚的不公正。

陈兴良教授认为：“相对于惩罚交通肇事行为来说，对没有发生肇事后果的醉驾行为进行惩罚，确实具有一定的预防性。但就醉驾行为本身潜藏着交通肇事后果的可能性而言，对醉驾行为的惩罚主要还是基于法益保护。”① 换言之，醉驾行为入罪最根本之目的，还是降低严重交通事故的风险，维护交通安全和秩序。有德国学者许乃曼对此进行分析认为，由报应刑法转向预防刑法，这绝非表示我们可以扬弃个人之可非难性，其仅仅只是将个人之可非难性，由原本作为可罚性充分且必要的条件变成只是必要条件。但无论如何，确实在配刑上，要兼顾二者，因交通犯罪立法把没有造成实害结果的行为入罪，并且在配刑上考量预防，没有违反刑法责任主义理论。其天平向功利刑法偏移了一些，但向功利的倾斜，也具有必要性。这就需要有效遏制该类行为诱发严重后果，因此，在配刑上也会反映出遏制和打击会诱发严重后果的风险行为，甚至加重的配刑还会有公共政策和民意的支持。换言之，政策权宜、民意诉求和社会权力结构等外在因素，必然对法律具有重要的指导和指引功能。甚至有些国家的配刑较重，也便在情理之中。

交通犯罪领域的间接危害行为犯罪化后的配刑，要真正做到“以罪制约配刑的上限，以需缓和配刑的下限”，且兼顾报应和预防的策略，就应在配刑时予以慎重和充分的考量。概言之，这

---

① 陈兴良：《风险刑法理论的法教义学批判》，载《中外法学》2014 年第 1 期，第 112 页。

种策略的贯彻包含对罪体的考量，但基于预防和民意回应，也应兼顾罪体外的因素。但无论法定刑配置关注罪体本身还是兼顾罪体外要素，都不能脱逸犯罪本质“社会危害性”或者“危害后果”的射程。因此，配置法定刑的幅度，一方面受制于行为社会危害性的主客观相统一原则，即犯罪行为的罪体本身的主观恶性、客观危害和行为人的人身危险性，另一方面也要兼采罪体要素外的社会公共政策、民意需求等因素影响。不仅如此，罪体外要素往往多影响行为立法时的入罪配刑。交通犯罪领域间接危害行为犯罪化后的配刑，要把上述这些因素考量进来，且至少应考量以下几个方面：

（一）认真度量这些行为可能导致的严重后果的大小

“在正统刑法学体系中，危害与罪过被认为是构建刑事责任理论的全部根据，政治权宜性、社会的权力结构等外在因素则忽略不计。”① 该观点指出了传统刑法体系中客观危害、主观罪过是构建刑事责任的根据，也就是法定刑配置的基础。不仅如此，在配刑上，传统刑法也坚守了该原则。传统刑法在法定刑配置上，关注罪体本身没有错，但把没有实害结果的交通犯罪行为予以犯罪化，就意味着该类罪没有所谓的实在后果，也可能缺乏针对实害结果的罪过。因此，在这种情况下，不能实实在在考量实害结果的大小。也就是说，这种度量只是对可能的危害的度量，即如果某种行为可能导致的危害非常大，则配刑就重一些，如果

① 劳东燕：《公共政策与风险社会的刑法》，载《中国社会科学》2007 年第 3 期，第 127 页。

可能导致的危害较小，则配刑轻一些。前述日本刑法针对该类交通犯罪的配刑，就体现了这种精神。比如，在不同区域，不同环境下的违反转弯行为，可能造成的事故的大小不同，就针对这种不同，配置了不同的法定刑。

（二）考量危害的可能性大小

在前述已分析到，交通领域的间接危害行为虽具有共性，但也具有差异。而差异之一就是：不同的间接危害行为，诱发事故的可能性大小是不同的；甚至即使是相同的间接危害行为，在不同的情况下，诱发事故的可能性也不同。比如，繁华路段的飙车行为，与夜深人静的无人的公路上的飙车行为，诱发事故的可能性显然不同。因此，在犯罪化某个交通犯罪领域的间接危害行为后，还是应对事故出现的可能性大小予以度量。

（三）充分考量行为人实施这些犯罪时的主观罪过

就我国现行危险驾驶罪而言，一般认为其主观是故意。但其他国家的刑法在对类似犯罪的主观进行规定时，却认为这些行为既可能是故意，也可能是过失。尽管一般认为危险驾驶的主观罪过是故意，但也有学者对此持反对意见。比如，冯军教授就指出：“行为人故意或者过失饮酒后，虽然行为人事实上已经因为醉酒而处于不能安全驾驶机动车的状态，却因为疏忽大意而没有预见自己的醉酒驾驶行为会造成公共安全的危险；或者已经预见自己的醉酒驾驶行为会造成公共安全的危险，却轻信自己还能够在道路上安全驾驶机动车，轻信自己的醉酒驾驶行为不会危害公共安全，因而故意在道路上醉酒驾驶了机动车，却过失地造成了公共安全的抽象危险。”① 在传统理论上，过失犯以实害结果的发生为存在前提，或者说是结果犯。冯军教授将“危险”套用在疏忽大意与过于自信的过失的概念中，实际上间接承认了过失危险犯的成立。而对于其他的交通犯罪领域的间接危害行为，有的也既可能是故意，也可能是过失。根据刑事责任理论，无论是针对实害犯的立法，还是针对非实害犯的立法，均应在配刑时考量行为人的主观因素。

（四）没有造成实害结果的犯罪的配刑，应与有实害结果的犯罪的配刑有差别

一般而言，在法定刑的配置上，实害犯法定刑应高于危险犯。我国刑法的规定，也坚持了这种原则。例如，《刑法》第114条规定：“尚未造成严重后果的，处三年以上十年以下有期徒刑”。对于第114条规定的这些犯罪，如果造成了实害结果，则配刑就更重。《刑法》第115条第1款就对第114条规定的这些犯罪，提高了法定刑：“致人重伤、死亡或者使公私财产遭受重大损失的，处十年以上有期徒刑、无期徒刑或者死刑”。对此，几乎没有太多的争议，而且无论是中国的现行立法，还是外国的现行立法，无论是英美法系还是大陆法系，一般均坚持该原则，且在立法中践行。

---

① 冯军：《论〈刑法〉第133条之1的规范目的及其适用》，载《中国法学》2011年第5期，第109页。

（五）具体危险犯的配刑和抽象危险犯的配刑应有区分

前述也多次论及，相同的行为在不同的情况下，对交通公共安全的影响不同。而具体危险犯的设置和抽象危险犯的设置，也正是对此不同进行的反应。具体危险犯和抽象危险犯均是危险犯，且惩罚的均是没有实害结果的犯罪行为，但二者还是有所区别。除了已论及的一些区别外，其区别还表现在，具体危险犯与实害犯（结果犯、结果加重犯）的基本着力点都是结果，而不是行为本身的危险；抽象危险犯是处罚行为本身，刑法打击由结果提前到行为。因此，对抽象危险犯的法定刑配置，应相应低于具体危险犯。除此之外，抽象危险犯还有个特点，那就是减轻了侦查和举证的压力："抽象危险犯由于应受处罚的犯罪行为，在法条本身已经设定其当然具有法益必受侵害的高度危险性。因此，一经实行符合条文所规定的行为，不必审酌具体情况，就构成犯罪，不另审查其究竟有无具体的危险性。例如，醉酒驾驶交通工具罪，未列载'致生危险'或'足以发生危险'为要件，只要行为人是酒醉驾驶，便已成立犯罪。"① 抽象危险犯在刑事诉讼成本上，节约了大量司法资源，不需要证明客观上达到"致死危险"和"足以发生危险"要求。这不是在此需要详细论证的内容，但这也间接说明，相对配置较高的法定刑的罪名，往往不会有像抽象危险犯这么低的证明标准。

---

① 朱石炎：《追逐竞驶（飚车）的刑事责任——海峡两岸刑法比较研究》，载《中国应用法学》2017 年第 1 期，第 154 页。

（六）行为人的人身危险性

配刑要实现预防，就必须关注行为人的人身危险性。犯罪行为征表了行为人的人身危险性，但何谓人身危险性？有学者认为："人身危险性表现为犯罪可能性或犯罪以后再次犯罪的可能性，而这种可能性是以行为人的犯罪倾向性的人格为基础的，是行为人犯罪倾向性的人格事实与否定规范评价的统一。易言之，人身危险性是由行为人特定人格决定的犯罪可能性或再犯可能性，是特定人格事实和规范评价的统一。"[①] 这是从广义的角度界定人身危险性的概念，包括初犯可能性和再犯可能性。而再犯可能性是狭义的人身危险性，该种危险性在刑事立法和司法中，一般影响配刑。比如，行为人是第一次违反交通安全管理法规，还是屡次违反交通安全管理法规？行为人在实施违反交通安全管理法规的过程中，动机是什么？行为人事后的态度如何？行为人平常的行为模式和表现如何？甚至前面论及的，行为人是故意为之，还是过失为之？对这些因素，都必须进行综合的衡量和考察，从而评估行为人的人身危险性，在此基础上予以配刑，以期实现预防犯罪。

（七）兼顾政策和民意等影响公共政策的因素

国家和社会管理的迫切需要和民意诉求，会影响行为是否能进入犯罪圈，同时也会影响配刑。毫无疑问，刑法立法的配刑，

① 赵永红：《人身危险性概念新论》，载《法律科学》2000 年第 4 期，第 79 页。

不能忽视罪体、罪责要素，但也不能忽略政策和民意的影响。比如，有学者在坚持毒驾行为入罪的前提下，认为对毒品驾驶罪配刑就应考虑政策的影响，加重配刑："在当前严峻的毒驾形势下，为预防和抑止毒驾可以对毒驾配置较重的刑罚。"[①] 前述已经论述了，立法上法定刑配置最直观的考量因素是社会危害性，即客观实害，并由此而产生报应的刑罚。这种思想长期植根于立法者和民众的思维当中，即人们对于所谓的已然之罪进行惩处天经地义。但是，在立法中，基于刑罚预防之目的，还是应将功利刑作为重要考量的因素，把社会情势变更、政策和民意等要素进行考量，实现刑罚的预防目的或功能。

（八）配刑应兼顾各罪所配之刑，做到配刑均衡和协调

罪体、罪责是具体犯罪配刑的基本依据，但对独立成罪的行为进行配刑，还要进行系统性的考察，因为具体罪种设置后，还需要考虑让其与前后左右的相近罪名的配刑保持大致的协调和平衡。遵循罪名本身的质的规定性，也要兼顾罪名间法定刑的均衡，即社会危害"量"的规定性，也即把具体罪名间的配刑放置于刑罚系统中，不会产生不协调、不和谐的情况。

三、交通犯罪领域间接危害行为犯罪化后的配刑

现行规制交通犯罪领域中没有实害结果犯罪行为的危险驾驶罪，其配刑存在诸多问题。但其存在的问题仅仅能为交通犯罪领

---

① 唐利波：《毒驾入刑问题研究》，大连海事大学2014年硕士学位论文，第21页。

域的间接危害行为犯罪化配刑提供警示，因该罪本身设置得不合理，导致本罪也必须解构，并且全面完善我国刑法规制交通犯罪领域的没有实害结果犯罪行为的立法。同样，交通肇事罪应解构，从而对交通犯罪领域的实害犯立法予以完善。在这样的语境下，意味着规制实害结果的犯罪和规制没有实害结果的犯罪，数量会增加；同时，原有的危险驾驶罪和交通肇事罪也因解构而变成新罪的内容。但无论如何，配刑的理念、策略不变。基于此，交通犯罪领域间接危害行为犯罪化后，在配刑上应突破现行危险驾驶罪的配刑，避免前述的缺陷。

进一步把交通犯罪领域的间接危害行为犯罪化，会涉及诸多行为，并产生许多类型的犯罪。虽然某些行为类型不同，但其对交通安全的侵犯大小、可能性大小、主观罪过程度、人身危险性、社会公众的态度等，均会相似或相同，所以不需要构想会设置多少个具体的犯罪，或者每个罪的具体罪名是什么。这就意味着，不需要在此构想出每个罪，且针对每个罪拟好法条，并配置好法定刑。配刑有一定的规律性，比如在一部刑法典中，过失犯的刑罚幅度、故意犯的刑罚幅度、具有严重后果的故意犯的刑罚幅度、行为犯的刑罚幅度等，均应协调一致；同时，在类罪名中，也应互相衔接，协调一致，保持平衡。而且设罪也是类型化行为，因此，在前述的基本原则、策略的指导下，根据配刑的规律，在此针对罪的类型，对其配刑进行方向性的分析。

（一）适用的刑罚种类

现行危险驾驶罪适用的刑种只有拘役和罚金刑，刑种非常单一。要对交通犯罪领域的间接危害犯罪化，并在犯罪化后实现配刑的合理和科学，就应在保留现有刑种的基础上增加刑种。

第一，应增加管制刑。我国刑法第 38 条规定："管制的期限，为三个月以上二年以下。判处管制，可以根据犯罪情况，同时禁止犯罪分子在执行期间从事特定活动，进入特定区域、场所，接触特定的人。对判处管制的犯罪分子，依法实行社区矫正"。管制刑是一种轻刑，时间较短且不需要羁押，适用罪刑比较轻的犯罪。在我国刑罚体系中，管制是主刑中唯一的限制自由的刑种，也是中国特有的一种刑罚方法。虽然管制因"刑惩罚力度不足，且与缓刑关系模糊""管制刑实行社区矫正的效果并不理想"等原因，使其存在被质疑，[①] 但其仍然是我国刑法明文规定的刑种，并且被其支持者给予了高度评价，比如，有学者认为："管制这一刑种的存在，使我国刑罚体系更加完善"[②]，"管制刑的存在，符合我国刑罚的目的"[③]，"管制刑的存在，符合我国刑法的罪责刑相适应原则的要求"[④] 等。交通犯罪领域的间接危害行为犯罪化的罪，有些必然是轻罪，因此，进行配刑时，就应把这种适用轻罪的刑种考虑进来。

第二，增加有期徒刑。虽然把交通犯罪领域的间接危害行为犯罪化，设置的是没有实害结果的犯罪，但有些没有实害结果的犯罪，行为人主观恶性比较大，且诱发的交通事故可能极其严

---

① 杨通新：《管制刑废除研究》，广西民族大学 2018 年硕士学位论文，第 1 页。

② 张晶、顾强：《论管制刑的适用与完善》，载《安徽警官职业学院学报》2009 年第 3 期，第 78 页。

③ 周金福：《管制刑的立法完善》，载《法学杂志》1995 年第 3 期，第 20 页。

④ 曹子丹：《试论我国管制刑存在的根据》，载《中国法学》1990 年第 1 期，第 62 页。

重，依靠罚金、管制和拘役，既无法实现犯罪的预防，也无法实现刑罚的报应。因此，还是有必要对这些犯罪施加较重的法定刑，比如有期徒刑。为了实现此目的，还是应把有期徒刑作为惩罚没有实害结果的交通犯罪的刑种。

第三，继续保留拘役和罚金刑。拘役是最轻的剥夺自由的刑种，其适合较轻的犯罪。在交通犯罪中的没有实害结果的犯罪中，是将未遂性质、危险行为犯罪化处理，甚至某些行为还是过失，因此，设置轻刑符合刑罚基本理论。拘役虽然剥夺自由，但期限很短，因此，对有些罪配置这种轻刑，还是较为合理的。而对于罚金刑，无论是我国现行危险驾驶罪的立法，还是国外其他国家的交通犯罪立法，均适用了罚金刑。正如前述已经论及的，罚金刑在交通犯罪领域的适用，是各国刑法立法的共识。

第四，在交通犯罪中，还应当增设资格刑。在立法实践中，增设资格刑已成为一种趋势，尤其是“立法者开始考虑针对交通肇事、责任事故等业务过失犯罪，增设禁止驾驶、禁止从事一定职业的附加刑。”① 资格刑又称“名誉刑、能力刑或权力刑，是剥夺犯罪人享有或行使一定权力的资格的刑罚。”② 在交通犯罪中，增设的资格刑是“禁止驾驶”。该资格刑剥夺犯罪人从事驾驶的资格，或者禁止其一定时间段内从事驾驶行为，既不会增加犯罪人坐牢之苦，又能有针对性地剥夺、限制其继续实施交通违法行为或交通犯罪的资格，非常具有积极意义。

---

① 周光权：《过失犯罪法定刑配置研究》，载《四川大学学报（哲学社会科学版）》1999 年第 3 期，第 97 页。

② 宋楠：《我国资格刑研究及立法建议》，载《成都大学学报（社会科学版）》2007 年第 5 期，第 19 页。

（二）具体危险犯的配刑

各国刑法立法，一般均对具体危险犯和抽象危险犯进行了区分。比如，大陆法系的德国，就在立法上进行了区分："传统观点认为，德国刑法典规定了两种类型的危险犯：具体危险犯与抽象危险犯。"[①] 前述已经论及，在某些情况下，针对某些交通犯罪领域的间接危害行为，在设罪时应区分抽象危险犯和具体危险犯。在此，先分析具体危险犯的配刑。

1. 故意具体危险犯的配刑

对故意的具体危险犯该如何配刑？国外和一些地区的刑法也设置了具体危险犯，且配置了相应的刑罚。我国澳门地区刑法典第 277 条规定："一、在不具备安全驾驶之条件，或者明显违反驾驶规则下，驾驶供空中、道路或铁路运输用之交通工具，因而对他人生命造成危险，对他人身体完整性造成严重危险，或对属巨额财产之他人财产造成危险者，处 1—8 年徒刑。二、如因过失造成上款所指之危险，行为人处最高 5 年徒刑。三、如因过失而做出所指第一款行为，行为人最高处 3 年徒刑或科予罚金。"[②] 根据澳门刑法的规定，如果是故意对生命、健康或巨额财产的具体危险，法定刑是 1—8 年徒刑。德国刑法典第 316 条规定的"酒后驾驶罪"，其第一款规定的是具体危险犯，即"（1）饮用酒或其他麻醉品，不能安全驾驶交通工具（第 315 条 a 至第 315

① 李侠：《中国刑法语境下的危险犯研究——以德日刑法理论为参照》，西南财经大学 2014 年博士学位论文，第 7 页。

② 李波：《海峡两岸危险驾驶罪比较研究》，载《福建警察学院学报》2011 年第 6 期，第 53-61 页。

条 d)；如其行为未依第 315 条 a 或第 315 条 c 款处罚的，处 1 年以下自由刑或罚金刑。”因此，根据该规定，其对故意具体危险犯的配刑是“处 1 年以下自由刑或罚金刑”。日本刑法也规定了具体危险犯。比如，交通犯罪领域，就设置了具体危险犯——《道交法》第 119 条第 1 款第 9 项之三设置了“在驾驶过程中使用移动电话等装置罪”，这是造成了具体危险的犯罪，配刑是“3 个月以下惩役或者 5 万日元以下罚金”。该罪虽然是具体危险犯，但因行为性质缘故，所以法定刑较低。但有些危险非常严重的具体危险犯，则配刑较高——根据《道交法》第 117 条的规定，如果不履行救助义务、报告义务，且驾驶者的驾驶行为是事故的原因，那可能受到“10 年以下惩役或者 100 万日元以下罚金”的惩罚。我国刑法也设置了具体危险犯，比如刑法第 114 条规定的放火罪、爆炸罪、投放危险物质罪、以危险方法危害公共安全罪。根据我国刑法第 114 条规定，这些具体危险犯的配刑是“三年以上十年以下有期徒刑”。

综合前述，故意具体危险犯的配刑是：自由刑和罚金刑。对上述具体危险犯，我国没有罚金刑，但最高可达 10 年有期徒刑，最低也是 3 年以上有期徒刑。国外有罚金刑，最高刑也可达 8 年有期徒刑，当然，也有 3 个月以下有期徒刑的。针对交通犯罪领域的间接危害行为犯罪化的配刑，既要坚持前述论及的配刑原则和指导方针，又要符合能产生具体危险的间接危害行为的具体情况，同时还要兼顾刑法典中的配刑协调。据此，我国交通犯罪领域的具体危险犯的配刑，大致的方向是：对于极其重大的具体危险，配“5 年以上 10 年以下有期徒刑，并判处罚金和剥夺驾驶资格”；对于较大的危险，判处“3年以上5年以下有期徒刑，并判处罚金和剥夺驾驶资格”。其中，“5年以上10年以下有期徒刑”，主要针对的是其危险程度与我国刑法第114条规定的行为所造成的危险相当的具体危险行为；而“3年以上5年以下有期徒刑”，主要针对的是具有较大危险，但其危险程度又不能和我国刑法第114条规定的行为所造成的危险相提并论的危险。

同时，应对我国交通犯罪领域的故意的具体危险犯“判处罚金”。但对于罚金刑的具体数额，到底该采取何种模式予以明确，也是值得思考的问题。一般而言，罚金数额的明确有两种模式：一种是在法条中明文规定，另一种是通过司法解释或者其他规范性文件予以明确。比如，我国刑法第170条规定：“伪造货币的，处三年以上十年以下有期徒刑，并处五万元以上五十万元以下罚金；有下列情形之一的，处十年以上有期徒刑或者无期徒刑，并处五万元以上五十万元以下罚金或者没收财产。”根据我国刑法第170条的规定，伪造货币罪是设置了罚金刑的，且是由法条明文规定了数额幅度的。但有的罪法条并没有明文规定罚金幅度，其只能依靠司法解释或者其他规范性文件予以明确。比如，我国现行危险驾驶罪是设置了罚金刑的，但没有明确额度。对于司法而言，要适用罚金刑就必须有明确的依据。就该罪而言，要判处罚金刑就要依靠2000年最高人民法院关于《适用财产刑若干问题的规定》的相关规定，才能有个大概的幅度。2000年最高人民法院关于《适用财产刑若干问题的规定》第2条规定：人民法院处理该类案件时，需综合考量犯罪情节，如违法所得数额、造成损失的大小等，同时考察犯罪行为人经济状况，罚金缴纳能力，依法确定罚金数额。对于罚金数额，刑法条文尚无明确规定的，则最低罚金数额不能少于 1000 元。根据该规定，能确定交通犯罪判处罚金的额度范畴。针对交通犯罪中的具体危险犯（包括故意和过失具体危险犯），配置罚金刑时，其具体数额可由法条予以明确规定，也可通过其他规范性文件予以规定。同时，关于罚金刑的数额，其最低限度应比一般行政处罚高。除了数额幅度的规定外，还有采取选科还是并科的问题。对于交通犯罪领域的具体危险犯，还是应采取并科模式。

除此之外，还应配“剥夺驾驶资格”刑。在此首先要说明的是，不仅应对故意的具体危险犯配“剥夺驾驶资格”刑，还应对其他的交通犯罪配“剥夺驾驶资格”刑。但在配刑时，应根据行为人的主观罪过、造成的危险大小、行为人事后的表现等，在期限上应所不同——对于极其恶劣的，事后态度不好的，可以终身禁驾。因在此已阐明其适用所有的交通犯罪，所以下文论及其他类型的交通犯罪不再涉及资格刑。针对“剥夺驾驶资格”的资格型，还有一点要说明的是，其也应和吊销驾驶执照等有区别。

2. 过失具体危险犯的配刑

故意危险犯和过失危险犯均是没有实害结果的犯罪，二者的最大区别在于主观罪过的不同。而正是因为主观罪过的不同，使故意危险犯的主观恶性大于过失危险犯的主观恶性，使其可责罚性程度更高。所以，其配刑一般应低于故意危险犯。同样，交通犯罪领域的过失具体危险犯，其配刑也应低于故意具体危险犯，但又应高于下文的过失抽象危险犯的配刑。

过失具体危险犯是过失类犯罪，其配刑应参照过失犯的配刑。同时，其是没有实害结果的过失犯，因此，在配刑时，至少应低于有实害结果的过失犯。我国刑法的过失犯罪一般的配刑幅度和刑种是“处三年以下有期徒刑或者拘役”，比如，刑法第235条规定的过失致人重伤罪、第324条规定的过失损毁文物罪、第335条规定的医疗事故罪以及第441条规定的遗失武器装备罪，如果没有致人死亡或者其他极其严重的后果，均是这个幅度的配刑和这两个刑种。而对于造成非常严重后果，比如致人死亡的犯罪，则配刑更高，比如我国刑法第233条规定的过失致人死亡罪，配刑是“处三年以上七年以下有期徒刑”。这些过失犯罪均是有严重后果的过失犯罪，而不是过失的没有实害结果的犯罪。我国现有的过失危险犯包括：刑法第124条规定的“过失破坏广播电视设施、公用电信设施罪”，其配刑是“三年以上七年以下有期徒刑；情节较轻的，处三年以下有期徒刑或者拘役”；第330条规定的“妨害传染病防治罪”，其配刑是“处三年以下有期徒刑或者拘役；后果特别严重的，处三年以上七年以下有期徒刑”；第332条规定的“妨害国境卫生检疫罪”，其配刑是“处三年以下有期徒刑或者拘役，并处或者单处罚金”；第337条规定的“妨害动植物防疫、检疫罪”，其配刑是“处三年以下有期徒刑或者拘役，并处或者单处罚金”。国外刑法对过失危险犯的配刑，比如前述提及的巴西刑法典第256条规定就是过失危险犯，其配刑是“处6个月至1年监禁”；德国刑法典第307条规定的“过失引起核能爆炸危险罪”，是“处3年以下自由刑或罚金”。意大利刑法典第450条的规定，也是过失危险犯，其配刑是“2 年以下有期徒刑”：“因自己过失之作为或不作为引发铁路车祸、火灾、毁船、沉船或其他浮动建筑物沉没之危险或使其危险存续者，处 2 年以下有期徒刑”。

从各国立法看，过失危险犯均是社会危害性不大，可责罚性较轻的犯罪，一般均配置的是较轻的刑罚，即短期自由刑和罚金刑。相较而言，国外对过失危险犯的配刑在 3 年以下，有些国家配了罚金刑；我国对过失危险犯的配刑较重，有的甚至高达“三年以上七年以下有期徒刑”。对于过失具体危险犯又应如何配刑？一般而言，过失具体危险犯是过失危险犯中的危险程度较高的犯罪，对其进行的配刑应是过失危险犯中较高的配刑。因此，其配刑应高于下文的过失抽象危险犯。但是过失的抽象危险犯还是属于过失犯，对其配刑应低于下文的故意抽象危险犯。基于此，并考虑交通犯罪领域的间接危害行为的特殊性，以及过失危险犯的配刑情况，除了前述已经论及的罚金刑和资格刑外，主刑设置为“拘役或 2 年以下有期徒刑”较为合理。

（三）抽象危险犯的配刑

对交通犯罪领域的抽象危险犯的配刑，应考虑抽象危险犯本身的特征，以及预防价值。一般而言，抽象危险犯的危险是推定的危险，一般不宜设置过重的法定刑，且抽象危险犯的配刑应低于具体危险犯。

1. 故意抽象危险犯的配刑。在具体危险犯中，包括故意具体危险犯和过失具体危险犯。同样，在抽象危险犯中，也有故意抽象危险犯和过失抽象危险犯，在配刑时也应考虑其主观恶性的大小。有很多学者认为，我国现行危险驾驶罪就是故意抽象危险犯。根据我国《刑法》第 133 条之一的规定，其配刑是拘役并处罚金。前面也详细论及，该罪的配刑存在太多的问题。因此，在给交通犯罪领域的故意抽象危险犯配刑时，不能把此作为参考。但根据故意具体危险犯和过失具体危险犯的配刑，对故意的抽象危险犯的配刑为：如果是极其严重的抽象危险，主刑设置为“3 年以上 5 年以下有期徒刑”；如果是一般的危险，则主刑设置为“拘役或 3 年以下有期徒刑”。

2. 过失抽象危险犯的配刑。前述提及的澳门地区刑法第 277 条，也规定了过失抽象危险犯。其“三、如因过失而做出所指第一款行为，行为人最高处 3 年徒刑或科予罚金”的规定，虽然根据其“如因过失而做出所指第一款行为”的文字表达，似乎是针对实施的行为的配刑，但实际上是对过失抽象危险犯的配刑，因为“抽象危险犯就是行为犯，是以符合构成要件行为对特定法益的一般危险性为基础的，发生危险本身在这里并不属于构成要件。”[①] 因此，澳门刑法第 277 条给过失抽象危险犯的配刑，是最高 3 年有期徒刑。但就我国的刑罚体系而言，针对过失抽象危险犯配置最高 3 年有期徒刑，是不协调的。我国交通犯罪领域的过失抽象危险犯的配刑，应与前述具体危险犯和故意抽象危险犯相协调。因此，根据前述犯罪的配刑和交通犯罪领域的过失抽象危险行为，主刑设置为“管制和拘役”较为合理。另外，对抽象危险犯（过失和故意抽象危险犯）可配罚金刑，但其模式应

---

① ［德］汉斯-海因里希·耶塞克：《德国刑法教科书》，庄久生译，中国法制出版社 2001 年版，第 322 页。

采取选科模式："作为抽象危险犯的危险驾驶行为人，以及行为产生轻微实害结果，则不宜适用并科罚金，宜适用选科罚金方式"[1]。因此，对于交通犯罪领域的抽象危险犯，无论是故意抽象危险犯，还是过失抽象危险犯，在配置罚金刑时，应采取选科模式。

① 雷阳明：《危险驾驶罪研究》，西南科技大学2017年硕士学位论文，第43页。

余　论

研究交通风险语境下的间接危害行为犯罪化问题，不仅涉及新概念、新理论的引入，而且其涉及面也十分广泛。不仅如此，道路交通犯罪也随时呈新，给规制交通犯罪不断提出各种难题。但限于研究语境和范畴的限定，并没有就交通安全领域的诸多因素和涉及的诸多问题，全面而无疏漏地予以研究和分析。比如，正如在“导论”中阐明的，没有涉及对交通设施、交通工具进行破坏和毁损的犯罪进行研究，也没有对水路、铁路和航空等领域的犯罪行为予以研究。除此之外，值得进一步研究和关注但本书没有涉及的还有以下问题：如何避免立法技术不完善导致的不适当犯罪化、如何规制近年来频繁出现的妨碍公共交通工具安全驾驶违法犯罪行为、交通肇事罪如何解构并完善等。这些问题是重大的理论和实践问题，但同样囿于研究语境和范畴的限定，没有对其进行详细阐述。但基于其重要性和与本书的关联性，还是有必要对其进行较为概要的阐述。

一、避免立法技术层面导致的不适当犯罪化

尽管我国刑法应严密规制交通犯罪的刑事法网，尤其是应严密规制该领域的间接危害行为的刑事法网，但这不意味着就允许不适当的犯罪化。相反，更应慎重对待犯罪化，保证犯罪化的适当性，避免不适当的犯罪化。不适当的犯罪化不仅可由犯罪化的内容不适当而导致，还可由立法技术层面的不适当而导致。因此，要保证犯罪化的适当，就应保证立法技术层面的适当和立法内容的适当，否则，无论是立法技术层面的不适当，还是立法内容的不适当，都会在实践中诱发很多问题。前述论及的保证对交通犯罪领域的间接危害行为予以犯罪化进行公平归责的原则，就是为了避免犯罪化的内容不适当。在此，还有必要简要论及应如何避免立法技术导致的不适当犯罪化。

随着立法的发展，我国刑法立法技术有一定的进步，但还是存在很多问题，比如立法的体系构建问题、立法用语规范和合理化问题、立法整体上的协调问题、立法方式和采取的模式问题，等等。这些立法技术问题有的是宏观问题，有的是微观问题，但无论是哪种问题，均会影响立法的正当性。而针对交通犯罪领域的犯罪化立法，要避免立法技术层面导致的不适当犯罪化，则至少应：第一，避免语言表达模糊、不精确。若某种行为应入罪，则犯罪化这种行为后，是在向公民宣示某种行为不可为。换言之，这是国家在通过以语言作为载体的法条警示公民不可为某个行为。因此，如果法条的语言表达模糊、不精确，就不能正确地引导公民，甚至会误导公民。在文明法治国家，刑事司法是会受

罪刑法定原则限制的。这就意味着，立法机关制定的法律也必须明确，从而正确指引司法裁判活动。因此，为了真正保证司法阶段的法治精神实现，立法机关制定法律，也应让其用语精确，避免含混不清或隐晦："罪刑法定原则被看作是法治原则的一部分。因此，主体不受专制、隐晦和模糊的刑法规范控制。"[①] 因此，在把交通犯罪领域的间接危害行为进行犯罪化时，模糊的、不专业的用语就应摈弃或尽量减少。第二，立法时应进行体系性思考。把交通犯罪领域的间接危害行为犯罪化，会设置很多新罪。但设置的这些罪该如何在刑法中"摆放"，就涉及刑法体系问题。比如，如果依然采用修正案的方式，就应考量哪些罪应放在前面，哪些罪应放在后面。同时，把交通犯罪领域的间接危害行为犯罪化，还涉及配刑的体系性问题——也即前面提到的，在配型时应照顾到不同类罪之间、相同类罪之间配刑的协调问题。第三，要完善和严密刑法规制交通犯罪的刑事法网，还应全方位思考，不要总进行边边角角的修改或完善。如果没有全方位的统筹安排，就不能从根本上解决问题，最终导致频繁修改法律。比如，《刑法修正案（八）》设置现行危险驾驶罪，但在《刑法修正案（九）》时，又对其进行修改，把"（三）从事校车业务或者旅客运输，严重超过额定乘员载客，或者严重超过规定时速行驶的；（四）违反危险化学品安全管理规定运输危险化学品，危及公共安全的"行为纳入其规制范围。这就是立法没有全方位思考的结果，导致似乎总在立法，但却总难以应付犯罪的挑战。

---

① 姜敏：《英美法系罪刑法定原则的维度和启示——兼与大陆法系罪刑法定原则比较》，载《四川大学学报》2015 年第 3 期，第 133 页。

概言之，要保证交通犯罪犯罪化立法的正当性，不仅要重视犯罪化内容的适当性问题，还必须重视立法技术层面的适当性问题。只有犯罪化的内容适当，犯罪化的立法技术适当，才能真正保证交通犯罪领域的间接危害行为犯罪化具有正当性。

二、应完善规制交通犯罪领域的实害结果犯罪行为立法

在第一章分析我国现行交通犯罪立法的现状与困境时，也对现行交通肇事罪进行了分析和评价，并且指出交通肇事罪具有理论和实践困境。但是，因研究焦点在于交通犯罪领域规制没有实害结果犯罪，仅仅只是对交通肇事罪涉及的逃逸行为、《解释》第 5 条第 2 款和《解释》第 7 条涉及的问题予以了解决。但对该罪的高度概括性和主观罪过问题，却没有予以分析和解决。但此问题并不仅仅是理论问题，而且还导致交通肇事罪在实践中面临巨大挑战，还是有必要对其进行分析，寻找一种解决路径。

（一）解构现行交通肇事罪

把“交通肇事逃逸行为”“交通肇事逃逸致死”和《解释》第 5 条第 2 款和《解释》第 7 条涉及的行为独立出来，单独设置为危险犯后，减轻了交通肇事罪的压力，且消解了该罪面临的理论困境。但是，除此之外，交通肇事罪的“一刀切”把罪过限定为“过失”，以及其把各种行为高度概括为“交通肇事行为”，均不合理，也与实践脱节。因此，应针对实践情况，把现有交通肇事罪予以进一步解构，分解成不同的犯罪，以适应实践。

首先，造成实害结果的行为除了过失外，至少还有“间接故意”。因此，应把现有交通肇事罪的主观罪过予以解构，分成故意和过失。当然，或许有人质疑，当主观罪过是故意时，可以“以危险方法危害公共安全罪”进行处理。确实，前述已多次提到在现有司法实践中，对交通犯罪中的故意类行为，可能以这种路径予以惩罚。比如，孙某铭案件最终就是以“以危险方法危害公共安全罪”定罪处罚。但这不意味着对孙某铭案件的定性，就不存在分歧。实际上，对孙某铭案件的定性具有极大分歧。一种观点认为，孙某铭构成交通肇事罪；另一种观点认为，孙某铭构成以危险方法危害公共安全罪。交通肇事罪和以危险方法危害公共安全罪都是针对公共安全的犯罪，而当其适用孙某铭案件时，两个罪的最大区别在于主观罪过的差异。持以危险方法危害公共安全罪者认为，孙某铭醉酒驾车且造成了严重后果，其罪过是故意，因此，不能以交通肇事罪定罪。而不能以交通肇事罪定罪，就必须寻找其他的罪对孙某铭予以制裁。就现行刑法体系看，以危险方法危害公共安全罪惩罚孙某铭，是最为妥帖的选择。而持交通肇事罪论者认为孙某铭是醉酒驾车，对严重后果不是希望，也不是放任，因此，其主观罪过是过失，应以交通肇事罪定罪。而根据孙某铭之前的司法实践，类似的醉酒驾车且造成人员伤亡的犯罪，均是以交通肇事罪予以惩罚。四川省高级人民法院最终认为孙某铭是故意，其依据是孙本人有多次违反交通安全法规的行为，并且是无证、醉酒和超速驾驶，其对自己的行为持“放任”态度，所以认定主观罪过是故意。对孙案的主观方面的定性是没有问题的，孙对于不特定多数人的健康、生命、财产是持一种至少是放任的态度，具有间接故意。实践中类似的案件很多，且均可以“以危险方法危害公共安全罪”定罪，但是，这并不是良好的策略，因“以危险方法危害公共安全罪”本身就是一个类似“口袋罪”的罪名。另外，将侵犯交通安全的犯罪行为，纳入一个泛指的公共安全罪中，这本身就是一种无奈之举。因此，应把造成实害结果行为的罪过予以区分，设置故意类犯罪和过失类犯罪，避免实践中的分歧，也能真正体现实践中的情况。

其次，把该罪囊括的客观行为根据不同性质予以类型化。现行交通肇事罪以“交通肇事”，囊括了交通犯罪领域造成实害结果的诸多行为。更确切分析，该罪以“违反交通管理法规”的罪状描述，囊括了诸多造成实害结果的行为。诸多行为虽有共性，比如均造成了严重后果，但行为方式、行为的主观心态等均有较大区别。比如吸毒驾驶、无证驾驶、超载驾驶、超速驾驶等行为，在性质上就有较大差异。如果都以“交通肇事”或“违反交通管理法规”予以类型化，不仅使立法过于简单，而且对行为的评价也不合理。因此，应根据适当的标准，把行为予以类型化，设置不同类型的实害犯。

（二）完善规制交通犯罪中的实害结果犯罪行为立法路径

国外交通犯罪立法中，也设立了规制实害结果的犯罪。比如前述论及的，日本针对实害结果犯罪行为，设置了危险驾驶致死伤罪、准危险驾驶致死伤罪、驾驶过失致死伤罪、驾驶过失致死伤并隐灭受酒精等影响的证据罪。这些犯罪也纳入了诸多行为，且也具有类型化。比如，危险驾驶致死伤罪，主观罪过是故意，客观行为包括酩酊危险驾驶致死伤、高速度危险驾驶致死伤、无驾驶技能危险驾驶致死伤、妨害通行的危险驾驶致死伤、无视信号危险驾驶致死伤、违法通行危险驾驶致死伤等行为。该罪的客观方面是由日本的《处罚法》第 2 条的第 1 项、第 2 项、第 3 项、第 4 项、第 5 项和第 6 项明确予以规定。通过这些规定，把交通犯罪中的在受酒精或药物影响无法驾驶的状态下驾驶、以难以控制机动车的高速度驾驶、无控制机动车的技能而驾驶、明显接近正在通行的行人或车辆+危险速度驾驶、无视红色信号或与之相当之信号+危险速度驾驶、在禁止通行的道路上行驶+危险速度驾驶的造成严重后果的行为，均纳入了该罪规制的犯罪，并配置了不同的法定刑。① 再如，驾驶过失致死伤并隐灭受酒精等影响的证据罪，其主观是过失，客观行为包括："其一，受酒精或者药物的影响，在行驶过程中可能出现难以正常驾驶的状态下驾驶机动车的故意行为；其二，懈怠驾驶机动车方面的必要注意义务而致人伤亡的过失行为；其三，隐灭自己有无或者多大程度上受酒精或者药物影响的证据的故意行为。"② 前述两个罪名虽然也是类型化，但这种类型化也只是把类似的行为放在一类中，而不是把所有性质不同类的行为放入一个罪中。同时，这种类型化还体现在进行了故意和过失的区别，过失支配下的行为在一个罪中，故意支配下的行为在一个罪中。因此，与我国规制交通犯罪实害犯相比较，姑且不论其他区别，就类型化角度看，还是更

---

① 参见周舟：《中日道路交通犯罪比较研究》，华东政法大学 2015 年博士学位论文，第 318-320 页。

② 周舟：《中日道路交通犯罪比较研究》，华东政法大学 2015 年博士学位论文，第 395 页。

为合理和科学。

因此，在解构我国现行交通肇事罪后，还应对规制交通犯罪中的实害犯立法予以完善。虽然要完善此类情况的立法比较繁杂，但至少应做到以下两点：首先，把故意和过失行为分开，设置故意类犯罪和过失类犯罪。其次，把造成实害结果的行为根据性质予以类型化后，设置不同的犯罪。可以主观罪过进行类型化，也可以行为性质予以类型化。比如，把醉态类的行为、违法通行驾驶的行为、无驾驶技能的行为等，分别归为一类。虽然这样类型化后进行设罪会使罪的数量增加，但能使立法更合理、更完善。

参 考 文 献

一、中文类参考文献

（一）著作类

1. 高铭暄、马克昌：《刑法学》（第 8 版），北京大学出版社、高等教育出版社 2017 年版。

2. 马克昌主编：《近代西方刑法学说史略》，中国检察出版社 2004 年版。

3. 马克昌：《比较刑法原理——外国刑法学总论》，武汉大学出版社 2002 年版。

4. 高铭暄、陈璐：《中华人民共和国刑法修正案（八）的解读与思考》，中国人民大学出版社 2011 年版。

5. 高铭暄：《刑法学原理》（第 1 卷），中国人民大学出版社 1993 年版。

6. 马克昌：《犯罪通论》，武汉大学出版社 1999 年版。

7. 赵秉志：《英美刑法学》，中国人民大学出版社 2004 年版。

8. 赵秉志：《外国刑法原理（大陆法系）》，中国人民大学出版社 2000 年版。

9. 侯国云、白岫云：《新刑法疑难问题解析与适用》，中国检察出版社 1998 年版。

10. 刘运通：《道路交通安全指南》，人民交通出版社 2004 年版。

11. 张明楷：《刑法学》（第 4 版），法律出版社 2011 年版。

12. 张明楷：《外国刑法纲要》，清华大学出版社 2007 年版。

13. 张明楷：《法益初论》，中国政法大学出版社 2004 年版。

14. 张明楷：《刑法学》，法律出版社 2003 年版。

15. 张明楷：《刑法学》（下），法律出版社 1997 年版。

16. 张明楷：《犯罪论原理》，武汉大学出版社 1991 年版。

17. 周光权：《刑法历次修正案权威解读》，中国人民大学出版社 2011 年版。

18. 陈忠林：《刑法学》（分论），中国人民大学出版社 2016 年版。

19. 陈忠林：《刑法散得集》，法律出版社 2003 年版。

20. 陈忠林：《刑法学》（上），法律出版社 2006 年版。

21. 储槐植：《美国刑法》（第 3 版），北京大学出版社 2005 年版。

22. 储槐植：《刑事一体化和关系刑法论》，北京大学出版社 1997 年版。

23. 姜敏：《刑法修正案犯罪化及限制》，中国法制出版社 2015 年版。

24. 徐礼勇、陈彬责任编辑：新华汉语词典（第 1 版），湖北长江出版集团崇文书局 2006 年版。

25. 梁宾：《危险驾驶罪研究》，中国人民公安大学出版社 2016 年版。

26. 丛日禹：《醉酒驾驶犯罪研究》，法律出版社 2015 年版。

27. 周振想：《刑罚适用论》，法律出版社 1990 年版。

28. 陈兴良：《刑法哲学》，中国政法大学出版社 1992 年版。

29. 陈兴良：《刑罚的价值构造》，中国人民大学出版社 1998 年版。

30. 李海东：《刑法原理入门（犯罪论基础）》，法律出版社 1998 年版。

31. ［日］野村捻：《刑法总论》，法律出版社 2001 年版。

32. 苏惠渔主编：《中日刑事法若干问题》，上海人民出版社 1992 年版。

33. 林钰雄：《新刑法总则》，元照出版有限公司 2006 年版。

34. 陈瑾昆：《刑法总则讲义》，中国方正出版社 2004 年版。

35. 《马克思恩格斯全集》（第 40 卷），人民出版社 1982 年版。

36. 熊万鹏：《人权的哲学基础》，商务印书馆 2013 年版。

37. 苏惠渔、孙万怀：《论国家刑权力》，北京大学出版社 2006 年版。

38. 李强：《自由主义》，吉林出版集团有限公司 2007 年版。

39. 周光权：《法定刑研究》，中国方正出版社 2000 年版。

（二）译著类

40. 《美国模范刑法典》，刘仁文译，法律出版社 2005 年版。

41. ［美］理查德·A. 波斯纳：《法理学问题》，苏力译，中国政法大学出版社 2002 年版。

42. ［日］大谷实：《刑法概说》，冯军译，中国人民大学出版社 2003 年版。

43. ［日］大谷实：《刑事政策学》，黎宏译，法律出版社 2000 年版。

44. ［日］木村龟二主编：《刑法学词典》，顾肖荣等译，上海翻译出版公司 1999 年版。

45. ［英］韦恩·莫里森：《法理学——从古希腊到后现代》，李桂林等译，武汉大学出版社 2002 年版。

46. ［法］卢梭：《社会契约论》，何兆武译，商务印书馆 2008 年版。

47. ［英］边沁：《政府片论》，沈叔平等译，商务印书馆 1995 年版。

48. ［美］乔治·萨拜因：《政治学说史》（下册），邓正来译，上海人民出版社 2010 年版。

49. ［美］T. 帕森斯：《社会行动的结构》，张明德等译，译林出版社 2003 年版。

50. ［美］汤姆·R. 泰勒：《人们为什么遵守法律》，黄永译，中国法制出版社 2015 年。

51. 孟沙金主编：《苏联刑法总论》，彭仲文译，大东书局 1950 年版。

52. ［英］J. C. 史密斯、B. 霍根：《英国刑法》，李贵方等译，法律出版社 2000 年版。

53. ［美］博登海默：《法理学——法哲学及其方法》，邓正来译，华夏出版社 1987 年版。

54. ［德］黑格尔：《法哲学原理》，范扬、张企泰译，商务印书馆 1982 年版。

55. ［意］菲利：《犯罪社会学》，郭建安译，中国人民公安大学出版社 1990 年版。

56. ［苏］特拉伊宁：《犯罪构成的一般学说》，王作富等译，中国人民大学出版社 1958 年版。

57. ［意］杜里奥·帕多瓦尼：《意大利刑法学原理》，陈忠林译，法律出版社 1998 年版。

58. ［日］西田典之：《日本刑法各论》，刘明祥、王昭武译，中国人民大学出版社 2007 年版。

59. ［意］贝卡利亚：《论犯罪与刑罚》，黄风译，中国大百科全书出版社 1993 年版。

60. ［德］克劳斯·罗克辛：《德国刑法学总论：犯罪原理的基础构造》（第 1 卷），王世洲译，法律出版社 2005 年版。

61. ［美］乔尔·范伯格：《刑法的道德限制》，方泉译，商务印书馆 2013 年版。

62. ［美］道格拉斯·胡萨克：《过罪化及刑法的限制》，姜敏译，中国法制出版社 2015 年版。

63. 《德国刑法典》，徐久生、庄敬译，中国方正出版社 2004 年版。

64. ［英］鲁伯特·克罗斯、菲利普·A. 琼斯著，理查德·卡德修订：《英国刑法导论》，赵秉志等译，中国人民大学出版社 1991 年版。

65. ［意］桑德罗·斯奇巴尼：《正义与法》，黄风译，中国政法大学出版社 1992 年版。

（三）论文类

66. 赵秉志、袁彬：《刑法与相关部门法关系的调适》，载《法学》2013 年第 9 期。

67. 赵秉志、张磊：《“醉驾”危害行为的刑法立法对策》，载《法学杂志》2009 年第 12 期。

68. 赵秉志：《危险驾驶罪研析与思考》，载《政治与法律》2011 年第 8 期。

69. 黄太云：《〈刑法修正案（八）解读〉（二）》，载《人民检察》2011 年第 7 期。

70. 尹建军：《社会风险及治理研究》，中央党校 2008 年博士学位论文。

71. 戚建刚：《风险认知模式及其行政法制之意蕴》，载《法学研究》2009 年第 5 期。

72. 张兵：《风险时代的风险刑法——以〈刑法修正案（八）草案〉增设“危险驾驶罪为视角”》，载《甘肃政法学院学报》2011 年第 1 期。

73. 陈英凤：《飙车醉驾入罪值得期待》，载《检察风云》2010 年第 18 期。

74. 李福芹：《我国交通犯罪的现状及刑事对策探讨》，载《河南省政法管理干部学院学报》2010 年第 4 期。

75. 曲新久：《危险驾驶罪的行为构成及其问题》，载《河北法学》2012 年第 1 期。

76. 陈晓明：《风险社会之刑法应对》，载《法学研究》2009 年第 6 期。

77. 肖中华、王海桥：《危险驾驶犯罪行为的刑法界定》，载《法学论坛》2009 年第 6 期。

78. 邓定远：《危险驾驶罪比较研究及其对中国的启示》，载《刑法论丛》2010 年第 4 期。

79. 王政勋：《危险驾驶罪的理论错误与现实危险》，载《法学论坛》2011 年第 2 期。

80. 黄明儒：《醉驾入罪，就能管得住醉驾吗》，载《民主与法制》2010 年第 24 期。

81. 李海青：《理想的公共生活如何可能：对“公共理性”的一种政治伦理学阐释》，载《伦理学研究》2008 年第 3 期。

82. 储槐植、闫雨：《危险驾驶行为入刑：原因、问题与对策》，载《中南民族大学学报》2012 年第 2 期。

83. 赵栩：《论危险驾驶罪》，载《法制与社会》2011 年第 9 期。

84. 张明楷：《“风险社会”若干刑法问题反思》，载《法商研究》2011 年第 5 期。

85. 张明楷：《危险驾驶的刑事责任》，载《吉林大学社会科学学报》2009 年第 6 期。

86. 叶良方：《危险驾驶罪的立法证成和规范构造》，载《法学》2011 年第 2 期。

87. 李川、夏伟：《我国危险驾驶罪立法的比较与思考》，载《法制与社会》2013 年第 1 期。

88. 李川：《抽象危险犯自身谦抑机制研究——以醉驾案件具体危险犯化认定倾向为视角》，载《政治与法律》2013 年第 12 期。

89. 劳东燕：《公共政策与风险社会的刑法》，载《中国社会科学》2007 年第 3 期。

90. 陈兴良：《“风险社会”与刑法风险：双重视角的考察》，载《法商研究》2011 年第 4 期。

91. 陈兴良：《风险刑法的法教义学批判》，载《中外法学》2014 年第 1 期。

92. 陈兴良：《社会危害性——进一步的批判性清理》，载《中国法学》2006 年第 4 期。

93. 陈兴良：《社会危害性——一个反思性思考》，载《法学研究》2000 年第 1 期。

94. 陈兴良、邱兴隆：《罪刑关系论》，载《中国社会科学》

1987 年第 4 期。

95. 刘明祥：《“风险刑法”的风险及其控制》，载《法商研究》2011 年第 4 期。

96. 王政勋：《危险驾驶罪的理论错位与现实危险》，载《法学论坛》2011 年第 3 期。

97. 冀洋：《刑法主观主义：方法论与价值观的双重清理》，载《法制与社会发展》2016 年第 3 期。

98. 王文华、刘常春：《边沁功利主义评析》，载《武汉科技学院学报》2007 年第 7 期。

99. 段元秀：《自由与民主的张力与平衡——密尔自由民主理论述评》，载《云南行政学院学报》2013 年第 3 期。

100. 马乐：《为刑法主观主义辩》，载《环球法律评论》2014 年第 2 期。

101. 陈雨禾：《论犯罪化过程的阶层化构造——从社会危害性到法益侵害性的进阶》，载《犯罪研究》2014 年第 6 期。

102. 薛双喜：《苏俄刑法学关于社会危害性理论的论争》，载《中国刑事法杂志》2010 年第 3 期。

103. 汪火良、从其福：《论公民自由权的刑法保护》，载《湖北师范学院学报》2011 年第 6 期。

104. 何秉松：《论犯罪客体》，载《北京大学学报》1987 年第 3 期。

105. 李晓明：《论对犯罪客体的质疑》，载《法学杂志》2001 年第 5 期。

106. 杨兴培：《“犯罪客体”非法治成分批评》，载《政法论坛》2009 年第 5 期。

107. 苏青：《社会危害性理论的反思与改造——以法益视角

为进路》，载《法学评论》2011 年第 3 期。

108. 姜敏：《英美法系罪刑法定原则的维度和启示——兼与大陆法系罪刑法定原则比较》，载《四川大学学报（哲学社会科学版）》2015 年第 3 期。

109. 姜敏：《英美刑法中的“危害原则研究”——兼与社会危害性比较》，《比较法研究》2016 年第 4 期。

110. 姜敏：《刑法反恐立法的边界研究》，载《政法论坛》2017 年第 5 期。

111. 姜敏：《危险驾驶行为犯罪化研究——从间接危害行为的视角》，载《现代法学》2016 年第 6 期。

112. 张志钢：《论累积犯的法理——以污染环境罪为中心》，载《环球法律评论》2017 年第 2 期。

113. 周光权：《转型时期刑法立法的思路与方法》，载《中国社会科学》2016 年第 3 期。

114. 黎宏：《法益论的研究现状和展望》，载《人民检察》2013 年第 7 期。

115. 苏彩霞：《“风险社会”下抽象危险犯的扩张与限缩》，载《法商研究》2011 年第 4 期。

116. 魏汉涛：《风险社会的刑法风险及其防范》，载《北方法学》2012 年第 6 期。

117. 冯军：《论〈刑法〉第 133 条之一的规范目的及其适用》，载《中国法学》2011 年第 5 期。

118. 高铭暄：《风险社会中刑事立法正当性理论研究》，载《法学论坛》2011 年第 4 期。

119. 朱石炎：《追逐竞驶（飚车）的刑事责任——海峡两岸刑法比较研究》，载《中国应用法学》2017 年第 1 期。

120. 赵永红：《人身危险性概念新论》，载《法律科学》2000 年第 4 期。

121. ［俄］А. Э. 扎林斯基：《刑法正面临着改革》，载《理论分析》2009 年第 5 期。

122. 邵泽毅、赵凤强、王进：《醉与罚的均衡与匹配》，载《山东审判》2013 年第 4 期。

123. 姚贝、王拓：《法益保护前置化问题研究》，载《中国刑事法杂志》2012 年第 1 期。

124. 王永茜：《论现代刑法扩张的新手段——法益保护的提前化和刑事处罚的前置化》，载《法学杂志》2013 年第 6 期。

125. 严明华、张少林、赵宁：《刑法分则条文罪状的理解与相应法定刑配置关系研究》，载《政治与法律》2010 年第 12 期。

126. 胡彦涛：《风险刑法的理论错位》，载《环球法律评论》2016 年第 5 期。

127. 赖正直、朱章程：《日本刑法中的危险驾驶致死伤罪述评》，载《中国刑事法杂志》2012 年第 5 期。

128. 李凯：《交通犯罪的刑法规制》，西南财经大学 2013 年博士学位论文。

129. 杨志琼：《美国醉驾的法律规制、争议和启示》，载《法学》2011 年第 2 期。

130. 梁宏伟：《论危险驾驶行为的罪行评价——以醉酒驾车行为为视角》，载《法律与生活》2013 年第 24 期。

131. 严丽华、朱力明：《论危险驾驶罪及立法完善》，载《南方论刊》2018 年第 9 期。

132. 邱兴隆：《配刑原则统一论》，载《中国社会科学》1999 年第 6 期。

133. 周详：《民生法治观下“危险驾驶”刑事立法的风险评估》，载《法学》2011 年第 2 期。

134. 杨春然：《论划分刑法边界的标准》，载《中国刑事法杂志》2012 年第 8 期。

135. 黄桂武等：《新论财产罪法益——与张明楷教授商榷》，载《学术研究》2007 年第 1 期。

136. 黄河：《论“交通运输肇事后逃逸”的罪名化》，载《政治与法律》2005 年第 4 期。

137. 刘淑莲：《交通肇事逃逸行为的作为性质》，载《法学杂志》2005 年第 2 期。

138. 黄辉：《法律意识形态范畴化的理路与实现》，载《西南民族大学学报（人文社科版）》2010 年第 4 期。

139. 徐建康：《英美法系国家道路交通犯罪规制现状——以英国为例》，载《法制博览》2017 年第 12 期。

140. 刘守芬、汪明亮：《试论罪刑均衡的功能性意蕴》，载《法制与社会发展》（双月刊）2001 年第 5 期。

141. 李川：《抽象危险犯自身谦抑机制研究——以醉驾案件具体危险犯化认定倾向为视角》，载《政治与法律》2013 年第 12 期。

142. 郑周琪：《危险驾驶罪法定刑设置及其量刑情节研究》，南昌大学 2018 年硕士学位论文。

143. 杨通新：《管制刑废除研究》，广西民族大学 2018 年硕士学位论文。

144. 张晶、顾强：《论管制刑的适用与完善》，载《安徽警官职业学院学报》，2009 年第 3 期。

145. 周金福：《管制刑的立法完善》，载《法学杂志》1995

年第3期。

146. 苏微：《毒驾入刑问题探析》，2013年沈阳师范大学法律硕士学位论文。

147. 唐利波：《毒驾入刑问题研究》，大连海事大学2014年硕士学位论文。

148. 索光举、毛海利：《过失危险犯及立法建议》，载《信阳师范学院学报》2002年第6期。

149. 宋楠：《我国资格刑研究及立法建议》，载《成都大学学报（社会科学版）》2007年第5期。

150. 李林：《危险犯研究》，西南政法大学2010年博士学位论文。

151. 周光权：《过失犯罪法定刑配置研究》，载《四川大学学报（哲学社会科学版）》1999年第3期。

152. 李侠：《中国刑法语境下的危险犯研究——以德日刑法理论为参照》，西南财经大学2014年博士学位论文。

二、外文文献

（一）专著类

153. ［日］藤木雄：《刑法的争论点》，东京：有裴阁1984年版。

154. ［日］大冢仁：《刑法概说（总论）》（第3版），有斐阁1997年。

155. Jonathan Schonsheck，On Criminalization An Essay in the Philosophy of the Criminal Law，Springer，1994.

156. Douglas Husak，Drugs and rights，Cambridge University Press，1992.

157. Douglas Husak, The Legalization of Drugs, Cambridge University Press, 2005.

158. Douglas Husak, Overcriminalization: The Limits of the Criminal Law, Oxford University Press, 2007.

159. Nils Holtug, The Harm Principle, Kluwer Academic Publishers, 2002.

160. Andrew von Hirsch and Andrew Ashworth, Proportionate Sentencing: Exploring the Principles, Oxford University Press, 2005.

161. Stefan Collini, ed., John Stuart Mill: On Liberty and Other Writings, Cambridge University Press, 1989.

162. H. L. A. Hart, Law, Liberty, and Moralit, Stanford University Press. 1963.

163. Roger Crisp, ed., J. S. Mill: Utilitarianism, Oxford University Press, 1998.

164. Bryan A. Garner, (ed.), Black's Law Dictionary (9th Edition), Thomson Reuters, 2009.

165. Meir Dan-Cohen, Defending Dignity, in Harmful Thoughts: Essays On Law, Self, And Morality, Princeton University Press, 2002.

166. David A. J. Richards, A Theory of Reasons for Action, Clarendon Press, 1971.

167. Carl Joachim Friedrich (ed.), The Philosophy of Kant: Iimnanuel Kant's Moral and Political Writings, The Modern Library, 1949.

168. O'Neill (ed.), Constructions of Reason: Explorations of

Kant's Practical Philosophy, Cambridge University Press, 1989.

169. Joel Feinberg, Harm to Others: The Moral Limits of Criminal Law, Oxford University Press, 1984.

170. John Rawls, Political Liberalism, Columbia University Press, 1993.

171. A. P. Simester&Andrew Von Hirsch, crimes, harms, and wrongs—on the principles of criminalization, Hart Publishing, 2011.

172. Ronald Dworkin, Taking Rights Seriously, Harvard University Press, 1978.

173. Bryan A. Garner (ed), Black's Law Dictionary (9th edition), Thomason Business, 1999.

174. Jean-Jacques Rousseau, La Nouvelle Heloise Judith. H. McDowell trans., Pennsylvania State Univ. Press, 1968.

175. J. S. Mill, On Libert, J. M. Dent&Sons Ltd. 1910.

（二）论文类

176. John. C. Coffee. Does "Unlawful" Mean "Criminal"?: Reflections on the Disappearing Tort/Crime Distinction in American Law, in Roberta Romano: Foundations of Corporate Law, Oxford University Press, 1993.

177. Bernard Harcourt, The Collapse of the Harm Principle, 90 Journal of Criminal Law and Criminology, 1999.

178 . Itzhak Kugler, Direct and Oblique Intention in the Criminal Law: An Inquiry into Degrees of Blameworthiness, Ashgate, 2002.

179. Arthur Ripstein, Beyond the Harm Principle, Philosophy Public & Affairs, 2006.

180. Dan M. Kahan, The Supreme Court 2010 Term—Foreword:

Neutral Principles, Motivated Cognition, and Some Problems for Constitutional Law, 190 Harv. L. Rev, 2011.

181. Bernard E. Harcourt, The Collapse of the Harm Principle, 90 J. Crim. L. & Criminology, 1999.

182. David A. J. Richards, Human Rights and Moral Ideals: An Essay on the Moral Theory of Liberalism, 5 Social Theory and Practice Tallahassee, 1979.

183. Gerald Dworkin, Devlin Was Right: Law and the Enforcement of Morality, 40 William and Mary Law Review, 1999.

184. Andrew Von Hirsch, Extending the Harm Principle: "Remote" Harms and Fair Imputation, in A. P. Simester&A. T. H. Smith (ed) Harm and Culpability, 1996.

185. Dennis J. Baker. The moral limits of criminalizing remote harms, 3 New Criminal Law Review (Summer), 2007.

186. Dennis J. Baker, Constitutionalizing the Harm Principle, 27 (2) Criminal Justice Ethics, 2008.

187. Bernard E. Harcourt, The Collapse of the Harm Principle, 90 J. Crim. L. & Criminology, 1999.

188. Bernard. E. Harcourt, Reflecting on the Subject: A Critique of the Social Influence Conception of Deterrence, the Broken Windows Theory, and Order Maintenance Policing New York Style, 97 Mich. L. Rev. 1998.

189. Anthony. E. Bottoms, Incivilities, Offence, and Social Order in Residential Communities in Incivilities: Regulating Offensive Behavior, Andrew von Hirsch A. &Andrew P. Simester eds. 2006.

190. Robert J. Sampson & Stephen W. Raudenbush, Systematic

Social Observation of Public Spaces: A New Look at Disorder in Urban Neighborhoods, 105 Am. J. Soc, 1999.

191. Robert J. Sampson, Stephen W. Raudenbush & Felton Earls, Neighborhood and Violent Crime: A Multilevel Study of Collective Efficacy, 277 Sci. 1997.

192. Glanville L. Williams, Complicity, Purpose and the Draft Code—1, 1990 Crim. L. R. 1990.

193. Michelle M. Dempsey, Rethinking Wolfenden: Prostitute Use, Criminal Law, and Remote Harm, Crim L. R. 2005.

194. Pound. Juristic Theory in the Atomic Age, 9 Ruters Law Rev. 1955.

195. [日] 井上宏：刑法の一部を改正する法律の解説，法曹时报，2002，(54).

196. Hugo Adam Bedau, Feinberg's Liberal Theory of Punishment, Buff . Criminal. Rev, VOL, 2001.

197. 甲斐克：刑法におけるリスクと危険性の区別，法政理論，2013（第4号）。

图书在版编目（CIP）数据

交通风险语境下间接危害行为犯罪化研究 / 姜敏著
. —北京：中国法制出版社，2022.12
ISBN 978-7-5216-3205-7

Ⅰ.①交… Ⅱ.①姜… Ⅲ.①交通肇事-刑事犯罪-立法-研究-中国 Ⅳ.①D924.324

中国版本图书馆 CIP 数据核字（2022）第 234862 号

责任编辑：李璞娜　　封面设计：李宁

交通风险语境下间接危害行为犯罪化研究

JIAOTONG FENGXIAN YUJING XIA JIANJIE WEIHAI XINGWEI FANZUIHUA YANJIU

著者/姜敏
经销/新华书店
印刷/北京虎彩文化传播有限公司
开本/880 毫米×1230 毫米　32 开　　印张/11.125　字数/243 千
版次/2022 年 12 月第 1 版　　2022 年 12 月第 1 次印刷

中国法制出版社出版
书号 ISBN 978-7-5216-3205-7　　定价：45.00 元

北京市西城区西便门西里甲 16 号西便门办公区
邮政编码：100053　　传真：010-63141600
网址：http：//www.zgfzs.com　　**编辑部电话：010-63141671**
市场营销部电话：010-63141612　　**印务部电话：010-63141606**
（如有印装质量问题，请与本社印务部联系。）